MYP Spanish

Language Acquisition

A c...

Phases

1 & 2

Tere de Vries

Cristóbal González Salgado

OXFORD

OXFORD
UNIVERSITY PRESS

Great Clarendon Street, Oxford, OX2 6DP, United Kingdom

Oxford University Press is a department of the University of Oxford. It furthers the University's objective of excellence in research, scholarship, and education by publishing worldwide. Oxford is a registered trade mark of Oxford University Press in the UK and in certain other countries

© Oxford University Press 2017

The moral rights of the authors have been asserted

First published in 2017

British Library Cataloguing in Publication Data
Data available

978-0-19-839595-9

1 3 5 7 9 10 8 6 4 2

MIX
Paper from responsible sources
FSC
www.fsc.org FSC® C007785

Paper used in the production of this book is a natural, recyclable product made from wood grown in sustainable forests. The manufacturing process conforms to the environmental regulations of the country of origin.

Printed in Great Britain by Bell and Bain Ltd., Glasgow.

Acknowledgements

The publishers would like to thank the following for permission to use their photographs:

Cover: Stefano Politi Markovina/Alamy Stock Photo

p3: Maica/iStockphoto; **p4(C):** Ismailciydem/iStockphoto; **p4(R):** Zimmytws/iStockphoto; **p5(T):** Jbryson/iStockphoto; **p26:** Buena Vista Images/Getty Images; **p39(R):** Robbiverte/123RF; **p48(i):** Step2626/iStockphoto; **p48(m):** Asiseeit/iStockphoto; **p52:** Mediaphotos/iStockphoto; **p55(a):** Martin-dm/iStockphoto; **p55(b):** Oztasbc/iStockphoto; **p55(d):** Davo86/iStockphoto; **p55(f):** Middelveld/iStockphoto; **p55(g):** Anopdesignstock/iStockphoto; **p55(h):** Jrroehner/iStockphoto; **p59:** Franckreporter/iStockphoto; **p61(b):** Step2626/iStockphoto; **p67(C):** 7Michael/iStockphoto; **p68(L):** Tschuma417/iStockphoto; **p68(C):** Farek/Dreamstime; **p69(a):** Digiphoto/iStockphoto; **p69(b):** tupatu76 /iStockphoto; **p75(B):** Ivcandy/iStockphoto; **p90(TL):** Javier Soriano/AFP/Getty Images; **p96(a):** Hussein Malla/AP Photo; **p96(b):** Nycshooter/iStockphoto; **p96(d):** TommL/iStockphoto; **p97(b):** TF-Images/Getty Images; **p107(L):** PeopleImages/iStockphoto; **p107(R):** Ranplett/iStockphoto; **p108(TR):** Kevin Smith/Getty Images; **p108(BC):** Danita Delimont/Alamy Stock Photo; **p116(TL):** Paparazzi by Appointment/Alamy Stock Photo; **p122(A):** bst2012/iStockphoto; **p131(CL):** McXas/iStockphoto; **p137(T):** Peter Titmuss/Alamy Stock Photo; **p137(B):** John Birdsall /Alamy Stock Photo; **p141:** RedlineVector/iStockphoto; **p168(BL):** Image Source/iStockphoto; **p187(L):** Apomares/iStockphoto; **p208:** Davidf/iStockphoto; **p226(T):** Stock_colors/iStockphoto; **p226(C):** ManoAfrica/iStockphoto; **p227(T):** 1001nights/iStockphoto; **p227(C):** Hadynyah/iStockphoto; **p227(B):** Cjp/iStockphoto; **p268(L):** Factofoto/Alamy Stock Photo; **p268(R):** Jeffrey Blackler/Alamy Stock Photo; **p269(TL):** Ekaterina Serechenko/123RF; **p281(1):** Lunamarina/iStockphoto; **p281(3):** RichardHayman13/iStockphoto; **p281(5):** Peangdao/iStockphoto; **p281(7):** Mihtiander/iStockphoto; **p281(9):** Jessicahyde/iStockphoto; **p281(11):** Nirad/iStockphoto; **p281(13):** Cinoby/iStockphoto; **p281(2):** Serts/iStockphoto; **p282(T):** Stellalevi/iStockphoto; **p285(T):** Subjob/iStockphoto; **p285(B):** MartinaDedic/iStockphoto; **p286(T):** Jakataka/iStockphoto; **p286(B):** Mattjeacock/iStockphoto.

All other photos by Shutterstock and Oxford University Press

Artwork by QBS and Mark Draisey.

The authors and publisher are grateful to the following for permission to reprint from copyright material:

Cable News Network (CNN) for extracts from 'Las 12 mejores ciudades del mundo para ir de compras' by Violet Kim, *CNN Español*, 19 Nov 2013, copyright © CNN 2013.

Veronica Boned Devesa for extract from 'Quería irme de viaje, pero me fui de vacaciones', *Sinmapa*, 4 Jan 2015, www.sinmapa.net, copyright © Veronica Boned Devesa 2015.

The Wylie Agency (UK) Ltd for extract from *Tres tristes tigres* by Guillermo Cabrera Infante (Seix Barral, 2011), copyright © Guillermo Cabrera Infante 1967.

Although we have made every effort to trace and contact all copyright holders before publication this has not been possible in all cases. If notified, the publisher will rectify any errors or omissions at the earliest opportunity.

Introduction

This Spanish Language Acquisition course is aimed at students in the MYP programme in phases 1 and 2. Students will acquire the Spanish language following the requirements of the MYP programme in a meaningful way. Through authentic tasks and activities students will reflect on the process of learning a new language through inquiry. All activities are student centered.

Each unit has a Statement of Inquiry which relates to the summative assessments at the end of the unit. Through the process of learning, students will develop their conceptual understanding. Each unit has one of the four key concepts for Language Acquisition (Communication, Culture, Connection and Creativity) and two related concepts. These related concepts are linked to the linguistic and literary skills. The conceptual understanding is contextualized in one of the MYP global contexts.

In the units there is a particular focus on the Approaches to Learning with a student friendly explanation of the ATL. With this course, students will develop their ability to work more autonomously.

Each unit also suggests interdisciplinary links. Students can always reflect on their other MYP subjects when learning Spanish and teachers can use these suggestions to create interdisciplinary links within their schools.

As a unit of inquiry, the factual, conceptual and debatable questions can be seen throughout the unit. With these questions students and teachers can reflect on the inquiry.

During the unit there are several activities that can prepare students for the summative assessments. Many of these activities can be done as formative assessment too.

The activities have been designed to follow the MYP Language Acquisition objectives and criteria:

A Comprehending spoken and visual text

B Comprehending written and visual text

C Communicating in response to spoken, written and visual text

D Using language in spoken and written form

The summative assessments have been designed to also follow the requirements of the ePortfolio for the emergent level (phases 1 and 2). This course is a great tool to prepare students for the eAssessment since the topics are the recommended ones for the emergent level for the ePortfolio and it also prepares students to be successful in the following phases and, under teachers' professional judgment, for the DP Spanish B Standard Level course.

To help you get the most of your book, here's an overview of its features.

🌐 🔑 ✛ Global context, concepts and statement of inquiry

The statement of inquiry and the inquiry questions are stated on the first page of each unit. Throughout the unit these questions can be seen again next to the activities. There is no need to answer the questions in Spanish; you should just reflect on the inquiry aspect.

Activities and tasks

There are varied authentic activities that help to acquire the language. There is a progression of level in the activities. While the first activities are more guided and structured, the units are finished with more open-ended tasks. These tasks can be used as formative assessment too. Next to the activities you can see the specific objective/criterion and strand that are practiced.

The four skills are also clearly labelled and covered consistently throughout:

📖 Leemos   💬 Hablamos   ✍ Escribimos   🔊 Escuchamos

Language learning (Lengua)

The Spanish language is learned through discovery and inquiry. Students will find out the rules of language structures intuitively through examples.

Approaches to learning (Enfoques de aprendizaje)

Some activities are linked to the ATL. Students can reflect on how to successfully complete tasks and at the same time develop strategies and skills relating to the learning process.

🔗 Interdisciplinary connections (Conexiones interdisciplinarias)

Students and teachers can make connections to the other MYP subjects. Language Acquisition is a great subject as we are able to make connections through language in order to gather knowledge from other disciplines.

Summative assessments (Evaluación sumativa)

There are four summative assessment tasks at the end of each unit:

- Task 1: Comprehension of spoken and visual text (criterion A)
- Task 2: Comprehension of written and visual text (criterion B)
- Task 3: Interactive oral task (criteria C and D)
- Task 4: Written task (criteria C and D)

💭 Reflection (Reflexión)

Students reflect on the Statement of Inquiry, the objectives of the unit and the Approaches to Learning skills. All units finish with a reflection directly linked to the attributes of the IB learner profile.

Contents

Weblinks to videos can also be found at **www.oxfordsecondary.com/9780198395959**

Unit overview

The mapping grid below provides an overview of topics and content covered, as well as showing which concepts, statements of inquiry and ATL skills guide the learning in each unit.

Key concepts, related concepts and global contexts are represented in these colors:

Concepto clave/Key concept

Concepto relacionado/Related concept

Contexto global/Global context

Unidad y marco temático	Conceptos (Contexto global)	Enunciado de indagación	Enfoques de aprendizaje
1 ¿Cómo aprendemos? Presentaciones Información personal El material escolar y las asignaturas Países de habla hispana	Comunicación Acento, forma Identidades y relaciones **Conexiones interdisciplinarias** Lengua y Literatura	Aprendemos a comunicarnos y a relacionarnos con los demás mediante el reconocimiento y uso adecuado del acento y formas lingüísticas.	**Habilidades de comunicación** La comunicación no verbal **Pensamiento: Habilidades de pensamiento crítico** Reconocer diferencias culturales **Autogestión: Habilidades afectivas** Práctica de la perseverancia **Investigación: Habilidades de gestión de la información** Encontrar la información adecuada en la red
2 ¿Quién eres? Yo, la familia y los amigos Descripciones físicas y de personalidad	Conexiones Significado, convenciones Identidades y relaciones **Conexiones interdisciplinarias** Artes Ciencias	Mediante el uso del lenguaje comprendemos que nuestra identidad está influida por las conexiones que tenemos con las personas.	**Habilidades de comunicación** El uso de los diccionarios **Sociales: Habilidades de colaboración** Práctica de la empatía **Habilidades de pensamiento crítico** Considerar ideas desde múltiples perspectivas

Unidad y marco temático	Conceptos (Contexto global)	Enunciado de indagación	Enfoques de aprendizaje
3 Mi rutina cotidiana Actividades cotidianas Decir la hora La rutina en el colegio Las mascotas	Cultura Patrones, elección de palabras Orientación en el espacio y en el tiempo **Conexiones interdisciplinarias** Educación Física y de la Salud Individuos y Sociedades	Aprendemos nuevos patrones de lengua para comunicarnos y, al mismo tiempo, creamos conciencia de las diferencias en las rutinas de las personas.	**Pensamiento: Habilidades de pensamiento creativo** Estrategias y técnicas del pensamiento visible **Habilidades de pensamiento: Habilidades de transferencia** Indagar en diferentes contextos para conseguir una perspectiva distinta **Habilidades de autogestión: Habilidades afectivas** La conciencia plena (*mindfulness*) **Habilidades de investigación** Localizar, organizar, analizar y utilizar información
4 Hogar, dulce hogar La casa y el hogar	Creatividad Mensaje, destinatario Orientación en el espacio y en el tiempo **Conexiones interdisciplinarias** Diseño	Mediante el lenguaje creamos mensajes relacionados con el hogar que van dirigidos a destinatarios específicos.	**Habilidades de investigación: Habilidades de gestión de la información** Los derechos de propiedad intelectual **Habilidades de comunicación** Intercambio de pensamientos, mensajes e información a través de la interacción **Habilidades de pensamiento crítico** Considerar ideas desde múltiples perspectivas
5 Así soy yo en mi tiempo libre Actividades de tiempo libre Actividades saludables El tiempo meteorológico Las estaciones del año La ropa	Cultura Forma, propósito Identidades y relaciones **Conexiones interdisciplinarias** Educación Física y para la Salud	Nuestra cultura forma nuestra identidad, lo que hacemos y la manera en que interactuamos y nos comportamos en sociedad.	**Autogestión: Habilidades afectivas** Resilencia. La actitud positiva ante el error **Habilidades de organización** Planificar tareas a corto y largo plazo Cumplir plazos Seleccionar y usar la tecnología de manera efectiva y productiva

Unidad y marco temático	Conceptos (Contexto global)	Enunciado de indagación	Enfoques de aprendizaje
6 Un mosaico de tradiciones y celebraciones Celebraciones y tradiciones Días especiales y festivales Comidas típicas	Cultura Significado, contexto Expresión cultural y personal **Conexiones interdisciplinarias** Individuos y Sociedades Ciencias	Nuestro conocimiento de la diversidad cultural se desarrolla cuando comprendemos el significado de las tradiciones culturales en diferentes contextos.	**Sociales: Habilidades de colaboración** El trabajo colaborativo y la negociación **Investigación** La elección apropiada de herramientas y fuentes digitales **Pensamiento: Habilidades de pensamiento crítico** Considerar ideas desde varias perspectivas **Habilidades de transferencia** Usar estrategias y conocimiento en diferentes asignaturas
7 La vida sana El cuerpo humano Los estados de ánimo Buenos hábitos para la salud	Comunicación Convenciones, estructura Identidades y relaciones **Conexiones interdisciplinarias** Ciencias	Comunicamos cómo nuestros estilos de vida influyen en la salud usando convenciones textuales y estructuras lingüísticas determinadas.	**Habilidades de comunicación** La comunicación no verbal La comprensión intercultural **Sociales: Habilidades de colaboración** El trabajo en grupos y la resolución de conflictos Los roles en los grupos **Autogestión: Habilidades afectivas** *Mindfulness:* La concentración mental La conexión entre el cuerpo y la mente **Habilidades de reflexión** Estrategias de aprendizaje personal
8 Las lenguas de mi vida El lenguaje La lengua materna y su conexión con lenguas extranjeras Destrezas de aprendizaje de lenguas Amigos por correspondencia en el mundo hispano	Comunicación Acento, destinatario Expresión personal y cultural **Conexiones interdisciplinarias** Matemáticas	En la comunicación, la manera en la que nos expresamos y hablamos cambia según el destinatario al que nos dirijamos.	**Autogestión: Habilidades de reflexión** El aprendizaje eficiente y efectivo **Investigación: Habilidades de gestión de la información** La recopilación de datos e información Conexiones entre diferentes fuentes de información **Autogestión: Habilidades de reflexión** La eficiencia y eficacia del aprendizaje **Habilidades de pensamiento crítico** Reconocer los clichés **Habilidades de comunicación** Usar estrategias para mejorar la comprensión

Unidad y marco temático	Conceptos (Contexto global)	Enunciado de indagación	Enfoques de aprendizaje
9 Mi barrio y mi comunidad Mi barrio y mi comunidad Mi pueblo Mi ciudad	Conexiones Mensaje, propósito Orientación en el espacio y en el tiempo **Conexiones interdisciplinarias** Individuos y Sociedades Diseño	Comunicamos mensajes con diferentes propósitos sobre el lugar donde vivimos y con el que estamos conectados.	**Investigación: Habilidades de gestión de la información** Técnicas mnemotécnicas para desarrollar la memoria a largo plazo Las fuentes de información y herramientas digitales **Habilidades de pensamiento crítico** Reconocer y evaluar proposiciones y llegar a conclusiones razonables y generalizaciones **Habilidades de comunicación** Negociar las ideas con los compañeros y profesores
10 "WWW", una herramienta para aprender El Internet y las nuevas tecnologías Herramientas en línea para aprender español	Comunicación Función, destinatario Innovación científica y técnica **Conexiones interdisciplinarias** Individuos y Sociedades Diseño	Las nuevas tecnologías nos ayudan a comunicarnos con diferentes destinatarios y a aprender.	**Habilidades de comunicación** La comprensión intercultural **Autogestión: Habilidades de organización** Estilos de aprendizaje El uso efectivo de la tecnología **Investigación: Habilidades de alfabetización mediática** La información adquirida a través de diferentes medios y sus conexiones
11 Nos vamos de viaje Los transportes (dentro y fuera de la ciudad) Los viajes Las compras Interactuar con personas en lugares diferentes en la ciudad	Creatividad Contexto, significado Orientación en el espacio y en el tiempo **Conexiones interdisciplinarias** Lengua y Literatura Artes	La información que creamos y comunicamos sobre los viajes tiene un significado que varía en diferentes contextos.	**Autogestión: Habilidades de reflexión** El diario de aprendizaje **Habilidades de comunicación** La comprensión intercultural **Sociales: Habilidades de colaboración** El trabajo en equipo. Saber asumir roles Escuchar activamente otras perspectivas
12 La diversidad geográfica y cultural del mundo hispano La geografía El mundo hispanohablante Hechos y productos de la lengua y cultura hispana	Conexiones Elección de palabras, estructura Globalización y sustentabilidad **Conexiones interdisciplinarias** Individuos y Sociedades Artes	Conectamos con la naturaleza y cultura de un lugar cuando, a través del lenguaje, comprendemos textos y elegimos palabras para estructurarlos.	**Habilidades de comunicación** Leer fuentes de información para la comunicación **Investigación: Habilidades de gestión de la información y de alfabetización mediática** Usar fuentes diferentes para informarnos y hacer conexiones

¿Cómo aprendemos?

Contexto global
Identidades y relaciones

Conceptos relacionados
Acento, forma

Concepto clave
Comunicación

Perfil de la comunidad de aprendizaje
Reflexivos, indagadores, comunicadores

Pregunta fáctica

¿Qué es necesario para aprender español?

Pregunta conceptual

¿Qué importancia tienen las formas lingüísticas y el acento para comunicarnos con éxito?

¿Cómo aprendemos?

Pregunta debatible

¿Qué atributo del perfil de la comunidad de aprendizaje del BI es más importante para aprender español?

Enunciado de indagación

Aprendemos a comunicarnos y a relacionarnos con los demás mediante el reconocimiento y uso adecuado del acento y formas lingüísticas.

	Al final de esta unidad, vas a poder...
⊘	saludar
⊘	preguntar y responder con información personal básica
⊘	presentar a personas
⊘	indicar los materiales que necesitas para aprender
⊘	reconocer y usar los sonidos en español
⊘	comprender el funcionamiento del género (masculino/femenino) y número (singular y plural)
⊘	usar frases útiles para la clase
⊘	contar del 1 al 100
⊘	identificar los países donde se habla español
⊘	expresar gustos y opiniones sobre las asignaturas del PAI

1.1 ¡Bienvenidos!

📖 Leemos

a. **Lee el texto.**

Marta: ¡Hola, Nieves! ¿Qué tal?

Nieves: ¡Hola, Marta! Muy bien, ¿y tú?

Marta: Muy bien también.

Profesor: ¡Buenos días! ¡Bienvenidos a la clase de español!

¿Cómo aprendemos?

Completa la tabla con las palabras del texto en la página 3.

Saludos	Preguntas	Respuestas	Despedidas
....	....	Estoy:	Adiós
Buenos	¿Cómo estás?	• Fenomenal	¡Hasta luego!
Buenas tardes		• .... bien	¡Hasta pronto!
Buenas noches		• Bien	
		• Así, así	
		• No muy bien	
		• Mal	

Lengua

It is useful to memorize these structures in Spanish. Pay attention to the right pronunciation of the new words. Which sounds are new for you?

⬤ Hablamos

b. ¿Cómo estás?

Choose the picture which best shows how you are feeling today. With your partner, choose one picture and create a dialogue like the one on page 3. Your classmates will guess which picture you have chosen.

1   2    3

ATL Comunicación – Habilidades de comunicación

Learning a new language also means learning about a new culture. In informal situations in Spanish-speaking countries, it is common for people to kiss on the cheek (or both cheeks). What do you do when you see your friends? And your relatives? Or when you meet a person of your age for the first time? Do you do the same thing if it is a boy or a girl?

1.2 Mi clase de español

📖 Leemos

a. Lee los textos y contesta las preguntas.

Lucía Juares Camacho
BI PAI

Nombre	**Fecha de nacimiento**	**TUTOR/A**
Lucía	21 de octubre de 2005	Amalia López Zarandieta
Primer apellido	**Nacionalidad**	alopez@colegio-is.org
Juares	Perú	
Segundo apellido	**Correo electrónico**	
Camacho	ljuares@colegio-is.org	

Miguel Gómez Solís
BI PAI

Nombre	**Fecha de nacimiento**	**TUTOR/A**
Miguel	18 de junio de 2005	Luis Díaz Escobar
Primer apellido	**Nacionalidad**	ldiaz@colegio-is.org
Gómez	Argentina	
Segundo apellido	**Correo electrónico**	
Solís	mgomez@colegio-is.org	

1. ¿Cómo se llama la chica?   Criterio **Bi**
2. ¿De dónde es el chico?
3. ¿Cuál es el primer apellido de la chica?
4. ¿Cuál es el segundo apellido del chico?
5. ¿Cuál es el correo electrónico del chico?
6. ¿Cuántos años tienen los chicos?
7. ¿Quién es la tutora de la chica?
8. ¿Cómo se llama el tutor del chico?
9. ¿Dónde puedes encontrar este texto? ¿Por qué lo sabes?   Criterio **Bii**
10. ¿Tú también tienes dos apellidos?   Criterio **Biii**
11. ¿Cuántos años tienes tú? ¿Tienes la misma edad que los chicos?

◯ Hablamos

b. Pregunta a tu compañero/-a y completa su ficha. Preséntalo/la a tu clase.

BI PAI		
Nombre	Fecha de nacimiento	TUTOR/A
....	....	....
Primer apellido	Nacionalidad	....
....	....	
Segundo apellido	Correo electrónico	
....	....	

Ejemplo:

Mi compañero/a se llama… Es de… Tiene…

ATL · Pensamiento – Habilidades de pensamiento crítico

Why do you think the students on page 5 have two last names? Do you think they have a middle name? Why is this different?

You will encounter many cultural differences in learning Spanish as a new language. Not everything will be the same as in your mother tongue or your own culture. The learning process will be an exciting voyage of discovery!

Lengua

✳ Forma

What does the word *chico* mean? What does the word *chica* mean?

What have you already learnt about the Spanish language just from observing these words?

Look at the words in the previous activity that appear after *el* and words that appear after *la*. Do you think there is a correspondence between these words and *chico – chica*?

How is this aspect of Spanish language the same as or different from your mother tongue?

1.3 Para estudiar necesito…

a. Do you know how to say these words in Spanish? Ask your teacher for the missing words.

¿Cómo se dice en español? ¿Cómo se escribe?

un bolígrafo

un diccionario

un libro

......................

un cuaderno

......................

el pegamento

un sacapuntas

......................

una goma

un lápiz

unas tijeras

....

......................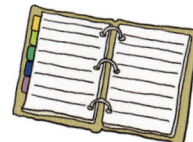

una calculadora

una agenda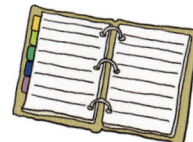

......................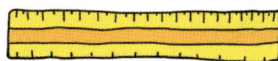

una perforadora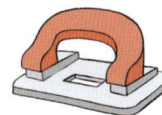

Lengua

🧩 Acento

Hay varios sonidos en español que son diferentes a los de otros idiomas.

La pronunciación no es un problema cuando se comprenden las diferencias.

Los sonidos de las vocales: a, e, i, o, u.

a de Alemania	i de Italia	u de Uruguay
e de España	o de Omán	

Sonidos especiales de consonantes: c, ch, g, h, j, ll, ñ, qu, r, rr, v, x, y, z

c Central	c Canadá	ch Chile
g Bélgica, Georgia	g Guinea	g Guatemala
h Honduras	j Japón	ll castellano
ñ español	q Turquía, Mozambique	r Rusia
r Corea	rr Bielorrusia	v Venezuela
x México	y Yemen, Paraguay	z Zambia

✏️ Escribimos

b. **¿Qué material necesitas para aprender español? Elige el material. Tu compañero/-a escribe las palabras en su cuaderno. ¡Atención con la pronunciación!**

ATL Autogestión – Habilidades afectivas (Perseverancia)

You can learn vocabulary in a new language by using different methods. It is important that you write down (e.g. in your Spanish notebook) new words that you consider important to you. You can have a section in your notebook for that. Sometimes you won't feel like writing words and you will think that you will remember them, but the reality is that we forget words if we don't use them.

Try to motivate yourself to write YOUR words. Have a look at the words on a regular basis and, more importantly, try to use them as much as you can. This is the key to success!

How do your classmates learn words? Do they have any tips for you?

Lengua

Forma

Look again at the words on page 7.

1. What is the difference between naming one object in Spanish and naming multiple objects? Can you find a pattern?

2. Why do you think that some words use the word *un* in front of the word and some use *una*? What do you think these words mean? Why are they different?

3. Do you notice any patterns about words that use *un* and the words that use *una*?

4. When do you use *unos* or *unas*?

When learning new words, it is best to learn them with the article *el* (masculine) or *la* (feminine). Look back at the vocabulary you wrote in your notebooks and add *el* or *la* (singular) and *los* or *las* (if the words are in the plural) next to the word.

un bolígrafo ➜ *el bolígrafo*

una goma ➜ *la goma*

Pregunta conceptual

¿Qué importancia tienen las formas lingüísticas y el acento para comunicarnos con éxito?

c. **Crea pósters para tu clase de español con frases útiles.**

¿Cómo se escribe …?

No entiendo bien.¿Puedes repetir,por favor?

¿CÓMO SE DICE... EN ESPAÑOL?

Tengo una pregunta.

¿PUEDO IR A BEBER AGUA, POR FAVOR?

¿PUEDO IR AL BAÑO, POR FAVOR?

1.4 Los idiomas del mundo y el español

a. **¿Cuáles son los 21 idiomas más hablados del mundo? Investiga y escribe una lista. Después compara con la lista de tus compañeros/-as.**

el tamil	el español	el inglés	el hindi	el urdu	el portugués	el alemán
el vietnamita	el bengalí	el ruso	el lahnda	el chino mandarín	el javanés	el coreano
el francés	el telegú	el maratí	el turco	el italiano	el japonés	el árabe

1. (uno): _____
2. (dos): _____
3. (tres): _____
4. (cuatro): _____
5. (cinco): _____
6. (seis): _____
7. (siete): _____

8. (ocho): _____
9. (nueve): _____
10. (diez): _____
11. (once): _____
12. (doce): _____
13. (trece): _____
14. (catorce): _____

15. (quince): _____
16. (dieciséis): _____
17. (diecisiete): _____
18. (dieciocho): _____
19. (diecinueve): _____
20. (veinte): _____
21. (veintiuno): _____

🔗 Conexión interdisciplinaria: Lengua y Literatura

What is your mother tongue?

It is compulsory in the MYP to learn at least two languages, one of which has to be a mother tongue. Why do you think that is?

What is the difference between learning a foreign language and learning your mother tongue at school? Do you think that you can learn a foreign language without having a mother tongue? How do we communicate in both subjects?

What kind of tasks do you think you are going to do in the Language Acquisition class and in the Language and Literature class?

ATL Investigación – Habilidades de gestión de la información

Have all of your classmates written the same list? Have you all found the information about languages in different sources?

The information we get from the Internet is not always accurate. Don't trust all of the information you read. It is important to check the information by looking at different sources.

Lengua

Los números hasta el 100

21: veintiuno	27:	**What do you think**	53:
22: veintidós	28:	**these numbers are?**	60: sesenta
23: veintitrés	29:	33:	67:
24: veinticuatro	30: treinta	34:	70: setenta
How do you think it continues?	31: treinta y uno	39:	80: ochenta
25:	32: treinta y dos	40: cuarenta	85:
26:		41: cuarenta y uno	90: noventa
		44:	100: cien
		50: cincuenta	

🔊 Escuchamos

b. **Escucha la canción y mira el mapa. ¿En cuántos países se habla español?**

https://www.youtube.com/watch?v=VMp55KH_3wo

🔍 **Palabras de búsqueda:**

La Gozadera; Gente de Zona – Marc Anthony

DISTRIBUCIÓN GEOGRÁFICA DE LA LENGUA ESPAÑOLA

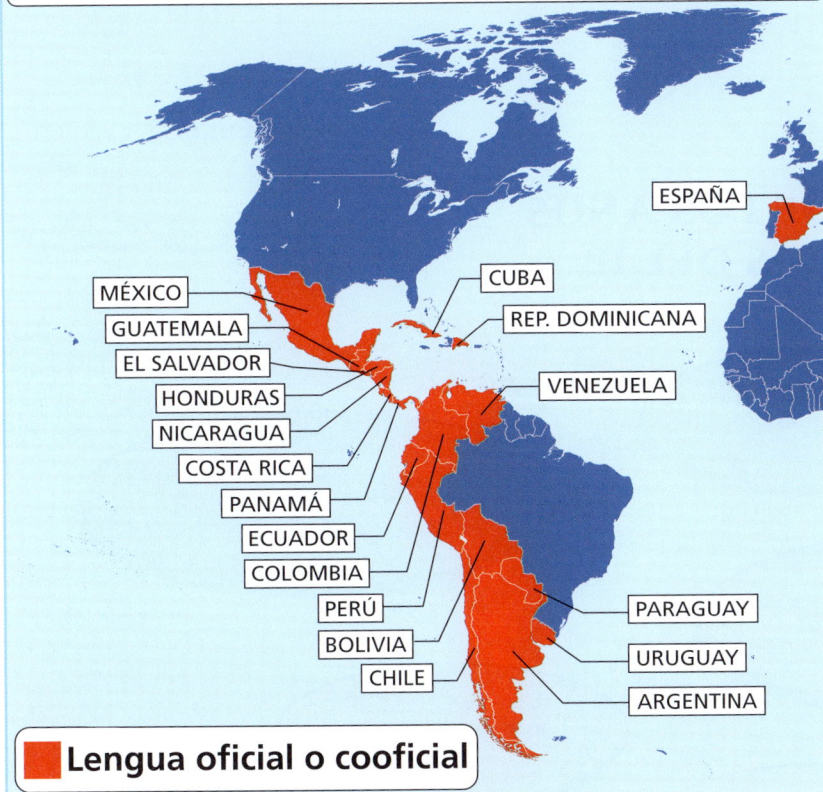

ESPAÑA

MÉXICO
GUATEMALA
EL SALVADOR
HONDURAS
NICARAGUA
COSTA RICA
PANAMÁ
ECUADOR
COLOMBIA
PERÚ
BOLIVIA
CHILE

CUBA
REP. DOMINICANA
VENEZUELA
PARAGUAY
URUGUAY
ARGENTINA

🟧 **Lengua oficial o cooficial**

---

1. Marca en el mapa los países donde se habla español que escuchas.

Criterio **Ai**

2. What do you see in the video that makes you think that it is showing Latin American culture?

3. ¿Te gusta este tipo de música?¿Por qué?

Criterio **Aiii**

4. ¿Hay en tu lengua o cultura este tipo de música?

5. How does this video clip make you feel? Why?

▶ ⏸

1.5 El español en el Programa de los Años Intermedios (PAI) (MYP)

a. Mira los elementos del Programa del PAI (MYP) y contesta.

- ¿Cuántas asignaturas hay en el PAI?

- ¿Cómo se llama la asignatura de español en el PAI?

- ¿Qué asignatura te gusta más?

- ¿Hay una asignatura que no te gusta?

- ¿Hay otras partes del programa del PAI además de las asignaturas? ¿Cuáles son? ¿Cómo se dicen en inglés?

> **¿Cuántos/as?** = How many?

> **¿Hay?** = Is there? Are there?

> **¿Cuáles?** = Which (ones)?

PROGRAMA DE LOS AÑOS INTERMEDIOS DEL IB

Las asignaturas

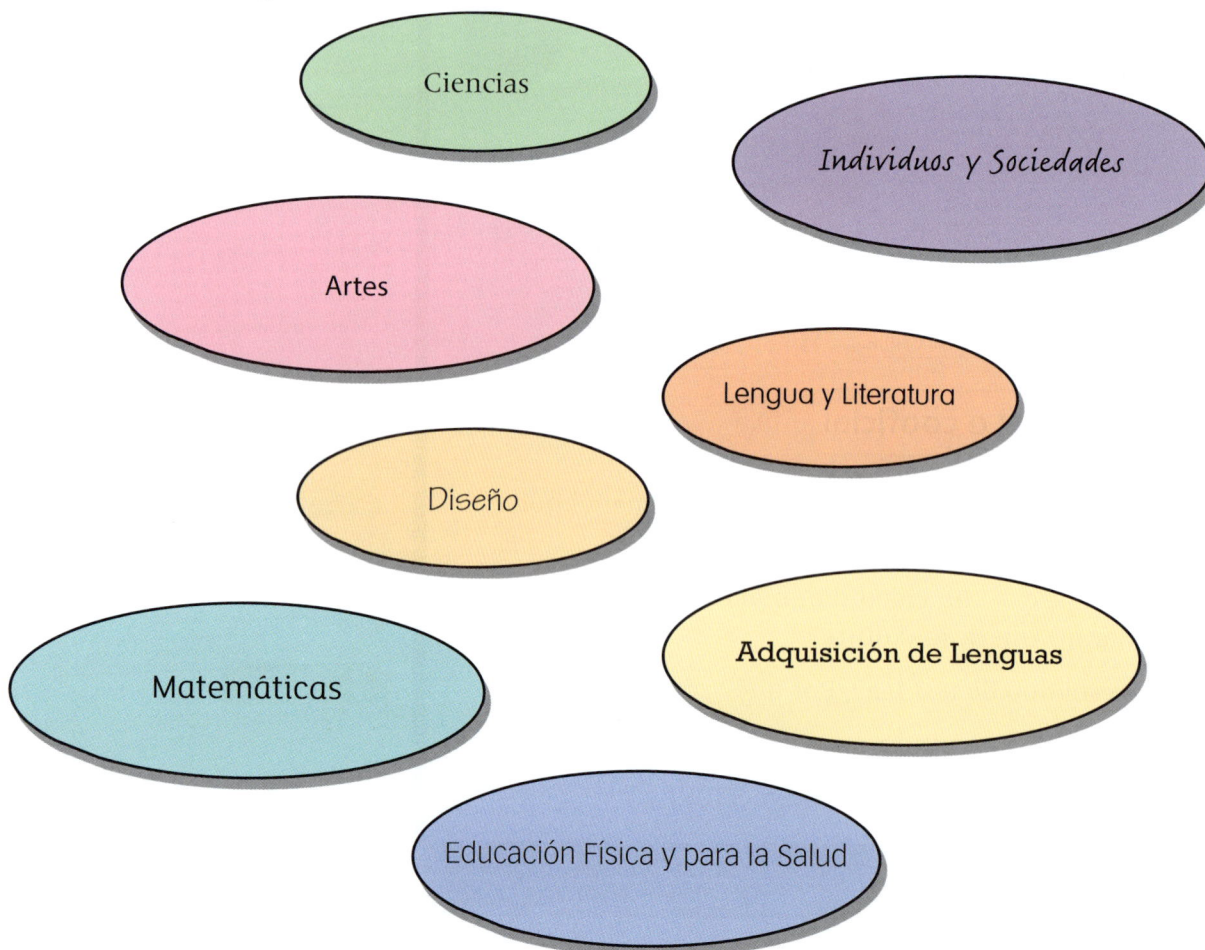

Ciencias

Individuos y Sociedades

Artes

Lengua y Literatura

Diseño

Adquisición de Lenguas

Matemáticas

Educación Física y para la Salud

El enfoque de la enseñanza y el aprendizaje

Los proyectos
(Proyecto Personal y Proyecto Comunitario)

Acción y Servicio

Conceptos

Contextos Globales

Enfoques de Aprendizaje

Perfil de la Comunidad de aprendizaje del IB

Mentalidad internacional

b. ¿En qué clases es necesario hacer estas actividades?
Relaciona las asignaturas con las actividades.

hablar

escuchar

escribir

leer

cantar

bailar

dibujar

estudiar

📖 Leemos

c. Lee el texto y contesta las preguntas.

Devina: ¡Qué bueno! Ahora hay clase de Diseño.

Anjali: ¿Te gusta el Diseño?

Devina: Me gusta mucho. ¡Es fantástico! ¿No te gusta?

Anjali: ¡Sí, sí! Me gusta bastante. Pero me gustan mucho más las Ciencias.

Devina: Me gusta un poco la clase de Ciencias.

Anjali: ¿De verdad? ¿Solamente un poco? ¡Es interesante indagar e investigar!

Devina: También me encanta la clase de Individuos y Sociedades. En esa clase también es posible indagar.

Anjali: ¡Ay! Es hora de clase. ¡Vamos!

1. ¿Qué asignaturas le gustan a Devina?   `Criterio Bi`

2. ¿Qué asignatura no le gusta mucho a Devina?

3. ¿Qué asignaturas le gustan a Anjali?

4. ¿A ti también te gustan esas asignaturas? ¿Cuál es tu asignatura favorita?   `Criterio Biii`

5. What kind of text is this? How do you know?   `Criterio Bii`

6. What is the purpose of the picture next to the written text?

Lengua

Look at the differences in the form of the word *gustar*:

Me gusta la historia.	Me gustan las Matemáticas.
Me gusta el teatro.	Me gustan las Ciencias.
Me gusta hacer deporte.	Me gustan los deportes.
Me gusta la clase de Artes.	Me gustan las artes.

Can you formulate a rule?

Write it in the list of rules that you have in your notebook.

Write 5 sentences about what you like. Use a dictionary to search specifically what you like.

What rule can you create about using the word *gusta*?

d. Habla con un compañero o una compañera de clase sobre sus asignaturas.

¿Por qué te gusta?

Me gusta porque...	No me gusta porque...
es interesante	es aburrido
es difícil (me gustan los retos)	es demasiado difícil
es divertido	es demasiado fácil
es necesario	es inútil
es fácil	
es útil	

Lengua

Connecting words

In order to communicate related ideas, connecting words are very important. We also call them cohesive devices.

- *y* = and
- *o* = or
- *pero* = but
- *porque* = because

e. Combina las frases del ejercicio anterior. Usa los conectores.

Ejemplo:

Me gusta el Diseño porque es interesante y también es divertido dibujar.

1.6 Perfil de la comunidad del aprendizaje del IB

a. ¿Cómo se dice en inglés?

- Indagadores
- Informados e instruidos
- Pensadores
- Buenos comunicadores
- Íntegros
- De mentalidad abierta
- Solidarios
- Audaces
- Equilibrados
- Reflexivos

Pregunta debatible

¿Qué atributo del perfil de la comunidad de aprendizaje del IB es más importante para aprender español?

b. ¿Por qué son importantes estos atributos para el aprendizaje?

c. How would you answer the debatable question?

Evaluación sumativa

Criterio A

Watch the video online:

https://www.youtube.com/watch?v=4BpXL46W32s&t=12s

🔍 **Palabras de búsqueda:**

Presentación Unidad 1 - MYP Spanish

Aspecto i

1. ¿Cómo se llama el profesor?

2. ¿En qué país enseña español?

3. ¿Cuántos años tienen los estudiantes de la foto (p.17)?

4. Marca los consejos (*advice*) que da el profesor para aprender español.

Es importante…

ser organizado.	
participar en clase y ser activo.	
no hablar en clase con los compañeros.	
practicar español en casa.	
investigar sobre los países donde se habla el español.	
ver videos de YouTube en español.	
tener una actitud positiva.	

Aspecto ii

5. ¿Cuál es la intención de este video? (*What is the purpose of this video?*)

6. How well do you think that this video achieves its purpose? Look at characteristics such as the length, the sound, the images, etc.

Aspecto iii

7. ¿Qué haces tú para aprender español con éxito (*with success*)? Identifica la información del texto.

8. ¿Te gusta aprender español? ¿Qué actitud tienes tú para aprender español? Compara con lo que dice el profesor.

▶ ▪ ▪ ─────────────

www.miblogdeespañol.com

¡Hola, amigos!

Soy Jiwon, tengo 15 años y soy coreano. Para un proyecto de mi clase, escribo una reflexión sobre mi clase. Mi colegio se llama colegio internacional Chadwick International y está en Incheon, en Corea del Sur. En mi clase de español hay estudiantes de muchas nacionalidades. Hay estadounidenses, hindúes, australianos, chinos y, claro, muchos coreanos.

Mi profesor se llama Señor Gómez. Es de España. Habla mucho español en clase y me gusta mucho. Nosotros aprendemos las frases útiles para la clase, por ejemplo "¿cómo se dice...?", "no entiendo, ¿puede repetir?" o "¿puedo ir al baño?". Para las clases necesitamos los siguientes materiales:

- un cuaderno para escribir las actividades y el vocabulario que aprendemos
- un libro de texto
- un ordenador portátil
- un estuche con lápices y bolígrafos

Es importante practicar el español en clase. Hablamos, escribimos, vemos y escuchamos videos… ¡Es muy interesante!

Este año tenemos también clases de Lengua y Literatura (en inglés), Matemáticas, Individuos y Sociedades, Ciencias, Educación Física y Arte. También tenemos Diseño. A mí me gustan mucho las clases de Individuos y Sociedades y las clases de Lengua y Literatura. No me gustan mucho las clases de Educación Física y Ciencias.

Estudiar Español en el PAI es muy interesante, porque no solo aprendemos la lengua española, también hablamos de muchas cosas en clase. Es muy interesante aprender una lengua nueva y aprender de su cultura. Tenemos un enunciado de indagación y reflexionamos mucho sobre la lengua. Las clases son activas e interesantes.

Escuchamos en clase una canción que se llama La Gozadera. Es una canción muy divertida. Se escuchan los nombres de los países donde se hablan español. Me gusta mucho esta canción.

¿Y tú qué lenguas estudias? ¿Te gusta aprender una lengua nueva? ¡A mí me encanta!

Puedes escribir un comentario sobre tu clase también.

Aspecto i

1. Elige los materiales que necesita Jiwon para las clases.

2. ¿Verdadero o falso? Marca y justifica.

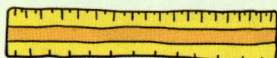

	V	F
Jiwon tiene cincuenta años.		
En su clase hay solamente estudiantes coreanos.		
A Jiwon no le gusta mucho su profesor de español.		
Su asignatura favorita son las Ciencias.		

3. ¿Por qué le gusta a Jiwon estudiar español en el PAI? Identifica tres aspectos.

Aspecto ii

4. ¿Por qué escribe Jiwon este texto? ¿Cuál es su intención (*purpose*)?

5. ¿Qué características de un blog hay en este texto?

Aspecto iii

6. ¿Es tu clase como la clase de Jiwon? ¿Por qué? Justifica con la información del texto escrito y visual.

7. ¿Tú tienes las mismas asignaturas? ¿Se llaman igual?

8. ¿Te gusta aprender lenguas como a Jiwon? Compara tu actitud con la de Jiwon.

Eres nuevo en el colegio y tu profesor/a te va a hacer preguntas sobre información personal. Realiza una entrevista con tu profesor/a.

ASIGNATURAS FAVORITAS
APELLIDO NOMBRE
NACIONALIDAD
IDIOMAS EDAD
CORREO ELECTRÓNICO

Escribe una entrada para tu blog personal donde presentas a tu clase de español. Incluye la siguiente información:

- Información del profesor o la profesora
- Nombre, apellidos y edad de algunos compañeros
- Nacionalidades e idiomas que hablan los compañeros
- Materiales que usan en clase
- ¿Te gusta la clase? ¿Por qué?

💭 Reflexión

Find the activities where you have practiced the objectives below in this unit, reflect on your learning and complete the table:

	😊	😐	😞
saludar			
preguntar y responder con información personal básica			
presentar a personas			
indicar los materiales que necesitas para aprender			
reconocer y usar los sonidos en español			
comprender el funcionamiento del género (masculino/femenino) y número (singular y plural)			
usar frases útiles para la clase			
contar del 1 al 100			
identificar los países donde se habla español			
expresar gustos y opiniones sobre las asignaturas del PAI			

Reflect on the Statement of Inquiry of the unit

Aprendemos a comunicarnos y a relacionarnos con los demás mediante el reconocimiento y uso adecuado del acento y formas lingüísticas.

We learn to communicate and relate to others through the recognition and appropriate use of accents and linguistic forms.

Are you able to connect this statement with the tasks of this unit? Find activities where

- you are learning how to communicate
- you interact with your classmates
- you recognize and use sounds
- you recognize and use new language forms.

Find in the unit where you have practiced these learning strategies.

How do you think these ATL help to achieve the attributes of the learner profile for this unit (reflexive, inquirers, communicators)? What about the other attributes?

Have you used these approaches to learning skills to be successful in the different tasks? What about the summative tasks?

- **Communication – Communication skills**

  Interpret and use effectively modes of non-verbal communication

- **Thinking – Critical thinking skills**

  Recognize unstated assumptions and bias

- **Self-management – Affective skills**

  Managing state of mind: Perseverance

- **Research – Information literacy skills**

  Finding, interpreting, judging and creating information

💭 Reflexión

Metas

Set SMART goals for how you will dedicate yourself to learning Spanish.

Example: Surround myself with the sounds of Spanish

"I will listen to two songs / watch two music videos in Spanish per week."

Does this goal meet the criteria below of being a SMART goal?

S: Specific

M: Measurable

A: Achievable

R: Relevant

T: Time-specific

Write two SMART goals for yourself. Record these where you can look back periodically to check your progress.

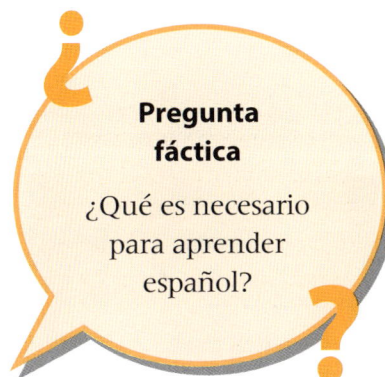

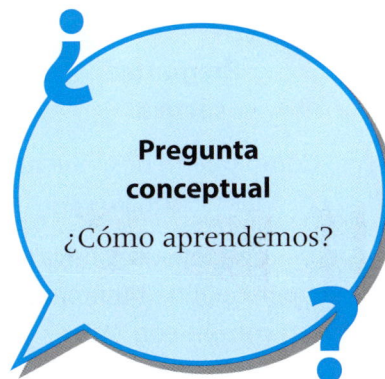

Pregunta fáctica

¿Qué es necesario para aprender español?

Pregunta conceptual

¿Cómo aprendemos?

2

¿Quién eres?

Contexto global
Identidades y relaciones

Conceptos relacionados
Significado, convenciones

Concepto clave
Conexiones

Perfil de la comunidad de aprendizaje
De mentalidad abierta, buenos comunicadores

Pregunta fáctica

¿Cómo puedo describir a las personas?

¿Qué características físicas y de personalidad tenemos en común con otras personas?

Pregunta conceptual

¿Qué conexiones tengo con otras personas?

¿Cómo nos influyen las convenciones sociales?

Pregunta debatible

¿Por qué somos como somos?

¿Qué importancia tienen las conexiones que tenemos con otras personas?

Enunciado de indagación

Mediante el uso del lenguaje comprendemos que nuestra identidad está influida por las conexiones que tenemos con las personas.

Al final de esta unidad, vas a poder…	
⊘	describir el carácter o personalidad
⊘	describir el físico de las personas
⊘	hablar de las relaciones familiares
⊘	usar diccionarios impresos y electrónicos
⊘	reconocer y usar el masculino y el femenino de los adjetivos
⊘	practicar la empatía con las personas
⊘	diferenciar los pronombres personales
⊘	usar los verbos "ser" y "tener" en el presente de indicativo
⊘	reconocer las convenciones de textos orales, escritos y visuales

2.1 Así somos

a. **¿Cuál es tu color favorito? Mira el dibujo y lee las descripciones del carácter. ¿Son los adjetivos positivos o negativos? Clasifícalos en la tabla. Usa un diccionario para saber el significado.**

☹	☺

ROSA
confiable, tímido

AZUL
tranquilo, trabajador

AMARILLO
nervioso, simpático

MARRÓN
fuerte, seguro de sí mismo

BLANCO
bueno, sincero

VIOLETA – MORADO
arrogante, importante

VERDE
celoso, deportista

NARANJA
alegre, creativo

ROJO
atractivo, romántico

GRIS
activo, pesimista

NEGRO
elegante, antipático

Las personas azules son tranquilas y trabajadoras. Yo soy tranquilo pero no trabajador.

Paco

Significado

Las personas rojas son atractivas y románticas. ¡Sí! ¡Yo soy atractiva y romántica!

María

Lengua

Adjective endings change their form depending on the gender (masculine / feminine) and number (singular / plural) of the accompanying noun. There are three types of adjectives:

1. *o/a*

The masculine form finishes in –o and the feminine form finishes in –a

guapo – guapa

2. *–/+a*

For the feminine form we add an –a to the masculine form

trabajador – trabajadora

3. *–*

The same form for masculine and feminine

inteligente – inteligente

egoísta – egoísta

To get the plural we add an -s if the word finishes in a vowel or -es if the word finishes in a consonant.

Completa la tabla con los adjetivos.

	Paco es…	María es…	Paco y Juan son…	María y Marta son…
1		guapa	guapos	guapas
2	tímido			
3	interesante			
4				antipáticas
5		habladora	habladores	
6	deportista			
7	tranquilo		tranquilos	
8				sinceras
9	feo			feas
10	trabajador			

b. ¿Cómo crees que son estas personas? Elige adjetivos del carácter y después compara con tus compañeros/-as.

¿

Pregunta fáctica

¿Cómo puedo describir a las personas?

?

Guillermo

Julián

Eugenia

Ivana

ATL Sociales – Habilidades de colaboración

Understanding the way a person feels and being able to recognize people's emotions or personality is what we call empathy. It is important to practice it, because this ability allows us to understand people better and as a result we develop our social competence.

2.2 ¿Yo o nosotros?

a. Escribe en tu cuaderno cinco características sobre ti. Busca en tu clase a compañeros/-as con las mismas características y siéntense juntos.

nombre	nacionalidad	personalidad

📖 Leemos

b. **Lee el texto y contesta las preguntas.**

🔑 Conexiones

Hay una filosofía en África que se llama *Ubuntu*. "Ubuntu" en el idioma xhosa quiere decir, más o menos, "Yo soy porque nosotros somos". Si tú, mi amigo, no eres feliz, entonces, ¿cómo puedo ser feliz yo? Si nosotros somos felices, solamente en esta situación soy yo feliz. Cuando mis amigos son personas con talento, yo soy feliz por ellos, entonces yo también soy feliz. Mi existencia depende de nosotros. Y tu existencia también depende de nosotros.

En la filosofía de Ubuntu, se puede decir que no hay ni yo ni ustedes... solamente nosotros.

Jorge Bender, un misionero de Argentina, explicó la cultura de Ubuntu en su libro *África no me necesita: ¡yo necesito de África!*.

Preguntas

(Se puede responder en la lengua de instrucción del colegio o en otra lengua que se comprenda en tu clase.)

1. ¿De dónde es la filosofía de Ubuntu? `Criterio Bi`

2. ¿Qué es *xhosa*?

3. ¿Es la cultura de Ubuntu más egoísta o más generosa? ¿Por qué?

4. En Ubuntu, si mi amigo está triste, ¿cómo estoy yo?

5. Explica el título del libro de Jorge Bender.

6. ¿Qué relación tiene la imagen con el texto escrito?

7. ¿Cómo es la idea de "yo", "nosotros" y "ustedes" en tu cultura? `Criterio Biii`

8. ¿Hay diferencias entre tu cultura y la cultura de los xhosa?

9. ¿Qué piensas tú personalmente de la filosofía de Ubuntu?

10. ¿Te gustaría leer el libro de Jorge Bender? ¿Por qué?

Lengua

Convenciones

How do you refer to different people in Spanish?

1. Yourself
2. The person with whom you are speaking
3. Yourself and another person
4. A boy who is not part of your conversation
5. Two people with whom you are speaking
6. Two boys who are not part of your conversation
7. A girl who is not part of your conversation
8. Two girls who are not part of your conversation
9. A boy and a girl who are not part of your conversation

Now look at the following chart. Using your understanding of the heading of the table, try to match up the words in the chart with the people (1-9) in the activity above.

PRONOUNS	singular	plural
1st person	yo	nosotros nosotras
2nd person	tú	vosotros vosotras
	usted	ustedes
3rd person	él ella	ellos ellas

Note that there are different pronouns to refer to the 2nd person (you) in Spanish:

- **tú** is used to address one person in informal situations, among friends, co-workers, relatives, or when speaking to a child.
- **usted** is used to address one person, mostly in formal situations where we wish to be polite or to show respect.
- **vosotros** is used to address more than one person in informal situations, but it is used only in Spain.
- **ustedes** is used to address more than one person and it is used in Latin America, both in formal and informal situations. It is also used in Spain but only in formal situations.

b. En grupos, creen algo que les identifique. Puede ser un póster con dibujos de características comunes, una "escultura humana", un baile o una música. Explica después qué han creado y su relación con la identidad del grupo.

Pregunta fáctica

¿Qué características físicas y de personalidad tenemos en común con otras personas?

Pregunta conceptual

¿Qué conexiones tengo con otras personas?

Conexión interdisciplinaria: Artes

One of the purposes and meanings of the Arts is to express the identity of the artist through his or her creations (a painting, a piece of music or acting). Through language we can also express our identity. The way we speak and write defines us as a person. We also share these characteristics with other people; we call these "conventions". We try to behave and act according to the expectations of our community or culture.

How are we connected to each other?

What kind of language do we use that defines us as being the same and belonging to the same group?

Are there any typical words or phrases you use with your friends?

How are you different from the rest of your classmates? How are you similar?

Lengua

Completa con las formas que faltan.

ser (to be)

	singular	plural
1st person	yo _____	nosotros somos nosotras somos
2nd person	tú eres usted _____	vosotros sois vosotras sois ustedes son
3rd person	él _____ ella _____	ellos _____ ellas _____

2.3 Esta es mi familia

a. ¿Qué significa "la familia" para ti? ¿Quiénes son los miembros de tu familia? Puedes hacer un dibujo o un árbol genealógico de tu familia.

b. Lee las presentaciones de las familias. ¿Cómo se llaman las personas de las imágenes?

Criterio Bi

1. ¡Hola! Yo vivo con mis padres, Ángel y Mari. Tengo una hermana. Yo soy Rubén y mi hermana se llama Rebeca. Tengo dos tías y tres tíos. También tengo ocho primos: cinco primas y tres primos.

2. ¡Hola! Mi familia es muy grande. Mis padres se llaman Alberto y Luisa. Mi padre tiene 46 años y mi madre tiene 48. Yo me llamo Nacho y tengo un hermano gemelo, se llama Lucas. También tengo dos hermanas, Nati, mi hermana mayor y Ana, la pequeña. Tengo dos abuelas y un abuelo. También tengo muchos tíos y primos.

3. ¿Qué tal? Soy Jorge y vivo con mi madre, Lola. Soy hijo único. Tengo padre pero no vive con nosotros. No veo mucho a mi papá, pero sí a mis abuelos. Tengo cuatro abuelos y muchos primos. ¡Yo quiero mucho a mi mamá! ¡Es la mejor mamá del mundo!

c. ¿Cómo se llaman estas personas en español?

1. El padre de mi padre es mi _____.

2. El hermano de mi madre es mi _____.

3. La hija de mi tío es mi _____.

4. La madre de mi madre es mi _____.

5. El hijo de mi padre es mi _____.

6. El hermano de mi prima es mi _____.

7. La hermana de mi padre es mi _____.

8. La prima de mi hermano es mi _____.

9. El hijo de mi abuela es mi _____.

10. Los hijos de mi tía son mis _____.

Lengua

How do you say these phrases in English?

- *El hijo de mi tía*
- *El libro de mi compañera*
- *El bolígrafo de Luis*
- *El hermano de Juana*

As you can see, in Spanish we use the preposition **de** between the thing or person belonging, and the owner. Try to get used to this structure!

d. ¿Cómo es tu familia? ¿Como la de Rubén, Nacho o Jorge? ¿Por qué?

Criterio **Biii**

Escribe la relación de parentezco que tienes con tu familia en el dibujo o árbol genealógico del principio de la actividad. Presenta después tu familia a tus compañeros. ¿Qué tipo de familia predomina en la clase?

Criterios **C y D**

Pregunta conceptual

¿Cómo nos influyen las convenciones sociales?

ATL Pensamiento – Habilidades de pensamiento crítico

We all come from different backgrounds and have different ways of life. We have to consider ideas from multiple perspectives. It is important that you accept the differences and have an open mind towards the people around you.

2.4 Padres e hijos

📖 Leemos

a. Lee el texto y contesta las preguntas.

Patrones de transmisión genética

El ADN

Ahora los científicos saben que la genética es muy complicada, pero sabemos que recibimos las características genéticas de nuestros padres. Una parte de cada característica la obtenemos de nuestra madre y la otra parte de la característica la obtenemos de nuestro padre.

Nuestro código genético en el ADN determina cuál es nuestro aspecto físico. Por lo tanto, algunos de los aspectos determinados por los genes son el color de los ojos, del pelo y de la piel, si el pelo es liso o rizado, y si somos altos o bajos. ¿Alguna vez te dice alguien que te pareces mucho a tu madre, padre, hermano o hermana? ¡Es tu código genético!

¿Cómo son tus padres? ¿Qué características de tu aspecto físico piensas que tienes de tu madre o de tu padre?

Tengo:

pecas	la nariz pequeña	el pelo corto
los ojos azules	la boca pequeña	el pelo largo
los ojos marrones	el pelo liso	Tengo barba (beard)
los ojos verdes	el pelo ondulado	
la nariz grande	el pelo rizado	

Soy: alto/-a (tall), bajo/-a (short), delgado/-a (thin), gordito/-a (fat), rubio (blond), moreno (dark hair), pelirrojo (red hair), calvo (bald)

Lengua

Completa con las formas que faltan.

tener (to have)

	singular	plural
1st person	yo tengo	nosotros tenemos nosotras tenemos
2nd person	tú _____ usted _____	vosotros tenéis vosotras tenéis ustedes tienen
3rd person	él _____ ella _____	ellos _____ ellas _____

b. **Mira el video (hasta el minuto 2:40) y contesta.**

https://www.youtube.com/watch?v=FQorbEwy56A

🔍 **Palabras de búsqueda:**

14 personas idénticas a sus padres

1. ¿Por qué crees que se ha creado este video? ¿Cómo lo sabes?

(Why has this video been created? How do you know?)

Criterio **Aii**

▶ ⬛ ⬛

⊕ Convenciones

We call the characteristics of texts that are common in one culture 'conventions'. This can refer to language, text types, the way that texts have been created, the author's purpose or audience. This example is a video from YouTube. What kind of characteristics does the video have that make you think it is from a YouTube channel? You can consider the music in the background, the structure, the way the author refers to the viewer, the pictures…

Is a video from YouTube the same as a short movie or a commercial, for example? What are the differences? You will need to think about all of these characteristics.

2. Watch again from minute 1:20, and then answer the questions:

Criterio **Ai**

    a. ¿Cuántas niñas hay?

    b. ¿Cuántas personas tienen el pelo rubio?

    c. ¿Cuántas personas tienen el pelo largo?

    d. ¿Cuántas personas tienen el pelo rizado?

    e. ¿Cuántas personas tienen los ojos azules?

¿Cuántos/-as? = How many?

c. ¿Cómo eres tú físicamente? ¿Cómo son tus padres? Trae una foto de tus padres. El resto del grupo debe adivinar quién es tu padre o madre.

🗨 Hablamos

d. Habla con tu compañero/-a.

1. Mira la foto. ¿Quiénes son? ¿Qué relación tienen? ¿Por qué lo sabes?

2. ¿Cómo son? Descríbelas.

¿
Pregunta debatible

¿Por qué somos como somos?
?

🔗 Conexión interdisciplinaria: Ciencias

🌐 Identidades y relaciones

Have you learnt about the topic of genetics in your science class? We all carry DNA from our parents and ancestors. This is why we look like our parents – although some of us may do so more than others.

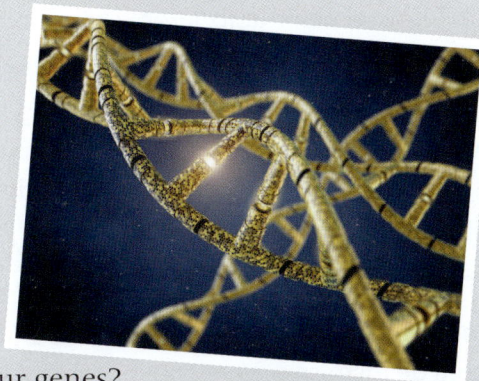

Do you think that our personality is influenced by our genes?

What defines your identity? Your genes? Your culture? The people you grow up with?

Do you think that how we learn a new language depends on our genes too? Can everybody learn a new language in the same way? Why is that?

2.5 Mi clase de español

a. Mira el texto escrito y visual. ¿De qué tipo de texto se trata? ¿Por qué lo sabes?

Criterio **Bii**

1. Un artículo de revista

2. Un correo electrónico

3. Un blog de Internet

www.miclasedeespanol.com

¡Hola! Somos un grupo de estudiantes de español. Buscamos chicos y chicas para practicar el español. Somos cuatro chicos y cinco chicas.

Nos puedes ver en la foto. A ver si nos encuentras. Estos somos nosotros:

Lorenzo: Soy italiano. Soy un poco vago, pero muy inteligente. Tengo el pelo castaño y un poco rizado. Soy fuerte y y deportista. Normalmente llevo barba, pero en la foto no se ve… Vivo con mis padres y una hermana pequeña.

Joel: Soy francés, tengo el pelo negro y no llevo gafas. Tengo los ojos marrones oscuros. Soy deportista y mis amigos dicen que soy atractivo. ¿Tú qué piensas? ;-) Vivo con mis padres, soy hijo único.

Vladimir: Soy ruso. Soy alto y muy simpático. Tengo los ojos azules y el pelo castaño y un poco largo. Me gusta el teatro. Soy inteligente y muy sociable jeje. Tengo una hermana mayor.

Vanessa: Soy de Portugal. No soy muy alta. Tengo el pelo negro y largo. Tengo una hermana gemela, pero ella no está en la foto porque no estudia español.

Sofía: Me llamo Sofía y soy sueca. Tengo el pelo rubio, largo y liso. Tengo los ojos verdes. ¡Me gusta mucho aprender español! Mi padre no vive aquí porque trabaja en Suecia. Yo vivo aquí con mi madre. Tengo un hermano mayor.

Chris: ¿Qué tal? Soy Chris y soy de los Estados Unidos. Tengo el pelo muy corto y negro. Me gusta mucho estar con mis amigos. No soy nada celoso. Vivo con mis padres y tengo dos hermanos.

Helina: Soy rusa, como Vladimir. Tengo el pelo negro y corto. Soy muy trabajadora y activa. Mis amigos dicen que soy segura de mí misma. No tengo hermanos.

Sarah: ¡Hola! Yo soy del Reino Unido. Tengo el pelo largo y ondulado. Soy muy simpática y alegre. Mis amigos dicen que soy segura de mí misma. Vivo con mi padre. Mi madre vive en el Reino Unido.

Jessica: Soy del Reino Unido. Soy muy trabajadora y tranquila. Llevo gafas. Tengo el pelo castaño y ondulado. En la foto llevo una coleta. Vivo con mis padres y no tengo hermanos.

¿Por qué no nos escribes? ¿Te gustaría conocernos?

b. Lee las descripciones de las personas y escribe una lista de los nombres 1–9.

Criterio **Bi**

c. ¿Quién…

1. tiene el pelo largo?

2. lleva gafas?

3. es americano?

4. tiene los ojos azules?

d. ¿Qué diferencias hay entre esta clase y tu clase de español?

Criterio **Biii**

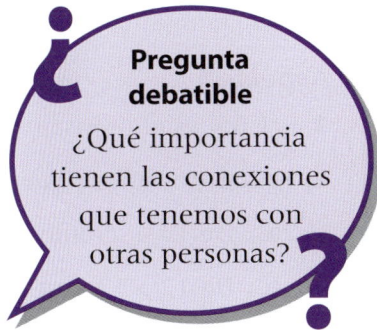

e. ¿Con qué persona de esta clase te identificas? ¿Por qué?

1. Según (*according to*) el físico:

2. Según la personalidad:

3. Según la familia:

¿ Pregunta debatible

¿Qué importancia tienen las conexiones que tenemos con otras personas? **?**

f. ¿Cómo son tus compañeros de clase? Con un compañero crea una encuesta con ocho preguntas sobre los siguientes temas y pregunta a tus compañeros. Presenta los resultados en forma de tabla.

- Nacionalidad
- Color del pelo
- Color de ojos
- Personalidad
- Otra información de interés

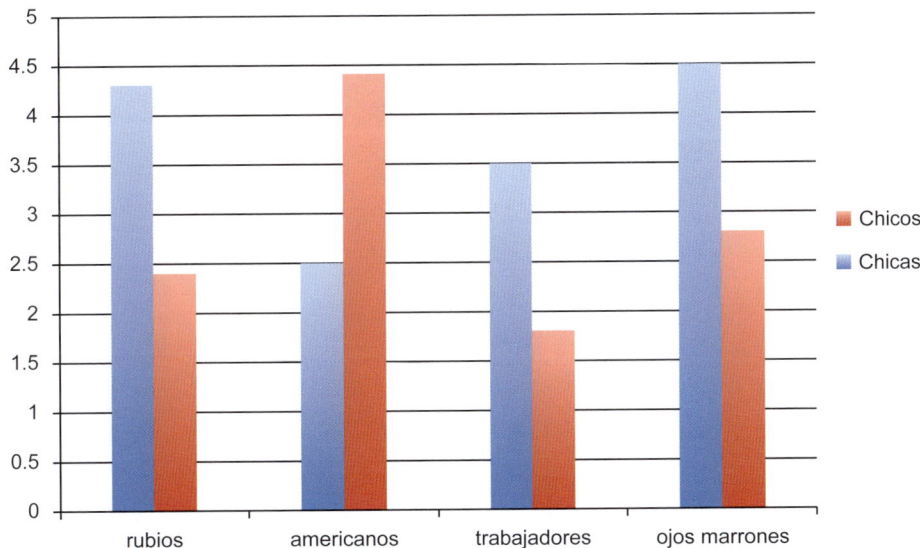

Escribimos

g. Escribe una respuesta a la clase de español donde presentas a tu clase. Toma la información de la encuesta para escribir el texto.

Criterios **C y D**

When you write the text, consider:

- who you are writing to. You need to have phrases targeted to the audience (in this case, the students of the Spanish class).

Criterio **Civ**

- cohesive devices that connect your ideas: *y, o, pero, también…*

Criterio **Dii**

- the use of language. Try to use the vocabulary and grammar that you have been practicing during this unit.

Criterio **Di, Diii**

Evaluación sumativa

Criterio A

Mira el video y contesta las preguntas.

https://youtu.be/clqkpRnzyyU

🔍 **Palabras de búsqueda:**

Casting para la próxima película de Paco Arango

Aspecto i

1. ¿Cuál es el mensaje principal del video?

2. ¿Cuántos años tienen los chicos que buscan? Elige:

   a. De 13 a 15 años

   b. De 12 a 13 años

   c. De 14 a 15 años

3. Completa con la información de uno de los chicos.

   ¡Hola! Me llamo…Tengo…años.

4. ¿Con quiénes practican los chicos en casa?

5. Nombra dos cualidades de los chicos que buscan.

   tímido   aburrido   extrovertido
   pesimista simpático

Aspecto ii

6. What is the purpose of this video?

   a. to persuade

   b. to inform

   c. to entertain

7. What characteristics or features of the video help to achieve its purpose?

Aspecto iii

8. ¿Qué diferencias y similitudes hay entre los chicos y tú?

9. ¿Tienes el perfil de la persona que buscan? ¿Por qué?

10. Have you ever applied for something – maybe a casting, a new school, a club? What was different to how candidates are selected in this video?

www.estaesmivida.es

¡Hola amigos!

Este es mi nuevo blog personal. En este blog, escribo sobre mis experiencias personales: mi escuela, mis amigos, mi familia.

Esta soy yo: Me llamo Alba y soy de Huelva, en España. Tengo quince años. Vivo en Isla Cristina con mi familia. Mi madre se llama Rosa y mi padre Alberto. Tengo una hermana menor, que se llama Ana. Mis abuelos se llaman Eduardo y Rosa, como mi mamá.

También tengo muchos tíos. Mi tío favorito se llama Antonio, pero vive en Alemania y lo veo muy poco. Es muy alto y deportista. Tengo dos tías que viven en Isla Cristina también. Se llaman Lucía y María Teresa.

Mi abuelo Eduardo es muy divertido. Es un poco gordito y es calvo. Y mi abuela Rosa es muy trabajadora. A ella le encanta hablar. Es muy sociable. Tiene el pelo rizado y rubio.

Me gusta mucho estar con mis primos. ¡Tengo muchos primos! Los más jóvenes son Alejandro y León. ¡Son muy activos! Los domingos estamos casi siempre juntos en casa de mis abuelos. Tengo una prima que tiene mi misma edad. Vamos juntas al instituto y también tenemos los mismos amigos.

¡Me gusta mucho estar con mis amigos! Mis mejores amigas son Julia y Carmen. En la foto yo soy la que hace el selfie. Julia es morena y tiene el pelo rizado. La otra con el pelo castaño y un poco ondulado es mi prima. ¿A que son guapas? Carmen no está en esta foto. Los chicos de la foto son compañeros de clase (son un poco vagos pero muy divertidos…).

En este blog voy a compartir muchas cosas de mi vida. ¿Por qué no me lees y comentas? ¿Cómo es tu familia? ¡Escribe un comentario!

¡Hasta el próximo post! 🙂

Muchos besos,

Alba

Aspecto i

1. ¿Cómo es la familia de Alba? Elige una opción.

   ☐ tiene un hermano mayor

   ☐ tiene una hermana menor

   ☐ no tiene hermanos

2. Busca en el texto a personas con las siguientes características:

   a. es alto:

   b. es calvo:

   c. es rubia:

   d. tiene el pelo rizado:

3. ¿Verdadero (V) o falso (F)? Marca y justifica con el texto.

	V	F
La madre y la abuela de Alba se llaman Rosa. *Justificación:*		
Alba tiene solo una tía. *Justificación:*		
La prima de Alba tiene quince años. *Justificación:*		
Los compañeros de clase son muy vagos. *Justificación:*		

4. ¿Qué relación tiene Alba con sus amigos? Justifica con el texto escrito y visual.

Aspecto ii

5. ¿Qué tipo de texto es? ¿Cómo lo sabes?

6. ¿Por qué escribe Alba este texto? Elige una respuesta.

   a. Para describir a su familia

   b. Para preguntar de dónde eres y cuántos años tienes

   c. Para hablar de los diferentes tipos de familias

7. ¿A quién va dirigido este texto? ¿Por qué lo sabes?

Aspecto iii

8. ¿Es la familia de Alba como tu familia? Compara los miembros de tu familia con la familia de Alba. Usa la información del texto.

	Alba	Yo
Padres		
Hermanos		
Abuelos		
Tíos		
Primos		

9. ¿Te gustaría conocer a Alba personalmente? ¿Por qué? Justifica con la información del texto escrito y visual.

Criterios C y D (oral interactivo)

Trae fotos de tu familia y amigos. Vas a realizar una conversación sobre tu familia con tu profesor/-a durante 2-3 minutos.

Esta familia busca un estudiante de español para vivir con ellos. Preséntate en una página web. Escribe sobre tu familia y describe tu físico y personalidad.

Reflexión

Look back at this unit and find the activities where you have practiced the following objectives, reflect on your learning and complete the table:

	😊	😐	😟
describir el carácter o personalidad			
describir el físico de las personas			
hablar de las relaciones familiares			
usar diccionarios impresos y electrónicos			
reconocer y usar el masculino y el femenino de los adjetivos			
practicar la empatía con las personas			
diferenciar los pronombres personales			
usar los verbos "ser" y "tener" en el presente de indicativo			
reconocer las convenciones de textos orales, escritos y visuales			

Mediante el uso del lenguaje comprendemos que nuestra identidad está influida por las conexiones que tenemos con las personas.

Through the use of language we understand that our identity is influenced by the connections we have with other people.

Are you able to connect this statement with the tasks of this unit? Find activities where

- you are learning how to communicate
- you interact with your classmates
- you recognize and use sounds
- you recognize and use new language forms.

Enfoques de aprendizaje

Look back over the unit and consider where you have practiced these learning strategies.

How do you think these ATL help to achieve the attributes of the learner profile for this unit – open-minded, communicators? What about the other attributes?

Have you used these approaches to learning skills to be successful in the different tasks? What about the summative tasks?

- **Communication – Communication skills**

  Reading, writing and using language to gather and communicate information

- **Social – Collaboration skills**

  Practice empathy

- **Thinking – Critical thinking skills**

  Consider ideas from multiple perspectives

Reflexión

Check the SMART goals that you set in Unit 1.

To what extent have you been successful in achieving these goals? Is this still in progress?

Do you have other goals you have set yourself in this second unit?

For example: Writing down new words in my notebook and reviewing them periodically.

Mi rutina cotidiana

Contexto global
Orientación en el espacio y en el tiempo

Conceptos relacionados
Patrones, elección de palabras

Concepto clave
Cultura

Perfil de la comunidad de aprendizaje
Equilibrados, indagadores

Pregunta fáctica

¿Cómo es mi rutina?

¿Qué palabras elegimos para expresar nuestras acciones cotidianas?

Pregunta conceptual

¿Es la rutina algo cultural?

¿Existen patrones en las rutinas de las personas?

Pregunta debatible

¿Cuál es la importancia de mantener hábitos?

¿Son los hábitos realmente necesarios?

Enunciado de indagación

Aprendemos nuevos patrones de lengua para comunicarnos y, al mismo tiempo, creamos conciencia de las diferencias en las rutinas de las personas.

	Al final de esta unidad, vas a poder...
⊘	preguntar y decir la hora
⊘	describir tu horario escolar
⊘	informar de acciones habituales
⊘	hablar de lo que haces todos los días
⊘	expresar la frecuencia
⊘	conjugar verbos en el presente de indicativo
⊘	reconocer los verbos y pronombres reflexivos
⊘	discutir sobre la importancia de mantener hábitos
⊘	hablar de las mascotas
⊘	investigar sobre la rutina de niños en diferentes países
⊘	crear conciencia de las diferencias culturales en los hábitos de las personas

3.1 Mira estos relojes, ¿qué hora es?

a. **Relaciona los relojes con las horas.**

Son las diez en punto.   Son las tres y cuarto.   Son las tres y diez.   Son las siete y media.

Son las nueve menos cuarto.   Es la una y cinco.   Son las once menos diez.

de la mañana   del mediodía   de la tarde   de la noche   de la madrugada

Lengua

The concept of time and the way we say the time vary from culture to culture.

Look back at the examples and try to find the answer to these questions:

- How do you ask for the time in Spanish?
- What verb do you use to answer?
- What articles are used to say the time?
- What is the difference in the forms of the verbs and article between "it's three" and "it's one"?
- What do you say first in Spanish, the hours or the minutes?
- How do you say in Spanish…
  - a. o'clock?
  - b. quarter to?
  - c. quarter past?
  - d. half past?

b. **Mira el horario escolar de Luis y contesta las preguntas.**

Criterio Bi

	LUNES	MARTES	MIÉRCOLES	JUEVES	VIERNES
8:00-8:15	asamblea	tutoría	tutoría	tutoría	tutoría
8:15-9:15	individuos y sociedades	clubs	matemáticas	ciencias	clubs
9:15-10:15	arte/drama/ música	lengua y literatura	educación física y de la salud	adquisición del inglés	lengua y literatura
10:15-10:45	**recreo**	**recreo**	**recreo**	**recreo**	**recreo**
10:45-11:45	lengua y literatura	matemáticas	ciencias	diseño	arte/drama/ música
11:45-12:45	matemáticas	educación física y de la salud	diseño	lengua y literatura	club: acción y servicio
12:45-2:00	**comida**	**comida**	**comida**	**comida**	**comida**
2:00-2:45	adquisición del inglés	ciencias	individuos y sociedades	individuos y sociedades	matemáticas
2:45-3:30	ciencias	diseño	adquisición del inglés	ciencias	asamblea/ tutoría

1. ¿A qué hora empiezan las clases?

2. ¿A qué hora terminan las clases?

3. ¿A qué hora empieza la clase de matemáticas los viernes?

4. ¿Qué asignatura tiene Luis los jueves a las once menos cuarto?

5. ¿De qué hora a qué hora es el recreo?

6. ¿Cuántas veces a la semana tiene Lengua y Literatura?

¿Cuántas veces?
How often?

Lengua

Look at these sentences:

- *Son* las tres y media de la tarde.
- Las clases terminan *a las* tres y media de la tarde.

What is the difference between the two sentences?

Why do we use "a las" in the second sentence?

How do you ask these questions in Spanish:

- What time is it?
- What time do you have Mathematics on Mondays?

Be careful! We do not use a preposition in Spanish with the days of the week! We just say: *el* lunes, *el* martes, *el* miércoles…

c. **Compara tu horario con el horario de Luis.**

Criterio Biii

1. ¿A qué hora empiezan y terminan tus clases?
2. ¿Cuántos recreos tienes al día?
3. ¿A qué hora es la comida?
4. ¿Cuántas veces a la semana tienes matemáticas?
5. ¿Tienes clubs para Acción y Servicio? ¿Cuándo?
6. ¿A qué hora termina tu clase de español hoy?
7. ¿Cuántas veces a la semana tienes clases de Adquisición del español?

3.2 Acciones habituales

a. **¿Cuáles de estas acciones haces tú con más frecuencia en un día? A ver también la página 46. Escribe el orden en tu cuaderno.**

comer	estudiar/hacer los deberes	escuchar música	ver videos o series

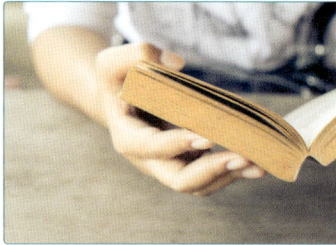

leer libros en papel

leer textos electrónicos (en la computadora, tablet o celular)

escribir a mano

escribir textos electrónicos

hablar con amigos

hacer deporte

caminar

chatear por WhatsApp, Skype, Line, Kakao…

viajar en coche o carro/ autobús

Lengua

Verbs have a basic form, called the infinitive, which has no time or person attached to it. In English, this form is translated with the word "to", prior to the action:

to sleep, to eat, to jump, to fly

This is the form that is always listed in the dictionary.

When you want to express that a certain person does, did or will do the action at a certain time (present, past, future) then you will change the infinitive form. These changes are detailed in the rules that you have been creating.

In Spanish, we can divide all verbs into three categories. The endings of the verbs determine the categories in which we will place them. If we categorise the verbs in this way, the rules that we create will be more precise. But remember, there will be exceptions to our rules!

Regular verbs in the present tense

hablar

	singular	plural
1st person	yo hablo	nosotros hablamos nosotras hablamos
2nd person	tú hablas	vosotros habláis vosotras habláis
3rd person	él habla ella habla usted habla	ellos hablan ellas hablan ustedes hablan

leer

	singular	plural
1st person	yo leo	nosotros leemos nosotras leemos
2nd person	tú lees	vosotros leéis vosotras leéis
3rd person	él lee ella lee usted lee	ellos leen ellas leen ustedes leen

escribir

	singular	plural
1st person	yo escribo	nosotros escribimos nosotras escribimos
2nd person	tú escribes	vosotros escribís vosotras escribís
3rd person	él escribe ella escribe usted escribe	ellos escriben ellas escriben ustedes escriben

Patrones

Some verbs change more than just the endings.

There are some verbs with a special form for "yo".

hacer

	singular	plural
1st person	yo hago	nosotros hacemos nosotras hacemos
2nd person	tú haces	vosotros hacéis vosotras hacéis
3rd person	él hace ella hace usted hace	ellos hacen ellas hacen ustedes hacen

Other verbs are:

- ver: yo veo (I see)
- salir: yo salgo (I go out)

Hablamos

Criterios C y D

b. Compara ahora con tu compañero/-a con qué frecuencia haces las actividades. ¿Cuándo las haces? Usa la primera persona del presente.

> **Ejemplo:**
>
> *Yo leo muchos textos electrónicos pero no leo muchos libros en papel. ¿Y tú?*

muchos/-as:
a lot of
mucho: a lot
pocos/-as: a few
poco: a litte

c. Explica las diferencias a tu clase. Un compañero escribe los resultados en la pizarra. ¿Cuáles son las actividades favoritas de la clase?

> **Ejemplo:**
>
> *Brend lee muchos libros, pero yo no. Los dos viajamos en autobús.*

por/en la mañana: in
the morning
por/en la tarde:
in the afternoon/evening
por/en la noche:
at night

3.3 Mi rutina

a. Ordena las imágenes. ¿A qué hora haces tú estas actividades?

Me peino ☐   Vuelvo a casa ☐   Salgo de casa ☐   Me despierto ☐

 Me ducho ☐    Me levanto ☐   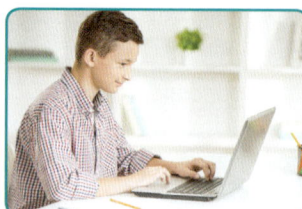 Me lavo los dientes ☐    Duermo ☐

 Tomo el autobús ☐    Me acuesto ☐   Hago la tarea / los deberes ☐   Desayuno ☐

Almuerzo ☐   Ceno ☐

🔧 Elección de palabras

Aplicar estrategias y técnicas de pensamiento visible.

Looking at images will help you to understand the meaning of the word. If you are a visual learner, we recommend you learn the new vocabulary with pictures. Can you create a mental image of the meaning of the words? Can you remember the right order of the verbs? Do you visualize the actions in your mind? Try to memorize those actions, visualizing them in your mind and repeating the words in Spanish!

¿ Pregunta fáctica

¿Qué palabras elegimos para expresar nuestras acciones cotidianas?

b. Escribe el infinitivo de los verbos del ejercicio anterior.

📖 Leemos

c. Contesta la siguiente encuesta y lee los resultados.

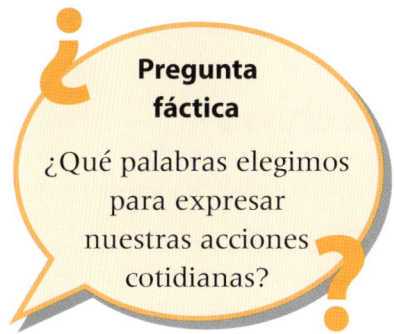

¿ Pregunta fáctica

¿Cómo es mi rutina?

1. ¿A qué hora te acuestas normalmente?

☐ Antes de las diez de la noche (1)

☐ Entre las diez y las once de la noche (2)

☐ Después de las once de la noche (3)

2. ¿Desayunas bien en casa?

☐ Sí, desayuno bien (1)

☐ Depende, muchas mañanas no tengo tiempo (2)

☐ No, nunca desayuno (3)

3. ¿Cuántas horas al día usas la computadora?

☐ Menos de 3 horas al día (1)

☐ De 3 a 5 horas al día (2)

☐ Más de 5 horas al día (3)

4. ¿Cuántas horas al día usas tu celular?

☐ Menos de 3 horas al día (1)

☐ De 3 a 5 horas al día (2)

☐ Más de 5 horas al día (3)

5. ¿A qué hora haces tu tarea?

☐ Cuando llego a casa después de clase (1)

☐ Después de las actividades extraescolares, sobre las seis de la tarde (2)

☐ Por la noche, después de cenar (3)

6. ¿Hablas con tus amigos? ¿Cuánto tiempo?

☐ Sí, hablo mucho con mis amigos (1)

☐ No mucho, me comunico sobre todo por mensajes (2)

☐ Nunca hablo con mis amigos (3)

7. ¿Hablas con tu familia? ¿Cuánto tiempo?

☐ Sí, hablo mucho con mi familia, por ejemplo en la cena (1)

☐ No mucho, no tenemos tiempo en común (2)

De 7 a 10 puntos: tienes una buena rutina, ¡enhorabuena!
De 11 a 16 puntos: tu rutina puede mejorar
De 17 a 21 puntos: no tienes una buena rutina, debes cambiar.

Lengua

Some verbs change more than just the endings. Sometimes, the vowels in the middle of the words will also change. Look at the tables below and try to create a rule about when a vowel in the middle of the word changes and when it doesn't.

There is no way of knowing if the word changes the stem (the vowels in the middle) or not. Native speakers just know because it sounds right! You will also have to practice these words until they sound right to you.

Stem changing verbs

ACOSTARSE: O → UE

	singular	plural
1st person	yo me acuesto	nosotros nos acostamos nosotras nos acostamos
2nd person	tú te acuestas	vosotros os acostáis vosotras os acostáis
3rd person	él se acuesta ella se acuesta usted se acuesta	ellos se acuestan ellas se acuestan ustedes se acuestan

DESPERTARSE: E → IE

	singular	plural
1st person	yo me despierto	nosotros nos despertamos nosotras nos despertamos
2nd person	tú te despiertas	vosotros os despertáis vosotras os despertáis
3rd person	él se despierta ella se despierta usted se despierta	ellos se despiertan ellas se despiertan ustedes se despiertan

Lengua

What kinds of patterns do you notice about these verbs that change the vowels in the middle?

Here is another useful verb:

jugar (to play sports or games)

Other verbs with the same pattern are:

O → UE: VOLVER (yo vuelvo), DORMIR (yo duermo)…

E → IE: EMPEZAR (yo empiezo)…

	singular	plural
1st person	yo juego	nosotros jugamos nosotras jugamos
2nd person	tú juegas	vosotros jugáis vosotras jugáis
3rd person	él juega ella juega usted juega	ellos juegan ellas juegan ustedes juegan

Patrones

Humans try to identify patterns. These patterns are recurring models that we create. There are patterns in design, in music, in Mathematics, in our society and also in language.

In this case you can recognize that the paradigm of verbs in the present tense repeats because it has the same patterns. In this case you can see that the endings vary depending on the conjugation or category the verb belongs to. Another pattern is the vowel change in the stem changing verbs in the first, second and third person singular and the third person plural.

It is good to be aware of these patterns, because it will help you classify other verbs in the same category.

Can you memorize the pattern of these verbs?

Lengua

Reflexive verbs

We have learnt that action words (verbs) change their endings depending on the person (*yo, tú, usted, él, ella…*). We have also learnt that some verb forms are irregular in the present tense (some in the form *yo*, and some verbs are stem changing verbs, which have a vowel change in the stem of the verbs for some persons).

Have you noticed any other peculiarities in other verbs? Look at these examples:

| *Me levanto* | *Te acuestas* | *Se ducha* |

What are the words "*me*", "*te*", "*se*"? They can't be the subject, since "I" in Spanish is "*yo*", "you" is "*tú*" or "*usted*" and "he" and "she" are "*él*" and "*ella*". What are the infinitives of these verbs? Yes, their infinitives don't finish in *–ar, –er* or *–ir*, but in *–arse, –erse* and *–irse*.

These are reflexive verbs. Reflexive verbs are verbs that always have a reflexive pronoun because in Spanish the action of the verb reflects back on the person of the subject, meaning that the subject is also an object. For example, when you have a shower (*te duchas*), you actually shower yourself, or when you comb your hair (*te peinas*), you comb yourself too.

Other reflexive verbs in Spanish are: *lavarse* (to wash oneself), *llamarse* (to be called), *maquillarse* (to make up) or *afeitarse* (to shave). Can you conjugate these verbs in your notebook?

How do you say these sentences in Spanish? Don't forget the reflexive pronoun!

What is her name?

| *We wake up at 6 o'clock in the morning.* | *She never makes up.* |
| *I have a shower at night.* | *Have you shaved today?* |

d. **En grupos, crea pósters con colores y dibujos para tu clase de español.**

1. Conjugaciones de los verbos regulares en presente

2. Conjugaciones de algunos verbos irregulares

3. Verbos reflexivos

3.4 ¿Llevas una rutina equilibrada?

📖 Leemos

a. Lee el folleto y contesta las preguntas.

> ### ¿A qué hora te acuestas normalmente?
> ### ¿Cuánto tiempo estás delante de la computadora?
> ### ¿Miras tu celular justo antes de dormir?
> ### ¿Haces suficiente deporte?
>
> Somos el club *¡Activa tu vida!* Nuestro objetivo es crear conciencia de la importancia de llevar una vida equilibrada. Si crees que tienes problemas con el uso de tu computadora, si ves que no puedes dejar de usar tu móvil para mandar mensajes, si no haces la tarea hasta la madrugada, si no haces suficiente deporte, ¡tu vida no está en equilibrio y seguro que no eres una persona feliz!
>
> ¿Tienes problemas con las notas? ¿Los profesores no están contentos contigo? Entonces necesitas nuestra ayuda.
>
> ### Nosotros:
>
> - Usamos el celular para mandar mensajes y hablamos también en persona
> - Hacemos la tarea a tiempo
> - Nos acostamos temprano
> - Nos levantamos bien por la mañana
> - Hacemos mucho deporte
> - Caminamos mucho
> - Pasamos tiempo con la familia, nuestras mascotas y amigos
> - ¡Somos felices!
>
> ### ¿Y tú?
>
> ¡Ven a vernos! Estamos en el club de Acción y Servicio en el aula B220 todos los viernes de 11:45 a 12:45. También hablamos en la Asamblea los lunes por la mañana y los viernes por la tarde. ¿Te apuntas? ¡Te esperamos!

1. ¿Cuál es la intención de este texto?

2. ¿Quién escribe el texto?

3. ¿A quién va dirigido el texto?

4. ¿Cómo se llama el club?

5. ¿Verdadero o falso? Justifica tu respuesta.

	V	F
El club es para estudiantes que no están en equilibrio.		
Los estudiantes del club se acuestan muy tarde.		
Los estudiantes del club son felices.		
El club es parte de Acción y Servicio.		

Pregunta debatible

¿Cuál es la importancia de mantener hábitos?

¿Son los hábitos realmente necesarios?

6. ¿Te gustaría participar en este club? ¿Por qué?

🔗 Conexión interdisciplinaria: Educación Física y de la Salud

What do you do in your Health and Physical Education class to maintain a healthy life? Think of the unit you are currently doing in this subject. Have you already reflected on how to have a well-balanced life? Try to identify what you think you can change in your routine to become healthier.

What routines do you do for a balanced life? Are you able to say them in Spanish?

ATL Habilidades de autogestión – Habilidades afectivas

Manejo del estado de ánimo mediante la conciencia plena (mindfulness)

In moments of stress it is important to take time for yourself. Have you ever practiced mindfulness? It is good to have a break, to control your breathing and listen to your mind. This practice will help you to get to know yourself better, to feel good about yourself and have a positive attitude towards your daily routine and social life.

3.5 Mi mascota

a. Lee las descripciones de las mascotas. ¿Qué animales son?

> Mi mascota se llama Curro. Es un ……………… muy simpático. Le gusta jugar mucho y ladrar. Es muy activo. Realmente es mi mejor amigo.

> Esta es Perlita. Es una ……………… muy linda. Le gusta dormir mucho. Es muy cariñosa también. Camina muy despacio.

> Mi mascota es un …………….. Se llama Pepito. Él canta mucho. Su color amarillo es precioso, ¿verdad?

> Yo tengo un ……………… Es muy suave y juguetón. Corre siempre en su rueda, pero por el día duerme mucho.

> Mis …………………. son Tomi y Blanqui. Son muy bonitos. Les gusta comer mucho. No me gusta limpiar su pecera.

el perro   **el gato**   **los peces**   **el pájaro**

la tortuga   **el conejo**   **el hámster**   **el caballo**

b. Mira el siguiente video y contesta:

https://www.youtube.com/watch?v=g5pWbcPm8aI

🔍 **Palabras de búsqueda:**

La vida secreta de tus mascotas
Tráiler

🔊 Escuchamos

1. ¿Cuántas mascotas aparecen?

2. ¿Qué mascotas salen?

Criterio **Ai**

c. ¿Tú tienes una mascota? ¿Qué animal es? ¿Cómo se llama? ¿Cómo es?

   Si no tienes una mascota, ¿te gustaría tener una? ¿Cuál? ¿Por qué?

✏️ Escribimos

d. Imagínate que eres tu mascota. Escribe su rutina de un día. Describe cómo la mascota ve la vida de tu familia desde su perspectiva.

Criterios **C y D**

Criterio **Dii**

> Pay attention to the cohesive devices in order to organize your text. You can use:
>
> *Primero* (first of all)   *Por la tarde*
> *Después / más tarde* (later)   *Por la noche*
> *Entonces* (then)   *Finalmente* (finally)
> *Por la mañana*

Lengua

Adverbios de frecuencia

To express frequency you can use:

Siempre: always	*A veces:* sometimes
Nunca: never	*A menudo:* often

3.6 ¿Siempre lo mismo?

a. **Mira el video y contesta las preguntas.**

   https://www.youtube.com/watch?v=wEKLEeY_WeQ

   🔍 **Palabras de búsqueda:**

   Destiny
   Animation Short

Pregunta conceptual

¿Existen patrones en las rutinas de las personas?

1. ¿A qué hora se levanta el hombre?

2. ¿Cómo es su rutina por las mañanas? Descríbela.

3. Look at the way the movie has been created. What features of a short animation does the video have?

Criterio Ai

Criterio Aii

ATL **Pensamiento – Habilidades de transferencia – Uso de las habilidades y los conocimientos en diversos contextos**

Do you think that everybody of your age has the same routine? What are the differences between your routine and the routine of your classmates? Do you think that routine varies from country to country? Why is that, do you think? What could be the reasons for the differences?

¿ Pregunta conceptual

¿Es la rutina algo cultural? **?**

---

b. **Con un compañero/-a realiza una investigación sobre la rutina diaria de jóvenes en diferentes países.**

1. Choose one country. Are you from that country? What do you already know about people's routine in that country? Do you know somebody from that country?

2. Choose the right materials. You can go to the library or you can search on the Internet. Make sure you find accurate information!

3. Can you possibly interview somebody from that country?

4. Collect your data and create a presentation for your class.

5. Present the routine of the people. Are there any differences between those routines and your own routine? Why do you think that is?

Criterios C y D

ATL **Habilidades de investigación – Localizar, organizar, analizar y utilizar información procedente de diversas fuentes y medios**

It is not always easy to find the right information. It is important to collect information from a variety of sources and compare it. One way of collecting data is interviewing a knowledgeable person. But what are the limitations of that kind of investigation? How do you come to your own conclusions?

🔗 **Conexión interdisciplinaria: Individuos y Sociedades**

You will probably have done investigations in your Individuals and Societies class. What was the last investigation you did? Do you think that the previous ATL about researching applies also to this subject? What about an investigation in Science? What are the differences in the methodology of the investigations in both subjects? How do you come up with the results? Do you think that the results of an investigation will always be accurate?

Evaluación sumativa

Mira el video y contesta las preguntas.

https://youtube/nNXdqvxhoHg

🔍 **Palabras de búsqueda:**

Daily life – Peru and Spain – Unit 3

Aspecto i

1. ¿De dónde son los profesores?

2. Completa las frases con las horas que faltan:

   a. Los niños peruanos empiezan el colegio a las ………

   b. Se acuestan de …….. a ………

   c. Los niños españoles terminan el colegio de ….. a ……

   d. Se acuestan de ……. a ……

3. ¿Verdadero (V) o falso (F)? Justifica.

	V	F
En Perú los niños tienen dos recreos.		
En Perú los niños comen en el comedor del colegio.		
Por la tarde los niños hacen sus tareas.		
En Perú los niños cenan tarde, de 9 a 11 de la noche.		

Aspecto ii

4. Why do you think this video has been created?

5. ¿A quién va dirigido este texto? *(Who is the audience?)*

6. Do you think that this video achieves its purpose? Why (not)?

Aspecto iii

7. ¿Es tu rutina como la de los niños peruanos o como la de los españoles? ¿Por qué?

8. ¿Te gustaría ir al colegio en Perú? ¿Por qué?

9. ¿Crees que *(do you believe that)* los niños españoles llevan una rutina equilibrada? ¿Por qué?

▶ ⏸ ⏸

Para:	julialaloqui@yahoo.es
De:	lorena_shiqui@hotmail.com
Asunto:	¡¡¡¡¡hooooolaaaaa!!!!!!

¡Hola Julia!

Por fin tengo tiempo para escribirte. ¡Es que aquí en España no paro! Estoy en casa de una familia muy simpática. Vivo ahora en Asturias, en el norte de España. ¡Es muy bonito y diferente a Perú! Y lo mejor, la gente. La familia también tiene tres mascotas: un perro, que se llama Luna y dos gatos, que se llaman Lola y Blanqui.

En las mañanas voy al colegio con Sonia, mi "hermana" aquí. Aquí estamos en segundo de la ESO (es la clase 8). El cole empieza a las 8:30 de la mañana. Salimos de casa a las 8:00 y vamos al cole en autobús. No desayunamos mucho, solo un poco de leche y magdalenas o galletas, unos dulces típicos en España (los domingos desayunamos churros, ¡me encantan!).

Salimos del colegio (aquí se llama instituto) a las 2:30 de la tarde y vamos a casa a almorzar. ¡Qué hambre tenemos a esa hora! ¡Es muy tarde para comer!

Por la tarde, hacemos la tarea (bueno, los deberes aquí, jeje). Sonia es un poco vaga, la verdad, pero es buena en el colegio. También hacemos deporte. Por la tarde estamos con los amigos en el parque hasta la hora de la cena, que aquí es muy tarde. Normalmente cenamos de 9 a 10. Después vemos la tele y nos acostamos sobre las 11:30. Me gusta mucho vivir aquí, la verdad. Pero les extraño también.

Dale muchos saludos a todos. Veo por Instagram que están todos muy bien. ¿Viste mis fotos? Te mando algunas aquí. Es Sonia con sus amigos que son ¡super divertidos!

Un abrazo muy grande,

Tu amiga,

Lorena

Mi rutina cotidiana

Aspecto i

1. ¿En qué país está la autora del texto?

2. ¿Qué mascotas tiene la familia? ¿Cómo se llaman?

3. Enumera el orden en que hace las siguientes actividades según el texto.

come	
desayuna	
toma el autobús	
hace la tarea	
juega con amigos	
se acuesta	
cena	

4. ¿Qué hace a las siguientes horas?

   a. A las 8:00 de la mañana:

   b. A las 8:30 de la mañana:

   c. A las 2:30 de la tarde:

   d. De 9 a 10 de la noche:

   e. A las 11:30 de la noche:

5. ¿Quiénes son las personas de las fotos?

Aspecto ii

6. ¿Quién escribe el texto?

7. ¿A quién va dirigido el texto?

8. ¿Qué tipo de texto es? Elige:

   a. Una entrada de blog

   b. Un folleto

   c. Un correo electrónico

Aspecto iii

9. ¿Es tu rutina como la rutina de Sonia y Lorena? ¿Qué es igual? ¿Qué es diferente?

10. ¿Te gustaría vivir también con esta familia española? ¿Por qué? Justifica con la información del texto.

11. Según la información del texto, ¿crees que llevan una vida muy equilibrada? ¿Por qué?

Habla con tu profesor/-a sobre las actividades que haces normalmente un día de colegio.

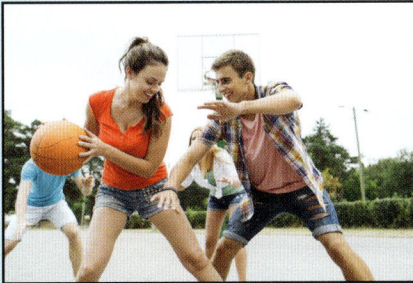

Criterios C y D (escrito)

Escribe un folleto informativo de tu colegio para futuros estudiantes y familias donde describes la rutina de los estudiantes de tu colegio.

horario escolar

asignaturas

profesores

alumnos

actividades extraescolares

comedor

recreos

💭 Reflexión

Find the activities where you have practiced the objectives of this unit, reflect on your learning and complete the table:

	🙂	😟	🙁
preguntar y decir la hora			
describir tu horario escolar			
informar de acciones habituales			
hablar de lo que haces todos los días			
expresar la frecuencia			
conjugar verbos en el presente de indicativo			
reconocer los verbos y pronombres reflexivos			
hablar de las mascotas			
discutir sobre la importancia de mantener hábitos			
investigar sobre la rutina de niños en diferentes países			
crear conciencia de las diferencias culturales en los hábitos de las personas			

Reflect on the Statement of Inquiry of the unit

Aprendemos nuevos patrones de lengua para comunicarnos y, al mismo tiempo, creamos conciencia de las diferencias en las rutinas de las personas.

We learn new language patterns in order to communicate and at the same time we raise awareness about the differences in people's routines.

Are you able to connect this statement with the tasks of this unit? Find activities where

- you are learning how to communicate
- you interact with your classmates
- you recognize and use sounds
- you recognize and use new language forms.

Enfoques de aprendizaje

Find in the unit where you have practiced these learning strategies.

How do you think these ATL help you to achieve the attributes of the learner profile for this unit (well-balanced, inquirers)? What about the other attributes?

Have you used these approaches to learning skills to be successful in the different tasks? What about the summative tasks?

Approaches to learning:

- **Thinking – Creative thinking skills**

   Practice visible thinking strategies and techniques

- **Self-management – Affective skills**

   Managing state of mind: Mindfulness awareness

- **Thinking – Transfer skills**

   Inquire in different contexts to gain a different perspective

- **Research – Finding, interpreting, judging and creating information**

💭 Reflexión

In this unit you have learnt a lot of new words and grammatical structures.

It is very useful to learn the conjugation of verbs. We recommend you learn these patterns and more importantly, use them! Do not be afraid of making mistakes, this is the best thing you can do to improve your language skills!

Where have you written down the new words you have learnt? Have you written those words in your own notebook? Are you using cards? Have you tried to create your own set of words in an online application?

Do not forget: keep on working on your organization to learn. This is the key to success and this will motivate you even more to learn Spanish!

4 Hogar, dulce hogar

Contexto global
Orientación en el espacio y en el tiempo

Conceptos relacionados
Mensaje, destinatario

Concepto clave
Creatividad

Perfil de la comunidad de aprendizaje
Solidarios, pensadores

Pregunta fáctica

¿Cómo describimos nuestras casas?

¿Qué diferencias hay entre nuestras casas y las casas de otras personas?

Pregunta conceptual

¿Cómo influye la cultura en el diseño de una casa?

¿En qué medida tenemos en cuenta al destinatario de lo que creamos?

Pregunta debatible

¿Debe ser el hogar de todas las personas de la misma manera?

¿Tenemos todas las personas las mismas necesidades?

Enunciado de indagación

Mediante el lenguaje creamos mensajes relacionados con el hogar que van dirigidos a destinatarios específicos.

	Al final de esta unidad, vas a poder…
⊘	describir diferentes tipos de casas
⊘	reconocer la diferencia de "ser" y "estar"
⊘	comprender el significado de palabras desconocidas similares a otras lenguas (cognados)
⊘	comprender textos usando estrategias de comprensión lectora (contexto y cognados)
⊘	identificar las partes de una casa
⊘	situar o localizar objetos y personas
⊘	identificar los muebles de una casa
⊘	reconocer la diferencia entre "estar" y "hay"
⊘	hablar de las actividades habituales que se hacen en casa
⊘	usar la perífrasis verbal "estar" + gerundio
⊘	diseñar y presentar tu casa ideal

4.1 Tipos de viviendas

a. **Relaciona las frases con el tipo de casa.**

Pregunta fáctica

¿Cómo describimos nuestras casas?

1.
Mis abuelos viven en una casa en el pueblo. Es antigua, pero ¡muy bonita!

2.
Vivo en un apartamento moderno en la ciudad.

3.
Yo vivo en una casa adosada. Está en una zona residencial.

Los fines de semana vamos a nuestra casa en el campo. Tenemos una granja con animales. Está en plena naturaleza.

☐ ☐ ☐ ☐

b. Busca fotos en Internet sobre los siguientes tipos de viviendas. Realiza una presentación con las fotos de las casas.

> un chalet   un bloque de pisos/apartamentos   un rancho
>
> una tienda de campaña   una choza   un refugio   un iglú

ATL **Investigación – Habilidades de gestión de la información**

You must get into the habit of giving the sources of everything you find on the Internet. For example, you can't take pictures from the Internet without giving references to where the pictures come from, since these images are copyright. In your presentation you should give links for all the pictures you have used. Have you checked in the sources whether you can use them?

---

c. ¿Cómo son las casas? ¿Dónde están? Descríbelas usando las siguientes palabras y expresiones. ¡Cuidado con la concordancia!

> grande   pequeño   rural   amplio   de madera
>
> de ladrillos   de piedras   de paja   de hielo   de cañas
>
> pobre   rico

la madera

el ladrillo

la paja

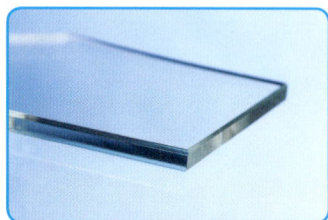
el vidrio

la piedra

el cemento

el barro

los palos

el hielo

Lengua

How do you say these sentences in English?

La casa es antigua.

La casa está en un pueblo.

How do you say the verb "to be" in Spanish? Yes, there are two verbs in Spanish, *ser* and *estar*.

We have learnt that we use the verb *ser* when we describe a quality of a person or a thing (e.g. a physical characteristic, aspect of personality or nationality: *es rubia, eres honesto, soy argentino…*).

We use *estar* when:

1. we want to say where something or somebody is

2. we want to express a mood or how someone is feeling.

- *¿Cómo estás?*
- *Estoy bien, pero estoy un poco cansado* (tired).

In this unit we are going to concentrate on the use of *estar* for location.

This is the conjugation of the verb *estar*:

yo	estoy
tú	estás
él, ella, usted	está
nosotros, nosotras	estamos
vosotros, vosotras	estáis
ellos, ellas, ustedes	están

○ Hablamos

d. **Presenta tu casa. ¿Cuáles son las diferencias con las casas de tus compañeros?**

Criterios **C y D**

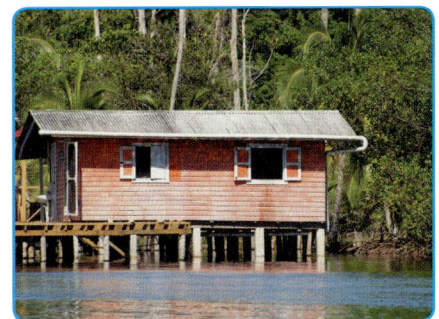

e. **¿Dónde están estas casas? ¿Por qué? A ver también la página 68.**

📖 Leemos

f. **En la página 69 tienes fotos y descripciones de unas casas tradicionales**. **Trabaja en grupos de 3 o 4. Empareja las descripciones de las casas con la foto correcta.** No es necesario comprender todas las palabras. Usa las estrategias que conoces:

Criterio Bi

- Los cognados
- El contexto
- Conocimientos previos

Lengua

Los cognados

Los cognados son palabras similares en dos idiomas con significados más o menos iguales. El inglés y el español están llenos de cognados.

Aquí tienes algunos ejemplos:

- ideal, imperial, liberal, musical, municipal, personal, superficial
- aplicación, asociación, celebración, comunicación, competición, investigación, motivación, participación
- creatividad, comunidad, curiosidad, posibilidad, regularidad, responsabilidad, sociedad

Can you think of a few more words that fit into these categories?

Look them up and find out if they are cognates. Start exploring how to use cognates to express your ideas!

Map   Mapa

1   En España, en Valencia y Murcia encontramos estas construcciones que servían como casas para los trabajadores. Destaca por su tejado triangular con un marcado ángulo, las paredes se construyen con ladrillos y también se emplean cañas, juncos o carrizos. Hablamos de una casa que era típica de personas con cierto poder económico, pues solía ser la vivienda del dueño de las tierras donde se cultivaba.

a

2   Son viviendas apoyadas en una serie de pilares que las mantienen en alto. Normalmente las podemos encontrar en zonas como lagunas, lagos y caños, aunque a veces también se pueden ver a la orilla del mar. Algunos de los países que las construyen son Argentina, Colombia, Benín, Chile y Perú, entre otros, aunque hay pruebas arqueológicas de que en la Europa prehistórica también se utilizaba una vivienda semejante.

b

3   Tiene una estructura redondeada y su interior es diáfano. Esta vivienda ha sido utilizada por algunos pueblos indígenas en el suroeste y oeste de Norteamérica. Su forma curva ofrece un refugio tanto para las temperaturas altas como para las bajas. Para aguantar esta forma, se colocan palos de madera como estructura y se cubre, generalmente, con caña, paja, juncos o cortezas de árbol, aunque en algunas tribus específicas se utilizaban pieles de animales.

c

4   Generalmente tiene forma de cúpula y está construido con bloques de hielo; evidentemente, se utiliza en zonas heladas como la Antártida y Alaska. Suele asociarse a los esquimales, ya que los cazadores solían construirlos como refugio temporal, pero realmente estas casas sirven como vivienda permanente si el tamaño es adecuado y se mantienen correctamente.

d

5   Un clásico de las películas del oeste, y es que precisamente este tipo de casa es originario de los pueblos nativos de Norteamérica. Consiste en una tienda con forma de cono cubierta por pieles de animales y sujeta con palos de madera. Lo más importante es que es una vivienda transportable, por lo que era perfecta para el modo de vida de estos pueblos. Además, resguarda de las temperaturas extremas y de la lluvia, gracias a las pieles de los animales.

e

4.2 Así es mi casa

a. Trabaja en parejas. Describe la casa del dibujo y usa las palabras de la lista para indicar dónde están las habitaciones. Escribe palabras diferentes para cada habitación.

Mensaje

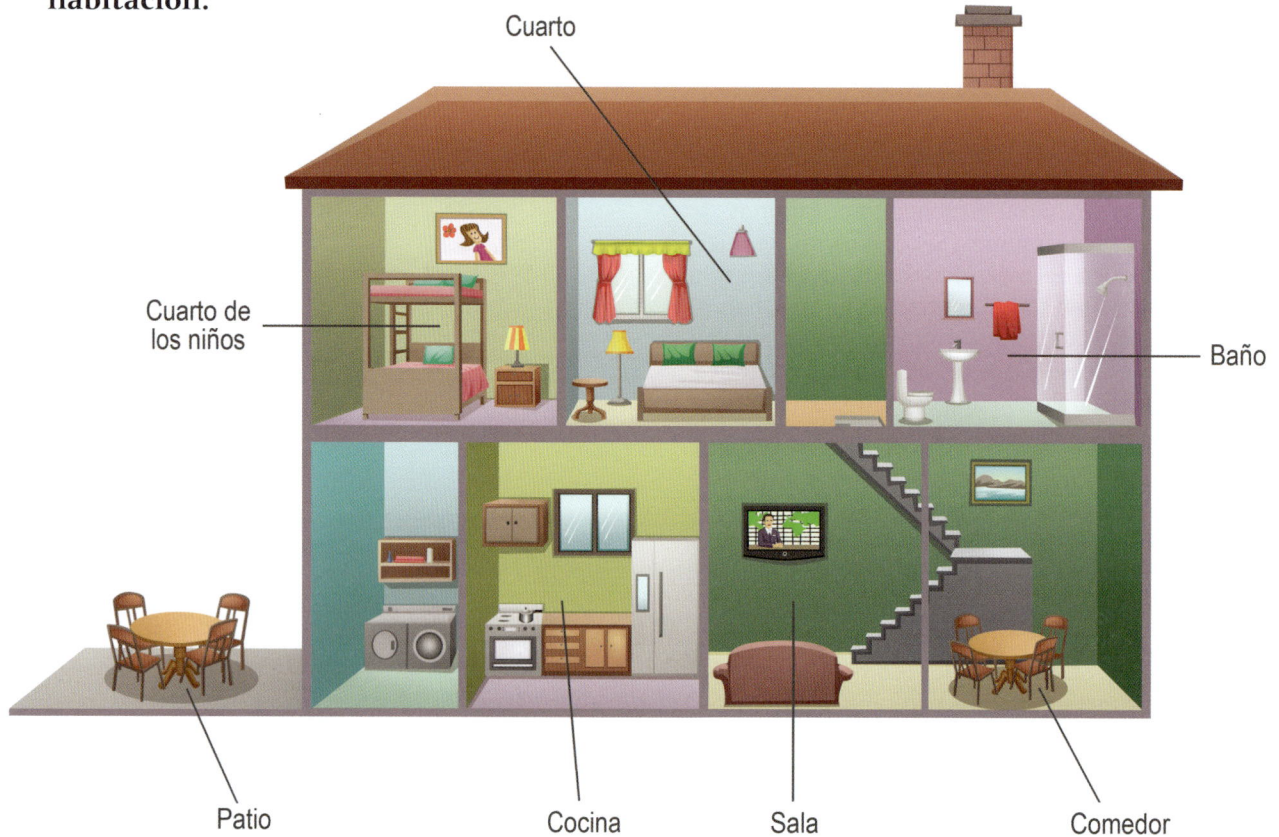

Cuarto

Cuarto de los niños

Baño

Patio

Cocina

Sala

Comedor

Lengua

¿Dónde está el gato?

Está al lado de

Está a la izquierda de

Está a la derecha de

Está arriba

Está debajo de

Está encima de

Está entre

Está delante de

Está dentro de

Está fuera de

Está cerca de

Está lejos de

Está detrás de

b. **Mira la lista de muebles. ¿Están todos los muebles en el dibujo? Usa un diccionario para buscar el significado de las palabras que no conoces.**

Mudanza Transeria SL			
la mesa	☐	el cuadro	☐
la lámpara	☐	el sillón	☐
la estantería	☐	la mesita de noche	☐
el televisor	☐	el escritorio	☐
la alfombra	☐	el armario	☐
la lavadora	☐	el sofá	☐
la silla	☐	la cama	☐
el espejo	☐	el refrigerador / la nevera	☐

c. ¿Dónde pones los muebles de la mudanza en la casa del ejercicio 4.2.a? Con un compañero/-a realiza una lista para cada habitación.

ATL Autogestión – Habilidades de organización

You will learn words better in context and if you understand the meaning of them. You need to review these words regularly and use them. When you are at home, can you say the words in Spanish of the furniture you see? What do you do if you don't remember them? Have a look at the book or your notebook! What about creating some sticky notes with these words and posting them on the furniture at home?

Repeat this kind of activity as often as you can. Don't forget: you will learn words if you use them. Don't just let them stay on paper or on your computer!

la nevera

d. Siéntate de espaldas a un compañero/-a. Uno de los dos describe su dormitorio con los muebles. Tiene que situar los muebles en el dormitorio. El otro dibuja el dormitorio y los muebles pero no puede hacer preguntas. Después de 5 minutos puede hacer preguntas y continúa dibujando. Enseña el dibujo del dormitorio de tu compañero. ¿Es el dormitorio así?

Destinatario

Lengua

Hay

Look at the following sentences:

> En mi dormitorio **hay** *un* armario y *dos* mesitas de noche.
>
> En la cocina **hay** *una* nevera.
>
> En el salón **hay** *muchas* sillas.
>
> How do you say *hay* in your mother tongue?

If you want to express the existence of something for the first time (for example, an object or a place), you use the verb *hay* followed by an indefinite article (*un/-a, -os, -as* or *muchos/-as*) or a number (*dos, tres…*) and the noun.

> The infinitive form of *hay* is the verb *haber*. *Hay* is the only form in the present tense. It doesn't change its form. *Hay* is always *hay*.

Now look at these sentences:

> *El* armario **está** al lado de *la* puerta y *la* cama está entre *las dos* mesitas de noche.
>
> *La* nevera **está** en la cocina.
>
> *Las* sillas **están** en el salón.

What are the differences between the sentences with *hay* and the sentences with *está/-n*? We have learnt that we use *estar* to locate things or people but this is when they have already been "defined" – which means that it is not the first time that we refer to them – and therefore we use the definite article *el, la, los* or *las* with the noun.

How does this work in your mother tongue?

ATL **Comunicación – Intercambiar los pensamientos, mensajes e información efectivamente a través de la interacción**

In normal interactions we negotiate our ideas and knowledge with our audience. When we don't understand something we ask for repetition or we communicate also through our body language.

Did you notice in activity 4.2.d how difficult it was to complete the task when one of the people was not allowed to ask any questions? What difference was there when questions were asked? Don't forget what we practiced in unit 2 about empathy! Show empathy with your audience in order to maintain successful communication.

4.3 Dormitorios del mundo

a. **¿Cómo es un dormitorio ideal para ti? Haz un dibujo de tu dormitorio ideal y después explica el dibujo a tus compañeros/-as.**

b. **Mira el siguiente video. ¿A qué conclusiones llegas?**

https://www.youtube.com/watch?v=kmZVmY0-ZtA&t=19s

🔍 **Palabras de búsqueda:**
Las habitaciones de niños de diferentes partes de mundo

c. **Mira el video otra vez y haz una lista de los países representados.**

🔗 Conexión interdisciplinaria: Individuos y Sociedades

Make two lines. Each person faces a person in the other line.

Discuss the following questions:

- What are the basic necessities in life?

- How do houses meet those needs?

Now, the people in one line stay in the same place, and the people in the second line move one person to the right. The person at the end of the line will return to the beginning and partner with the person at the beginning of the second line.

Discuss the following questions:

- How can houses reflect a certain culture?

- Does your house reflect your culture? Why or why not?

¿ Pregunta conceptual

¿Cómo influye la cultura en el diseño de una casa?**?**

Now, the people in one line stay in the same place, and the people in the second line move one person to the right. The person at the end of the line will return to the beginning and partner with the person at the beginning of the second line.

- How has the culture of architecture changed over time?

Geography, Economics, Humanities, Sociology, History… are disciplines that belong to your subject Individuals and Societies. The concept of "culture" is a great way to make connections with this subject. By learning a new language we are also learning about a new culture. Culture reflects the way we behave and, among other things, the way architecture is built. To what extent do you think that culture influences the way you learn a new language too?

¿Conoces el nombre de Abraham Maslow? Maslow era un psicólogo que también se preguntaba cuáles son las necesidades básicas de los seres humanos. Busca un poco de información sobre Maslow. ¿Tienen tus ideas algo en común con las ideas de Maslow?

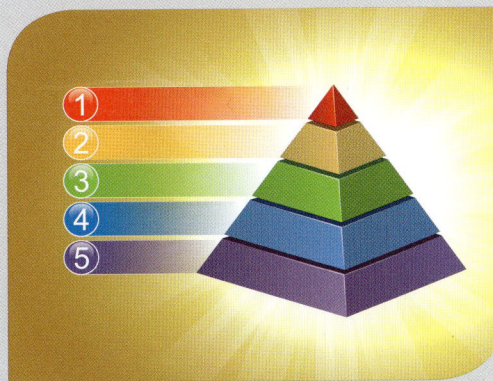

¿Qué es la pirámide de las necesidades humanas? ¿Por qué tiene la forma de una pirámide?

Todas las sociedades se enfocan primero en las necesidades más básicas. ¿Cuáles son?

Pregunta debatible

¿Tenemos todas las personas las mismas necesidades?

d. **Elige una de las habitaciones del video y descríbela. ¿Qué diferencias hay entre la habitación y tu dormitorio ideal?**

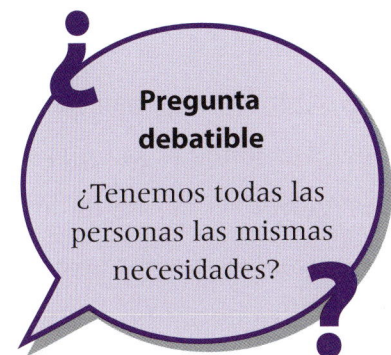

📖 Leemos

e. Juan David de Colombia recibe visita de Manuel, un amigo español. Lee el correo electrónico de Juan David.

❌ Mensaje, destinatario

Buscar 🔍 ≡

Para: familialopez2017@telefonica.net

De: Juanchoda@hotmail.com

Asunto: Saludos

Querida familia López y querido Manuel:

Mi nombre es Juan David y soy de Medellín, en Colombia. Tengo diez años y vivo con mi mamá, mi papá y mi hermanita Claudia, que tiene dos añitos.

Estoy muy feliz de poder estar en contacto con ustedes y de conocer a Manuel pronto. Seguro que Colombia le va a gustar mucho. Medellín es una ciudad muy bonita y vivimos en una buena zona. Mi casa es un poco antigua pero bonita. Hay un salón, una cocina, dos cuartos de baño y tres dormitorios. Mi dormitorio es un poco pequeño y no hay muchos muebles. Hay una cama, un armario y un escritorio. Manuel puede compartir habitación conmigo o también es posible dormir en un sofá que tenemos en el salón. Yo puedo dormir en el sofá y Manuel puede dormir en mi cama. No es un problema para mí.

Mi dormitorio es mi habitación favorita. Las paredes, las cortinas y la ropa de mi cama son verdes. El verde es mi color favorito.

Aquí en Medellín vas a conocer cómo es la vida en Colombia. Puedes venir a mi escuela también y conocer a mis amigos. ¡Qué chévere!

Un abrazo grande,

Juan David

---

1. ¿Quién escribe el correo electrónico? `Criterio Bii`

2. ¿Quién es el destinatario *(audience)* del correo electrónico?

3. How does the email start and finish in Spanish?

4. ¿Por qué se escribe este correo electrónico? *(What is its purpose?)*

5. ¿Dónde vive Juan David? `Criterio Bi`

6. ¿De dónde es Manuel y su familia?

7. ¿Cómo es la casa de Juan David?

8. ¿Cuál es el color favorito de Juan David?

9. ¿Es tu dormitorio como el dormitorio de Juan David? `Criterio Biii`

10. ¿Te gustaría visitar a Juan David? ¿Por qué? Argumenta según la información del texto.

ATL Pensamiento – Habilidades de pensamiento crítico

Getting to know how other people live around the world will give you a greater overview of what the world is actually like. In the Language Acquisition class you will have lots of opportunities to get to know other cultures and perspectives on different topics. Being aware of differences will open your mind and we hope you can increase awareness about the issues that many people face in the world and become open-minded so as to accept the differences. It's up to you to do your bit towards eradicating the issues and injustices that exist.

¿ Pregunta fáctica

¿Qué diferencias hay entre nuestras casas y las casas de otras personas?

Criterios C y D

✏ Escribimos

f. Imagina que Juan David te visita. Escribe una respuesta a su correo electrónico donde le describes cómo es tu casa y cómo es tu habitación.

4.4 La vida en la casa

a. En grupos pequeños, elaboren una lista de actividades que se hacen en las habitaciones de una casa. Pueden usar el diccionario. ¿Qué equipo tiene la lista más larga?

LA COCINA

EL SALÓN COMEDOR

EL DORMITORIO / EL CUARTO

EL CUARTO DE BAÑO

LA SALA DE ESTAR

LA ENTRADA

EL BALCÓN / LA TERRAZA

b. ¿Cuántas palabras recuerdas sin mirar la lista?

🔊 Escuchamos

c. **Mira los dibujos animados (*cartoons*) y marca qué están haciendo los personajes.**

https://www.youtube.com/watch?v=FIncBenShck

🔍 **Palabras de búsqueda:**

Los tres cerditos y el lobo feroz

Criterio **Ai**

▶ ⏸ ⏹ ─────────────────

	están cantando
	están bailando
	están comiendo
	están construyendo casas
	están trabajando
	están jugando
	están escribiendo
	están tocando instrumentos musicales
	el lobo está persiguiendo a los cerditos

Lengua

How do you say the phrases in the previous exercise in English?

As you can see, the structure of this phrase is the same as in English:

Estar (**to be**) + **gerund** or **present participle** (in English the verb ending in –ing).

We use this structure to express what people are doing at the moment or what is happening. We call this structure the **present progressive** or **present continuous**.

Write the Spanish infinitives of all the verbs in the previous exercise.

Which verbs in the list belong to the first conjugation (infinitives ending in –ar)?

Which ones belong to the second group (ending in –er)?

And which ones to the third group (ending in –ir)?

El **gerundio** (o participio de presente) se forma añadiendo:

- **ando** a los verbos en –ar
- **iendo** a los verbos en –er e –ir

There are a few exceptions like *construyendo* from *construir* or *persiguiendo* from *perseguir*.

Don't forget that the verb *estar* needs to be conjugated in the right form depending on the person.

d. **¿Dónde crees que están ahora mismo los miembros de tu familia? ¿Qué crees que están haciendo? Escribe frases y comparte con tus compañeros/-as.**

4.5 Mi casa ideal

a. Vas a diseñar una casa para uno de los siguientes grupos de personas.

🔑 Creatividad

estudiantes de universidad

una familia numerosa

una pareja

una madre y su hijo

- ¿Dónde está la casa?
- ¿De qué material es?
- ¿Cómo es la casa?
- ¿Qué habitaciones tiene?
- ¿Qué hay en la casa?

Pregunta conceptual

¿En qué medida tenemos en cuenta al destinatario de lo que creamos?

🔗 Conexión interdisciplinaria: Diseño

To design a house you need to consider various factors. Who are the potential users? What materials are you going to use? How are you going to present the design? Are you going to create a 3D miniature? Are you going to use any electronic applications?

Have you carried out a project like this in your Design class?

b. Presenta la casa a tu clase.

Criterio Ci, Ciii, Civ; Criterio D

Evaluación sumativa

Criterio A

Mira el video y las imágenes. Contesta después las preguntas.

https://www.youtube.com/watch?v=84Dd7ULqK_o

🔍 **Palabras de búsqueda:**

Conoce mi nueva casa chic!

What the chic

1.

2.

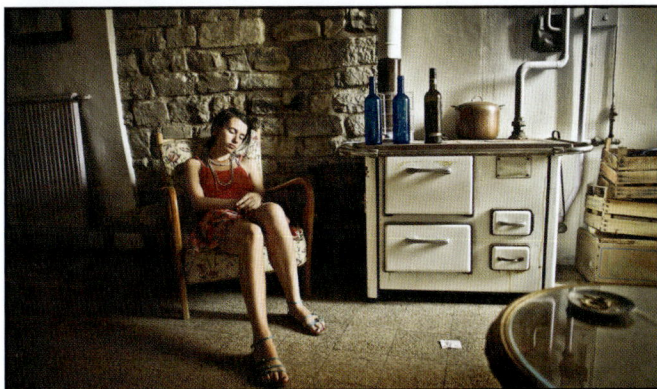

3.

Aspecto i

1. Escribe el orden de la aparición de las habitaciones que la chica describe en el video.

    - La habitación (dormitorio)   ☐
    - La entrada   ☐
    - La cocina   ☐
    - El salón comedor   ☐
    - El cuarto de baño   ☐
    - La terraza   ☐

2. ¿Cómo son las siguientes partes de la casa? Descríbelas con al menos tres aspectos de lo que escuchas o ves en el video.

    - El salón comedor:
    - La cocina:
    - La habitación:
    - El baño:

3. Compara el apartamento de la chica con lo que ves en la imagen 3.

Aspecto ii

(You can answer these questions in English.)

4. ¿Por qué se ha creado el video? ¿Cuál es su intención?

5. ¿Dónde puedes encontrar (*find*) este video? ¿Cómo lo sabes? (*How do you know?*)

6. Do you think this video is well made? Why?

Aspecto iii

7. ¿Te gustaría vivir en el apartamento de la chica del video? ¿Por qué?

8. How do you feel after watching the video and looking at the three pictures that follow? Why?

9. Do you think that you need to have a lot of things at home in order to be happy? Base the answer to this question on the information from the video and the pictures.

https://www.mercadillo.com/groups/229578370430310/

Mercadillo de Cáceres

Bruno Martín Díaz

28 de febrero a las 10:00

Por favor, lee:

- Este grupo es para residentes de Cáceres y alrededores.

- En este grupo SOLAMENTE compramos y vendemos productos.

- Este grupo no es para hacer negocios.

- Este grupo es para la región de Cáceres. Si no vives en la zona, puedes ser miembro, pero es difícil que…..

Hola,

Somos una familia recién llegada a esta ciudad. Buscamos una casa pequeña o un apartamento. Ideal un apartamento con al menos tres dormitorios, un salón, cocina y un cuarto de baño. Preferimos zona centro. ¿Hay alguien por ahí que nos pueda ayudar?

Se vende:

Sofá de tres plazas. Semi-nuevo (solamente 6 meses). De color marrón oscuro y de piel. Super cómodo. Lo tenemos que vender porque es demasiado grande para nuestro salón comedor. El precio se puede negociar.

Vendemos lavadora nueva. Nos mudamos a un nuevo apartamento y no necesitamos la lavadora (tiene solo 9 meses). Tiene control del tiempo y es grande y muy moderna. Tiene capacidad para 7 kgs. Precio 300 dólares. La quiero vender lo antes posible. Gracias.

Estantería para biblioteca. De madera y de color blanco. Medidas 1:40 x 2:10. Por favor, deja mensaje si te interesa.

https://www.mercadillo.com/groups/229578370430310/

Vendo armario muy grande y moderno. Las puertas son de color gris y rojo. El armario es muy amplio (2:90 x 2:30 x 1:18). Precio: 250 Dólares (posibilidad de negociar). Recogida en el barrio de Santa Fe.

Busco apartamento para compartir. Soy estudiante de Medicina, 19 años, no fumadora y responsable. Busco para compartir solo con chicas. Preferiblemente con cuarto de baño independiente. Cerca de la universidad. Si estás interesada, ponte en contacto conmigo. WhatsApp 637327302.

¿Alguien necesita una mesa de salón? La mesa es de vidrio y metal y está en muy buen estado. La vendo con o sin sillas. Precio negociable pero no menos de 75 dólares.

Alfombra azul. 200cm x 135cm. 25 Dólares. Manda mensaje a 638367309

Muebles de casa

A partir de 1 Dólar

¡Las fotos están en la presentación!

Nos mudamos y necesitamos vender muchas cosas. Mira mi presentación y pregunta si tienes alguna duda. Voy a añadir más artículos, así que la puedes mirar a menudo 😊.

https://docs.google.com/…/13vlUVdY7Yklwvwd6Impdm8df1Ao…/edit…

Aspecto i

1. ¿Dónde viven las personas que escriben los textos?

2. Escribe el nombre de los seis objetos de la casa que aparecen en el texto.

3. Elige la información que aparece en el texto.

   - Hay una familia que busca una casa muy grande. ☐

   - El sofá es para tres personas. ☐

   - El sofá tiene un precio fijo. ☐

   - Una persona necesita una lavadora porque no tiene. ☐

   - Una persona vende libros para una biblioteca. ☐

   - Una persona quiere un apartamento para vivir con otros estudiantes. ☐

4. ¿Cómo son los muebles que aparecen en los textos? Completa la tabla (no hay información para todos).

	nombre	color	características (p.e. material, edad…)	precio

Aspecto ii

(You can answer the questions in English.)

5. ¿Qué tipo de texto es?

6. How do you know what type of text it is? Analyze the characteristics of the text.

7. ¿Cuál es la intención *(purpose)* de este texto?

8. ¿Quién puede leer el texto? ¿Y a quién va dirigido exactamente? (*Who is the audience?*)

Aspecto iii

9. ¿Te gustaría tener alguno de los objetos del texto? ¿Por qué? Elige tres objetos y justifica.

10. ¿Tú también escribes estos tipos de textos? ¿Qué es igual? ¿Qué es diferente?

11. ¿Es tu casa como algunas de las casas que se mencionan en el texto? ¿Por qué?

12. ¿Crees que algún miembro de tu familia o de tus amigos puede estar interesado en algún objeto o vivienda que aparecen en el texto? ¿Por qué?

	¿quién?	¿por qué?
1.		
2.		
3.		
4.		
5.		
6.		
7.		
8.		
9.		

Habla con tu profesor/-a sobre tu casa, las habitaciones, tu habitación favorita y las actividades que haces en casa con tu familia.

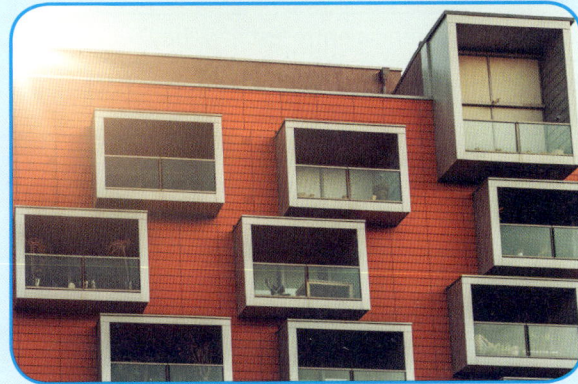

Criterios **C y D** (escrito)

Estás de visita en casa de una familia en un país hispanohablante. Escribe un correo electrónico a tu familia de origen donde describes la casa donde vives ahora, las habitaciones y las costumbres familiares de la familia.

🗨 Reflexión

Find the activities where you have practiced the objectives of this unit, reflect on your learning and complete the table:

	😊	😕	😟
describir diferentes tipos de casas			
reconocer la diferencia de "ser" y "estar"			
comprender el significado de palabras desconocidas similares a otras lenguas (cognados)			
comprender textos usando estrategias de comprensión lectora (contexto y cognados)			
identificar las partes de una casa			
situar o localizar objetos y personas			
identificar los muebles de una casa			
reconocer la diferencia entre "estar" y "hay"			
hablar de las actividades habituales que se hacen en casa			
usar la perífrasis verbal "estar" + gerundio			
diseñar y presentar casas teniendo en cuenta el destinatario			

Reflect on the Statement of Inquiry of the unit

Mediante el lenguaje creamos mensajes relacionados con el hogar que van dirigidos a destinatarios específicos.

Through language we create messages related to home that are aimed at a specific audience.

Are you able to connect this statement with the tasks of this unit? Find activities where

- you need to create messages

- you are creative

- you consider the audience for what you have produced.

Find in the unit where you have practiced these learning strategies.

How do you think these ATL help you to achieve the attributes of the learner profile for this unit (caring, thinkers)? What about the other attributes?

Have you used these approaches to learning skills to be successful in the different tasks? What about the summative tasks?

Approaches to learning:

- **Self-management – Organization skills**

  Plan strategies and take action to achieve personal and academic goals

- **Research – Information literacy skills**

  Understand and implement intellectual property rights

- **Communication – Communication skills**

  Communicate thoughts, messages and information effectively through interaction

- **Thinking – Critical thinking skills**

  Consider ideas from multiple perspectives

Reflexión

In this unit, besides learning many new words about the house, rooms and furniture you have been creative by designing houses and producing texts in Spanish. You have seen in this unit that housing varies depending on the country and the socio-economical background. Unfortunately, in many places around the world, not everybody has a great house in which to live. What can you do to help these people? Is there something you can do at school or in your community to raise awareness? Do you think it is fair that many children around the world don't have a proper house or don't even have a bed to sleep in?

It is important to appreciate what we have. We are really lucky to have a good education, to have things to eat every day and to have a roof over our heads!

Pregunta debatible

¿Debe ser el hogar de todas las personas de la misma manera?

Contexto global
Identidades y relaciones

Conceptos relacionados
Forma, propósito

Concepto clave
Cultura

Perfil de la comunidad de aprendizaje
Audaces, equilibrados

Pregunta fáctica

¿Qué hago en mi tiempo libre?

¿Cómo me visto dependiendo del contexto?

Pregunta conceptual

¿Cómo influye la cultura en nuestro comportamiento?

¿Por qué hacemos las actividades que hacemos?

Pregunta debatible

¿Es posible ser estudiante y llevar una vida equilibrada?

Enunciado de indagación

Nuestra cultura forma nuestra identidad, lo que hacemos y la manera en que interactuamos y nos comportamos en sociedad.

	s a poder...
✓	mostrar la preferencia en los deportes
✓	hablar de la frecuencia en que se practica un deporte
✓	expresar gustos y preferencias
✓	usar el verbo "gustar"
✓	indicar para qué partes del cuerpo es bueno hacer deporte
✓	explicar cómo se juega un deporte
✓	reconocer la diferencia entre "saber" y "conocer"
✓	explicar qué actividades haces en el tiempo libre
✓	comprender la importancia de llevar una vida equilibrada
✓	dar recomendaciones simples
✓	describir la ropa que llevan las personas
✓	decir qué tiempo hace
✓	reflexionar sobre la ropa que lleva la gente
✓	reconocer cómo la cultura influye en la manera en que una persona se viste

5.1 Los deportes favoritos

a. **Mira los anuncios para los clubs de deporte del colegio.
¿Qué deporte prefieres? ¿Por qué?**

Con el entrenador Guille

Martes, miércoles (solo chicas) y jueves

Fútbol

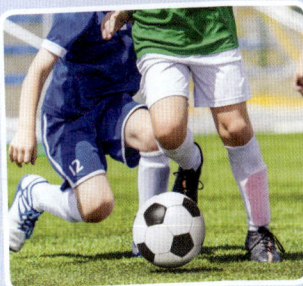

Martes

Señora Kumash

Baloncesto 3x3

Miércoles

Con el entrenador Andrés

Fútbol americano

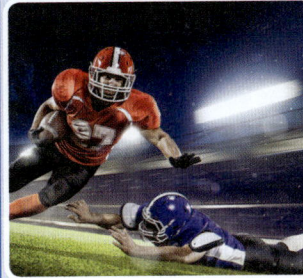

Martes y jueves

Entrenador Manuel Andrés

Natación

Miércoles y viernes

Con Miguel Jiménez y
Carlota Ruíz

Tenis

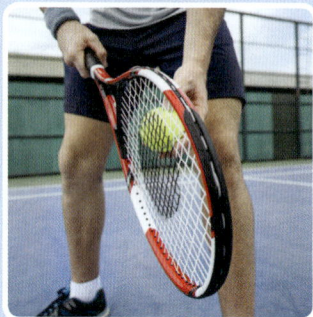

Practica técnicas "mindfulness"

Todos los miércoles

Con Jacobo Barca

Conciencia plena

Martes con Benjamin
López

Aula B223

Ajedrez

Trae tu bici para pasear

Todos los martes y jueves

Ciclismo por la ciudad

Jueves Aula B221

Sarai Martín

Juegos de mesa

lunes (chicas)
jueves (chicos)

Voléibol

Escalada de muro

los viernes en el gimnasio

Con Tomás Segura

Escalada

Miércoles con Daniel
Suárez

Tocata de rugby

b. **¿Cuáles de estos deportes van con el verbo "jugar" y cuáles
con "hacer"?**

juego al…	
hago…	

⬭ Hablamos

c. Habla con tu compañero/-a.

¿Qué deportes haces tú?

¿Con qué frecuencia haces ese deporte?

Pregunta fáctica

¿Qué hago en mi tiempo libre?

Lengua

La frecuencia

Todos los días	Los fines de semana
Una vez a la semana	A veces
Dos veces a la semana	A menudo
Los lunes, los martes, los miércoles…	Nunca

Mira las siguientes frases:

- Yo **nunca** juego al baloncesto.
- Yo **no** hago **nunca** escalada.

Can you find an explanation for this structure? Does this happen in your language too?

Lengua

El verbo "gustar"

Do you remember how to say "I like" in Spanish? Although "I" in Spanish is *yo*, "I like" is *me gusta*.

I like sports.

Me gustan los deportes.

As you see, the thing you like is what makes the verb change depending on whether it is singular or plural. The person who likes something in Spanish is not the subject of the sentence, but the object. In other words, what you like is the subject and the verb forms change depending on it. That is why you say *gusta* when the person likes one thing, or *gustan* when the person likes more than one thing.

Me is called a personal (object) pronoun. If a person other than "I" likes, then the personal object pronoun changes:

te gusta/-n	you like
le gusta/-n	he, she, you (formal singular) like(s)
nos gusta/-n	we like
os gusta/-n	you (informal plural) like
les gusta/-n	they, you (formal plural) like

There are other verbs that work the same way: *encantar, interesar, parecer…*

d. **¿Qué club prefieres visitar? Realiza una encuesta para saber qué deporte prefieren tus compañeros/-as.**

Lengua

El verbo "preferir"

Yo prefi**e**ro	Nosotros/-as preferimos
Tú prefi**e**res	Vosotros/-as preferís
El, ella, usted prefi**e**re	Ellos/-as, ustedes prefi**e**ren.

Another verb that has the same pattern is *querer* (to want). Can you conjugate that too? You will use this verb a lot!

5.2 ¿Para qué son buenos los deportes?

a. **¿Con qué parte del cuerpo se practican los deportes? Escribe frases como en el ejemplo.**

el estómago

la espalda

la cabeza

los hombros

la cintura

Ejemplo:

El balonmano es bueno para los brazos y las manos. También para las piernas.

Conexión interdisciplinaria: Educación física y para la salud

In your Physical and health education class you learn how to become a balanced student and how to maintain a healthy lifestyle. The relationships that you build with your classmates are also important. Outside of school you will also have to build social relationships and show empathy to people. At school you should practice these skills and take responsibility for your interactions.

What are you learning right now in your PE class? Do you think you can make a connection between your current unit and this Spanish Language Acquisition unit?

Look at this video; it can inspire you how to act properly! Why don't you share it with your PE teacher too?

https://www.youtube.com/watch?v=pFuwUiHo-WI

Palabras de búsqueda:

Canadian Tire "Wheels": 60
We all play for Canada

Lengua

Lee las frases siguientes:

Cuando se juega al fútbol, no se puede tocar el balón con la mano.

Si se va a mejorar la habilidad, se necesita practicar mucho.

En nuestra ciudad, se juega al fútbol en el campo Villanueva, en la calle Ronda.

¿Cuál es la función de la palabra se?

Compara y contrasta con estas frases:

Cuando tú juegas al fútbol, yo voy a cuidar a tu hermanito.

Yo quiero mejorar la habilidad de lanzar el balón, así que practico mucho.

En nuestra ciudad, nosotros jugamos al fútbol en el campo Villanueva.

¿Comprendes la diferencia? Ahora mira más ejemplos con la palabra se para comprobar tus ideas.

Cómo jugar al balonmano:

- *Se juega con seis jugadores y un portero.*
- *Se trata de meter la pelota en la portería del otro equipo (gol).*
- *Se puede retener la pelota en la mano por un máximo de tres segundos.*
- *No se puede tocar ni lanzar la pelota con los pies o las piernas.*

Escoge un deporte y escribe 5 reglas para explicar cómo se juega.

Escribimos

b. Describe uno de los deportes. Usa frases con "se". Puedes usar también las siguientes palabras. Tus compañeros/-as adivinan qué deporte es.

jugar

atrapar

lanzar, tirar

saltar

patear

golpear

correr

volver

ganar

perder

meter un gol

poner

tocar

moverse

luchar

el jugador

el equipo

el entrenador

el árbitro

el balón

la pelota

el palo (de hockey)

el bate

el guante

🗨 Hablamos

c. ¿Cuál es el deporte más completo? En grupos pequeños busca argumentos e intenta convencer a tu profesor/-a para que practique ese deporte.

Criterios **C y D**

5.3 ¿Te arriesgas?

a. ¿Cuál es el deporte más famoso de tu país? Busca en el mapa y contesta las preguntas.

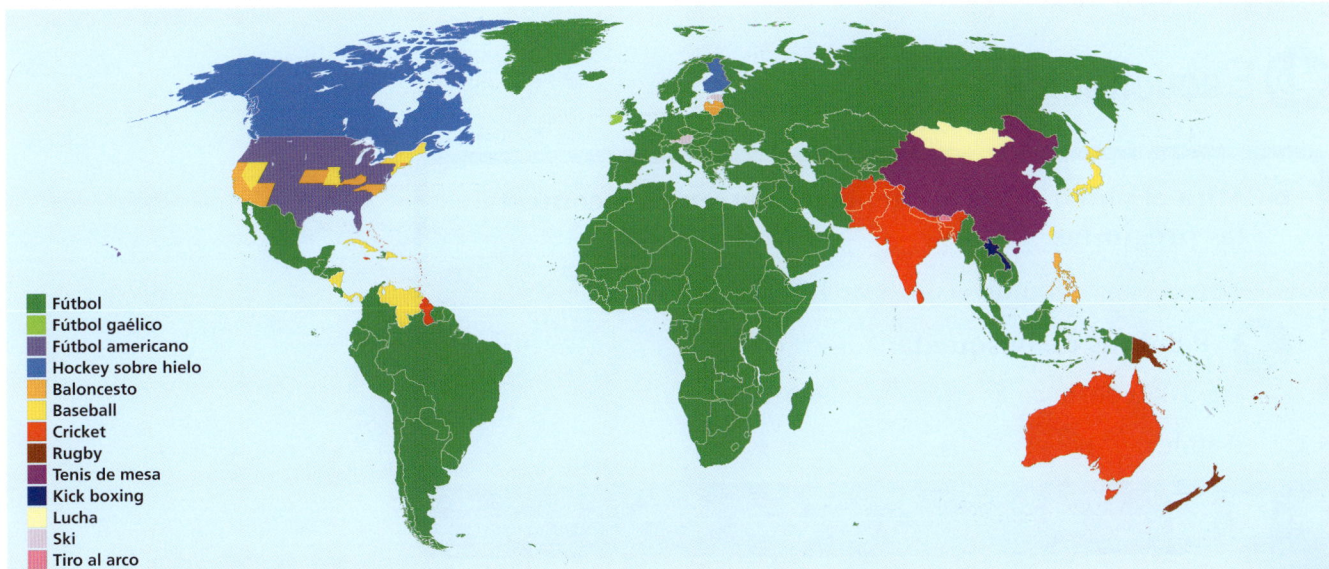

- Fútbol
- Fútbol gaélico
- Fútbol americano
- Hockey sobre hielo
- Baloncesto
- Baseball
- Cricket
- Rugby
- Tenis de mesa
- Kick boxing
- Lucha
- Ski
- Tiro al arco

1. ¿Practicas tú también ese deporte?

2. ¿Por qué crees que ese deporte es tan importante en tu país?

3. ¿Sabes jugar el deporte más famoso de tu país?

4. ¿Conoces deportistas o equipos famosos de ese deporte? ¿De dónde son?

5. ¿Hay también algún deporte tradicional original de tu país? ¿Cómo se llama?

Lengua

Conocer / Saber

These two verbs mean the same in English: to know. What is the difference? Look at the examples:

¿**Conoces** a Juan?

¿**Sabes** quién es Juan?

No **conozco** ese deporte. Es la primera vez que lo escucho.

Sé jugar muy bien al tenis.

When do we use conocer? And saber?

Pay attention to the first person singular of these verbs! They have irregular forms:

conocer	saber
conozco	sé
conoces	sabes
conoce	sabe
conocemos	sabemos
conocéis	sabéis
conocen	saben

🔊 Escuchamos

b. **Mira el video sobre los deportes extremos y contesta las preguntas.**

https://www.youtube.com/watch?v=rBfLa7pLHpg

🔍 **Palabras de búsqueda:**

Los 10 deportes más extremos del mundo

TopMax

1. **Relaciona la información con los deportes extremos:**

Motocross freestyle	Se bucea a grandes profundidades. Es peligroso por la falta de oxígeno y por la oscuridad.
Alpinismo	Se practica en ríos y es un deporte con mucho movimiento.
Rafting extremo	Se hace en las olas del mar. Tienes que viajar para encontrar las olas. Es peligroso por las tormentas y las lluvias.
Street luge	Se salta de un avión, una avioneta, un helicóptero, edificios o montañas. Necesitas un paracaídas.
Tow surf	Se hace en las montañas más altas del mundo como el Everest. Requiere disciplina, esfuerzo físico y mentalidad.
Heli Ski	Se escala paredes de rocas sin ninguna ayuda, solo con la fuerza de los dedos de las manos.
Buceo en cavernas	Se salta desde una gran altura. Se vuela como un ave.
Paracaidismo	Se necesita un trineo y va a mucha velocidad debido a la pendiente.
Free solo	Se da saltos con una motocicleta.
Salto base	Se hace en montañas vírgenes sin señales. Se esquía saltando de un helicóptero.

Propósito

2. **Vamos a analizar ahora las convenciones de este texto audiovisual:**

   - ¿Dónde puedes encontrar este video?

   - ¿Cuál es el objetivo o intención del mismo?

   - Fíjate en las características textuales.
     ¿Crees que consiguen su objetivo?

3. **¿Te gustaría a ti también practicar alguno de esos deportes? ¿Cuál? ¿Por qué? ¿Conoces a alguien que practique uno de esos deportes?**

Autogestión – Habilidades afectivas

We don't expect you to do any of these risky sports. They are just too dangerous. But you should be a risk-taker in learning Spanish. That means that you need to dare to speak Spanish as much as possible, and you need to guess the meaning of words in written and oral language. Without taking risks, there is no way of improving your language skills. And don't worry about making mistakes – they are the best tool for your teacher to help you to learn effectively.

Pregunta conceptual

¿Por qué hacemos las actividades que hacemos?

5.4 ¿Qué haces en tu tiempo libre?

a. Enumera del 1 al 11 (de más a menos) las actividades que prefieres hacer en tu tiempo libre.

- Jugar a los videojuegos o juegos del Internet ☐

- Mirar las redes sociales (Instagram, Facebook, Twitter, Tumblr, Snapchat…) ☐

- Mirar y escuchar videos de YouTube o Vimeo ☐

- Hacer deporte ☐

- Quedar con amigos ☐

- Ir a un parque o pasear por la naturaleza ☐

- Ir de compras a un centro comercial ☐

- Leer libros ☐

- Dormir ☐

- Ver películas (en casa o en el cine) ☐

- Ver series u otros programas (en el televisor o en Internet) ☐

Hablamos

b. Compara con tu compañero/-a.

Lengua

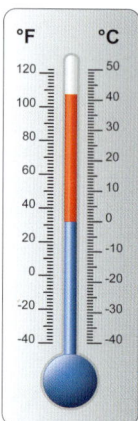

Expresar gustos

Me encanta

Me gusta mucho

Me gusta

Me gusta un poco

No me gusta mucho

No me gusta

No me gusta nada

Odio

¡ **Pregunta fáctica**

¿Qué hago en mi tiempo libre?

c. Lee el texto y contesta las preguntas.

VIDA EQUILIBRADA EN LA ESCUELA

¿Cuántas horas al día pasas haciendo la tarea?

¿A qué hora vas a la cama?

¿Desayunas bien por la mañana?

¿Cuántas horas al día pasas delante de una pantalla (ordenador, teléfono móvil, tablet…)?

¿Cuántas horas pasas delante de una pantalla solo para las tareas del colegio?

¿Cuántas horas pasas delante de una pantalla para divertirte (jugar, ver videos, escuchar música…)?

¿Te acuestas por la noche directamente después de haber usado tu ordenador o teléfono móvil?

¿Haces alguna actividad extraescolar o club?

¿Haces deporte con frecuencia?

¡No queremos estudiantes tristes!

¡No queremos estudiantes estresados!

Tienes que hacer actividades que te gustan: pintura, escritura, deportes, teatro, danza…

Tienes que quedar con tus amigos y mantener una buena vida social.

Tienes que hacer deporte regularmente.

Tienes que estudiar, pero un poco con frecuencia.

Tienes que dormir al menos ocho horas diarias.

Nuestro lema para este curso escolar es mantener una vida equilibrada. Todos los estudiantes de nuestra escuela deben ser felices y llevar una vida equilibrada.

Es importante estudiar pero también es importante divertirse.

¡Usa bien tu tiempo! Si tienes preguntas, habla con tus profesores, tu tutor o con el consejero del colegio.

1. ¿Cuál es el mensaje principal del texto?

2. Menciona tres consejos que se ofrecen.

3. ¿Dónde puedes leer este texto?

4. ¿Qué tipo de texto es? Da ejemplos de las características textuales del mismo.

5. ¿Cuál es la intención principal del texto? Elige:

   - Persuadir

   - Entretener

   - Informar

6. ¿A quién va dirigido el texto? ¿Cómo lo sabes?

7. ¿Hay en tu colegio este tipo de iniciativas? ¿Cómo se hace? ¿Quién es el responsable?

8. Contesta las preguntas del principio del texto con tu propia información. ¿Crees que llevas una vida equilibrada? Si no, ¿qué puedes hacer? Usa la información del texto.

d. **Haz las preguntas del principio del texto a un/una compañero/-a. Dale después algunas recomendaciones para llevar una vida más equilibrada.**

Criterio **Bi**

Criterio **Bii**

Criterio **Biii**

Pregunta debatible

¿Es posible ser estudiante y llevar una vida equilibrada?

Lengua

Para dar recomendaciones

Tienes que + infinitivo
Debes + infinitivo
Es importante + infinitivo
Debes acostarte más temprano. Es importante dormir mucho, al menos ocho horas.

ATL Autogestión – Habilidades de organización

Planificar tareas a corto y largo plazo; cumplir con los plazos establecidos.

Seleccionar y utilizar la tecnología de forma eficaz y productiva.

Being well organized is the key to success in your learning. This organization is linked to having a balanced life. If you don't lead a well-balanced life, you are more likely to forget things, like your material, and put off your assignments. Another problem is the way you use technology. You must use it in a productive and effective way. If you use it in that way, you shouldn't be using your computer for so long. How long do you spend on your computer doing things other than your schoolwork? You must take responsibility for your habits.

5.5 ¿Qué me pongo?

a. Mira las siguientes prendas de ropa. ¿Cuál es tu ropa favorita? ¿Qué ropa llevas normalmente?

Ropa: Ellos/ellas llevan...

la chaqueta

los pantalones

los zapatos

las botas

la falda

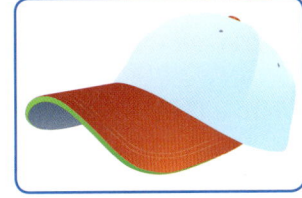

el vestido

la gorra

los guantes

las sandalias

los pantalones cortos

la camisa

el impermeable

Telas para la ropa:
Está hecho/a de...
Están hechos/as de...

algodón: cotton

lana: wool

piel: fur

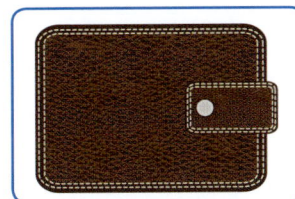

cuero: leather

seda: silk

Lengua

⊕ Forma

Do you remember the reflexive verbs?

Sometimes in referring to clothing, we come across a number of reflexive verbs. A verb is considered reflexive when the subject (the person doing the action) is the same as the object (the person or thing that the action is being done to).

For example, the verb *poner* means "to put, to place, to set." How would you translate the following sentences?

- *Yo pongo el libro en el armario.*
- *Yo me pongo la chaqueta.*

What is the difference between using *pongo* and *me pongo*?

ponerse (to put on clothes)

yo me pongo	nosotros nos ponemos
	nosotras nos ponemos
tú te pones	vosotros os ponéis
	vosotras os ponéis
él se pone	ellos se ponen
ella se pone	ellas se ponen
usted se pone	ustedes se ponen

vestirse (to dress oneself)

yo me visto	nosotros nos vestimos
	nosotras nos vestimos
tú te vistes	vosotros os vestís
	vosotras os vestís
él se viste	ellos se visten
ella se viste	ellas se visten
usted se viste	ustedes se visten

Have you also noticed the irregularities in these verbs? Highlight the irregular forms in your notebook!

Now conjugate the regular verb *quitarse* (take off clothes).

b. En parejas, describe la ropa que lleva un/a compañero/-a de clase <u>sin decir su nombre</u>. El resto de la clase adivina (*guess*) quién es.

c. Es fin de semana y Susana no sabe qué ponerse. Con un/a compañero/-a ayúdale a buscar prendas de ropa para las siguientes situaciones:

1. Va al parque a pasear. Hace buen tiempo. Hace sol y una temperatura de unos 24°C / 75°F. Es primavera.

2. Va a jugar un partido de voleibol con su equipo. Hace mucho calor pero en el gimnasio del colegio hace muy buena temperatura. Es verano.

3. Va a quedarse a dormir en casa de su mejor amiga. Es casi de noche y hace fresco. Está lloviendo. Es otoño.

4. Va de compras con sus amigos a un centro comercial. Es invierno y hace frío. En el centro comercial puede hacer calor.

Lengua

El tiempo

¿Qué tiempo hace?

	hace sol – hace (mucho) calor
	hace (mucho) frío
	llueve / está lloviendo
	está nublado

	nieva / está nevando
	hay niebla

Notice how you use these verbs when expressing the weather:

hace – está – hay

The use is different in English! How do you say "it's hot" in Spanish, referring to the weather?

Llover and *nevar* are action words (verbs) and therefore they must be conjugated in the third person singular.

d. **Escribe qué tiempo hace normalmente en las estaciones del año en tu país de origen (*you may consider a specific region or city*).**

e. **En grupos, busquen el tiempo que hace ahora en las siguientes ciudades del mundo hispano:**

1. Tijuana (México)

2. Cartagena (Colombia)

3. La Paz (Bolivia)

4. Ushuaia (Argentina)

5. Pontevedra (España)

¿Qué ropa te puedes poner en las ciudades si (*if*)…?

- Quieres dar un paseo por el parque
- Quieres ir a una fiesta
- Te encuentras con un/a amigo/-a para ir al cine
- Vas de compras
- Te quedas en casa

Pregunta fáctica

¿Cómo me visto dependiendo del contexto?

5.6 ¿Moda o tradición?

a. **Lee el diálogo en voz alta con un/a compañero/-a.** *Pay attention to the right pronunciation and the intonation. Practice also expressing empathy and using the right body language. You can also record yourselves in a video.*

Calum: ¡Oye! ¿Qué llevas hoy?

Baaz: ¿Por qué me preguntas qué llevo? Es el Día Internacional, así que me pongo la ropa tradicional de mi país, por supuesto.

Calum: ¡No me digas! Se me ha olvidado que hoy es el Día Internacional.

Baaz: Entonces, ¿los pantalones cortos y la camiseta no son el traje tradicional de tu país?

Calum: ¿Sabes? Es una camiseta de fútbol, entonces ¡creo que sí es el traje tradicional de Inglaterra!

Baaz: ¡Ja, ja, ja!

Calum: Oye, ¿es verdad que los hombres de tu país se visten con vestidos?

Baaz: ¡No! Un poco de mentalidad abierta, por favor. Se llama zaub. No es un vestido.

Calum: Vale, vale. ¿Es cómodo?

Baaz: Claro, es muy cómodo. Sobre todo cuando hace mucho calor.

Calum: Pues sí, hace muchísimo calor hoy. ¡Te deberías poner el zaub todos los días!

b. ¿Hay en tu país o región ropas típicas o tradicionales?

¿Cómo son?

¿Qué llevan los chicos? ¿Y las chicas?

Busca fotos o dibuja. Después presenta a tu clase.

c. Mira las fotos y en grupos contesten las preguntas. Su profesor va a mantener una conversación sobre el tema con ustedes. ¡Intenten hablar el máximo de español!

Criterios **C y D**

Pregunta conceptual

¿Cómo influye la cultura en nuestro comportamiento?

zaub o zobe

hipster

abrigo de piel

cosplay

trajes de pescador

punk / gótico

1. ¿Qué ropas son trajes tradicionales y qué ropas no?

2. ¿De dónde es la ropa tradicional? ¿Dónde crees que viven las personas?

3. ¿Refleja toda la ropa la cultura? ¿Qué cultura representa?

4. ¿Qué ropa está influida por el clima?

5. ¿Es apropiado siempre llevar la ropa que uno quiere?

6. ¿Hay globalización en la moda? Da ejemplos.

cómoda = comfortable
incómoda = uncomfortable
práctica = practical
poco práctica = impractical

🔗 Conexión interdisciplinaria: Individuos y Sociedades / Lengua y Literatura

How do you think that the weather of a country influences the way people behave?

To what extent are traditional clothes influenced by the culture? What about by the weather?

In your Individuals and Societies class you can do an investigation about this topic. Why don't you choose a Spanish-speaking country or a region of a country to do this research?

In your Language and Literature class you can analyze and interpret a literary work or a song that represents the culture of the language you are learning. Listen to the example of this song in Spanish. It has English subtitles so you can understand the message. Watch the video clip as many times as you need to. There is a lot of Latin American culture behind it. Focus on the clothes, on the landscapes, on the weather, what people do… and *¡disfruta!* (enjoy!)

https://www.youtube.com/watch?v=aZD-kAn-lYM

🔍 **Palabras de búsqueda:**

Calle 13

Latinoamérica Video Oficial con letra

Evaluación sumativa

Criterio A

Mira el siguiente video y contesta las preguntas.

https://www.youtube.com/watch?v=f_dxNi531dM

🔍 **Palabras de búsqueda:**

Adaptación del traje tradicional

Aspecto i

1. ¿Cuándo llevan las mujeres de Tehuantepec estos trajes regionales? Elige:

   ☐ Cuando trabajan *(work)*   ☐ Cuando viajan *(travel)*

   ☐ Solo en fiestas   ☐ En fiestas y en la vida cotidiana

2. ¿Cómo son los trajes? Elige la información correcta (hay varias opciones).

   ☐ Hay flores.

   ☐ Tienen muchos colores.

   ☐ Hay una variante con pantalones cortos.

   ☐ Se llevan con un sombrero.

   ☐ Hay varios modelos diferentes y con telas diferentes.

3. Among which group is traditional clothing becoming more popular?

4. ¿Por qué les gusta a las mujeres entrevistadas vestir este tipo de ropa?

Aspecto ii

5. ¿Qué función tiene la música en este video?

6. ¿Qué intención tiene el video?

   ☐ Persuadir   ☐ Informar   ☐ Criticar

7. ¿Qué características o elementos hay que representan la cultura mexicana? *Base your answer not only on what you see, but also on the way the video has been created.*

Aspecto iii

8. Do you think that a woman in your culture would wear these dresses? Why (not)?

9. Is there also this kind of traditional clothing in your culture? What is similar? What is different?

10. Why are young people in Tehuantepec wearing these regional clothes more and more? What do you think about it? Would people of your age in your culture do the same thing?

▶ ◻ ◻ ——————————————————————

Buscar 🔍 ≡

Para: aquesada@isc-colegio.org

De: dchoi@isc-colegio.org

Asunto: pregunta

Querido Señor Quesada:

Le escribo porque creo que necesito su ayuda. No entiendo por qué los profesores ponen tantas tareas y pruebas sumativas. No es justo. Esta semana tenemos cuatro proyectos en diferentes asignaturas. Tengo mucho estrés.

Por la tarde tengo clases de cello también después del colegio, los martes y los jueves. Después tomo el autobús a las 5:45 de la tarde y llego a casa sobre las 7 de la tarde. A veces tengo academia y vuelvo a casa a las 9 de la noche. Después ceno y hago la tarea. Nunca me acuesto antes de las 12 de la noche. Normalmente a la 1 o a las 2.

Los lunes y los miércoles también hago deporte en el cole. Estoy en el equipo de baloncesto y practicamos esos días.

Normalmente paso muchas horas delante de la computadora porque tengo que hacer la tarea. Los fines de semana también estudio. Mis padres trabajan y yo estoy solo en casa con mi hermana pequeña. A veces vamos a visitar a mis abuelos, pero normalmente nos quedamos en casa. Solo hablo con mis amigos por Skype o Snapchat.

También quiero hablar de un problema que tengo con mis compañeros de clase. Mi mejor amigo, Gustavo, ya no habla conmigo. No sé qué le pasa. Normalmente comemos juntos y en los recreos estamos juntos, pero ya no. Me siento un poco solo.

Por ejemplo, en la clase de matemáticas estamos haciendo un proyecto en grupos. Es difícil trabajar con los compañeros porque creo que a ellos no les gusta trabajar conmigo. ¿Soy diferente? ¿Por qué no quieren estar conmigo? No me siento bien con mi clase. Entiendo que mi comida es diferente a la comida del resto de la clase. También alguna ropa que llevo es diferente, pero esta es mi cultura. Mis compañeros me tienen que aceptar tal y como soy. ¿No cree?

Le mando una foto que me ha enviado uno de mis compañeros de clase (no le digo quién es…)

¿Me puede ayudar?

Me gustaría ir a su oficina. ¿Cuándo puedo ir?

Muchos saludos,

Diego Choi

Aspecto i

1. ¿Cuál es la idea general del texto? Elige un título.

   a. No llevo una vida equilibrada. Necesito su ayuda

   b. Pregunta sobre el sumativo del jueves

   c. A mis amigos no les gusta la comida

2. ¿Verdadero (V) o falso (F)? Elige y justifica tu respuesta.

	V	F
El chico tiene mucho trabajo en el colegio últimamente.		
Los martes y los jueves sale del colegio a las 7 de la tarde porque tiene clases de cello.		
Se acuesta siempre después de las 12 de la noche.		
Juega al baloncesto dos veces a la semana.		
Sus amigos lo visitan los fines de semana.		

3. Explica qué relación tiene el chico con sus compañeros de clase.

Aspecto ii

4. Completa:

   a. El nombre de la persona que escribe:

   b. El nombre de la persona que recibe la carta:

5. El texto es un correo electrónico, ¿por qué lo sabemos? Busca tres características de las convenciones textuales del mismo.

6. ¿Crees que este texto es formal o informal? ¿Por qué?

Aspecto iii

7. Compara la rutina del colegio del autor del texto con tu rutina.

8. ¿Qué problemas de los que explica en el texto tienes también tú? Identifícalos y compara con tu experiencia.

9. ¿Conoces algún caso en tu colegio u otro colegio de un estudiante que se siente "diferente" a los demás? Compara con la información del texto.

Criterios **C y D** (escrito)

Escribe un folleto informativo de tu país. Incluye:

- Cómo son los trajes tradicionales
- Qué se puede hacer en el tiempo libre
- Los deportes más famosos
- El clima que hace

Algunos aspectos interesantes de mi país

Criterios **C y D** (oral interactivo)

Realiza una conversación con tu profesor sobre las actividades que haces para llevar una vida equilibrada.

💭 Reflexión

Find the activities where you have practiced the objectives of this unit, reflect on your learning and complete the table:

	🙂	😟	😞
mostrar la preferencia en los deportes			
hablar de la frecuencia en que se practica un deporte			
expresar gustos y preferencias			
usar el verbo "gustar"			
indicar para qué partes del cuerpo es bueno hacer deporte			
explicar cómo se juega un deporte			
reconocer la diferencia entre "saber" y "conocer"			
explicar qué actividades haces en el tiempo libre			
comprender la importancia de llevar una vida equilibrada			
dar recomendaciones simples			
describir la ropa que llevan las personas			
decir qué tiempo hace			
reflexionar sobre la ropa que lleva la gente			
reconocer cómo la cultura influye en la manera en que una persona se viste			

Reflect on the Statement of Inquiry of the unit

Nuestra cultura forma nuestra identidad, lo que hacemos y la manera en que interactuamos y nos comportamos en sociedad.

Our culture forms our identity, what we do and the way we interact and behave in society.

Are you able to connect this statement with the tasks of this unit? Find activities where

- you reflect on aspects of culture
- you reflect on your identity (who you are, what you do) and your relationships with others (common things you do with other people)
- language is used for a purpose.

Enfoques de aprendizaje

Find in the unit where you have practiced these learning strategies.

How do you think these ATL help you to achieve the attributes of the learner profile for this unit (risk-takers, balanced)? What about the other attributes?

Have you used these approaches to learning skills to be successful in the different tasks? What about the summative tasks?

Approaches to learning:

- **Self-management – Affective skills Resilience**
  - **Practice "bouncing back" after adversity, mistakes and failures**
  - **Practice "failing well"**
  - **Practice dealing with disappointment and unmet expectations**
  - **Practice dealing with change**
- **Self-management – Organizational skills**
  - **Plan short- and long-term assignments; meet deadlines**
  - **Select and use technology effectively and productively**

Reflexión

In this unit you have learned about many topics that are linked to the key concept of culture. We may not be aware that the sports we practice, the way we spend our free time and the clothes we wear are somehow influenced by the culture we belong to. Some of these activities have become so common that they can be considered global (look at the examples of soccer or just wearing jeans or a t-shirt). By reflecting on that, our purpose with this unit is for you to maintain a happy and well-balanced life. Try to be yourself with your own values and attitudes. Diversity is what makes international education such an open-minded and tolerant education. Be yourself, and accept and respect differences.

Un mosaico de tradiciones y celebraciones

Contexto global
Expresión cultural y personal

Conceptos relacionados
Significado, contexto

Concepto clave
Cultura

Perfil de la comunidad de aprendizaje
Informados e instruidos, de mentalidad abierta, indagadores

Pregunta fáctica

¿Qué tradiciones celebramos?

¿Qué es una celebración?

Pregunta conceptual

¿Cómo nos identificamos con la cultura y sus celebraciones?

¿Cómo representan los festivales los valores de una sociedad?

Pregunta debatible

¿Son las tradiciones necesarias?

Enunciado de indagación

Nuestro conocimiento de la diversidad cultural se desarrolla cuando comprendemos el significado de las tradiciones culturales en diferentes contextos.

	Al final de esta unidad, vas a poder...
⊘	preguntar y responder cuándo es el cumpleaños
⊘	reconocer y usar los pronombres de objeto
⊘	describir fiestas personales
⊘	hablar de las comidas y bebidas típicas
⊘	identificar los ingredientes básicos de la comida de una cultura
⊘	describir hábitos y costumbres en el pasado
⊘	reconocer y usar las formas del pretérito imperfecto
⊘	investigar, evaluar y hacer una presentación sobre alguna festividad o tradición del mundo hispanohablante
⊘	explicar en qué consiste una celebración o una tradición
⊘	organizar una fiesta en la clase de español

6.1 ¡Feliz cumpleaños!

a. Lee la invitación de cumpleaños y contesta las preguntas.

Enviar   Charla   Adjuntar   Dirección   Fuentes   Colores   Guardar

Para:

De: jorgeelrey@gmail.com

Asunto: Mi cumple

¡Te invito a mi
cumpleaños!
¿Cuándo?
El sábado, 18 de marzo a las 7 de la tarde,
en la cafetería Salas.
El tema es "piratas del Caribe".
Así que puedes venir con un disfraz.
Llama al 673 237 372 para confirmar
¡Te espero!
Jorge

1. ¿Quién cumple años?

2. ¿Cuándo es el cumpleaños?

3. ¿Dónde se celebra el cumpleaños?

4. ¿Qué hay que hacer para confirmar la asistencia?

5. ¿Tú tienes un disfraz para el tema de esta fiesta?

6. ¿Celebras tú también tu cumpleaños? ¿Mandas también invitaciones para celebrarlo?

Criterio Bi

Criterio Biii

b. ¿Cuándo es tu cumpleaños? Pregunta a tus compañeros y pónganse en una fila según la fecha de cumpleaños.

enero abril marzo mayo febrero

septiembre julio junio agosto

diciembre noviembre octubre

Lengua

Indicar fechas (dates)

Días: **el** lunes, **el** martes…, **el** 20 **de** abril, **el** 18 **de** octubre

Meses: **en** enero, **en** febrero, **en** marzo…

---

c. ¿Sabes cómo es la canción de cumpleaños en español? Escucha las dos versiones, una del español de España y la otra del español de Latinoamérica.

Which one is more similar to the song in your mother tongue?

https://www.youtube.com/watch?v=Zkb-UGRuAxs

https://www.youtube.com/watch?v=LuhD5EPxICc

🔍 **Palabras de búsqueda:**

Cumpleaños Feliz Español

Feliz Cumpleaños en español

d. Elabora una lista de cosas que necesitas para celebrar un cumpleaños. Puedes buscar en el diccionario.

¡FELIZ CUMPLEAÑOS!

e. Con un compañero/-a, lee el siguiente diálogo. Lee el texto con la correcta entonación y pronunciación. Muestra empatía también.

Criterio **Cii, Civ**
Criterio **Di**

Ana: ¿Es verdad que hoy es el 18 de noviembre? Pues... ¡Felicitaciones, Naomí! ¡Feliz cumpleaños!

Naomí: ¿Cómo sabías que hoy es mi cumpleaños? Trato de guardarlo en secreto.

Ana: ¡Vamos, chica! Soy tu mejor amiga. Obviamente yo sé cuándo cumples años.

Naomí: Bueno, gracias, Ana. Eres una buena amiga, pero sabes que no me gusta ser el centro de atención.

Ana: No te preocupes, chica. Toma, aquí tienes.

Naomí: ¡Caramba! ¿Me das un regalo?

Ana: Por supuesto que te doy un regalo.

Naomí: Pero yo no tengo nada para darte.

Ana: No, no me das nada porque mi cumpleaños no es hasta el 17 de febrero. ¡Tienes tiempo suficiente para ir de compras!

Lengua

Analiza las frases siguientes:

¿Me das un regalo?

Te doy un regalo.

- *¿Cómo se dicen en inglés las frases anteriores?*
- Who is giving the present in the first sentence?
- Who is giving the present in the second sentence?

Look carefully at the verb. The verb is always the clue to who is doing the action. In Spanish, the subject pronouns that you have learned (*yo, tú, él, ella, usted, nosotros, nosotras, vosotros, vosotras, ellos, ellas, ustedes*) are usually omitted unless they are necessary for clarification. So the only way to tell who is doing the action is to focus on the verb.

Remember the verb forms? The verb *dar* looks like this:

yo	doy	nosotros	damos
		nosotras	damos
tú	das	vosotros	dais
		vosotras	dais
él	da	ellos	dan
ella	da	ellas	dan
usted	da	ustedes	dan

Now check the two sentences above to see if you chose the right person doing the giving.

To whom are those people giving the present? Check your translations of the above sentences.

Me

(This refers to me. I cannot be the one doing the action, otherwise the verb would have to be in the *yo* form as well. Therefore, I must be either receiving the action or indirectly receiving the action.)

das

(This is the *tú* form of the verb, so it means "you give". You are the one giving.)

un regalo

(A present, a gift – the thing which you are giving is the gift.)

Therefore, the sentence translates as: *You give me a present.*

f. Remember asking to borrow school items from your friends? Ask your friend to lend you or give you classroom objects.

¿Me prestas?   ¿Me das?

Sí, te presto.   Sí, te doy.

Ejemplo:

Hola, Andrea. ¿Me prestas un lápiz?

Hola, Ari. Sí, te presto un lápiz.

6.2 Las quinceañeras

a. Mira la foto y describe qué ves. ¿Por qué crees que va vestida así? ¿Cuántos años tiene?

b. En grupos miren los videos. Cada grupo trabaja con un video diferente.

Grupo 1

https://www.youtube.com/watch?v=Vw2wo6FPmA0

Quinceañera: tradición y evolución

Grupo 2

https://www.youtube.com/watch?v=DpAu2Zxvq74

Quinceañera: una costumbre muy hispana

Grupo 3

https://www.youtube.com/watch?v=N5_vRLQeZhA

Daniela's Quinceañera Highlights HD

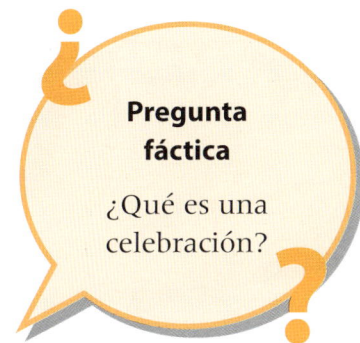

Pregunta fáctica

¿Qué es una celebración?

1. Marca qué ven en los videos.

la comida	la bebida	los amigos y la familia	los bailes
el vestido	la limusina	el salón	la decoración
la iglesia	el pastel	los regalos	el álbum de firmas	las flores

⬤ Hablamos

✱ Significado

2. Según el video, cada grupo explica qué es la celebración de las quinceañeras. Incluye información sobre:

Criterio **Aiii**

Criterios **C y D**

¿Qué te sorprende de esta celebración?

¿Hay alguna fiesta parecida en tu cultura? ¿Qué es igual? ¿Qué es diferente?

ATL Sociales – Habilidades de colaboración

Working in groups is not always easy. Sometimes we have in our groups people we don't get along very well with. However, we need to learn from each other.

You will be surprised to find out what other members of your group can add to your group work. Did you get an interesting idea from somebody in your group? How did you take the decision as to how to answer the questions? Who was responsible for presenting? Why was that decision taken?

6.3 Comidas y bebidas típicas

📖 Leemos

a. Lee el texto y completa las frases.

Criterio Bi

Turrón y mantecados

Estos dulces se comen en España durante la Navidad. Hay muchos tipos, duros y blandos. Se hace con almendras, azúcar, harina y especias. Hoy en día hay muchas variantes, pero a mucha gente le gusta el de chocolate.

Pan de muerto

Es un tipo de pan dulce que se consume durante la celebración del Día de los Muertos en México. Hay muchos tipos de pan de muerto, dependiendo de la región.

Empanadas

Son típicas en muchos países. En Chile se consideran un alimento emblemático del país. Las más populares son las llamadas "de pino" (mezcla de carne y cebolla) y las de marisco.

Mate

Es una infusión que se hace con hojas de la yerba mate. Se bebe, sobre todo, en Argentina, Uruguay y Paraguay. Tradicionalmente, se bebe caliente con un sorbete llamado bombilla colocado en un recipiente que se llama mate también, aunque en otras regiones tiene otro nombre.

Paella

Plato de origen valenciano (región al este de España). Su ingrediente principal es el arroz. Se prepara en una paellera o sartén (paella para los valencianos) y se puede hacer con carne, verduras, pescado o marisco. Es un plato común, pero también se hacen paellas con la familia y amigos en ocasiones especiales también.

1. Es una bebida: ....

2. Son dulces: ....

3. El ingrediente principal es el arroz: ....

4. Es una masa con un relleno: ....

5. Es típico en el Día de los Muertos: ....

b. **¿Dónde puedes encontrar este tipo de texto? ¿Cuál es su intención?**

Criterio Bii

c. **¿Cuál es la base de la comida de tu país?**

el chile

el maíz

el frijol

el arroz

la carne

el pescado y el marisco

la patata o papa

el pan, los cereales (el trigo)

la pasta

las especias

la leche

d. ¿Conoces estas comidas? En grupos, busca la siguiente información:

1. De qué país o países son las comidas.

2. Fotos para conocer cómo son las comidas.

3. ¿Cuáles son los ingredientes de las comidas?

- La arepa
- Las tortillas de maíz
- Las aceitunas
- El guacamole
- Los tacos

- El jamón serrano
- Los tamales
- El gazpacho
- Los churros con chocolate
- La tortilla de patatas

🔊 Escuchamos

e. Mira el video sobre la comida argentina. ¿Qué alimentos de la página anterior ves?

Criterio Ai

https://www.youtube.com/watch?v=jt2WqDGOgko

🔍 **Palabras de búsqueda:**

Costumbres y Tradiciones: Comidas Típicas Argentina

f. Mira otra vez y contesta las preguntas:

Criterio Ai

1. ¿Cuáles son las tres comidas más típicas de Argentina?

2. ¿Qué alimento es el básico en la región del noroeste del país?

3. ¿Cuándo se toma generalmente el mate?

4. ¿Qué alimento hay generalmente en el relleno de las empanadas?

5. ¿Cómo se llama la comida que preparaban tradicionalmente los gauchos?

6. ¿Qué dos ingredientes básicos lleva el dulce de leche?

7. Relaciona las frases:

1. Cada región argentina…	A. atrae a muchos turistas.
2. En la Patagonia se produce…	B. es la variedad.
3. El vino en Argentina…	C. tiene su especialidad.
4. La especialidad de Buenos Aires…	D. a almorzar y cenar a restaurantes.
5. Los porteños cada vez salen más…	E. chocolate y mermeladas artesanales.

8. ¿Es la comida en tu país parecida a la comida argentina? ¿Qué es igual? ¿Qué es diferente?

Criterio Aiii

9. ¿Te gustaría comer comida argentina? ¿Qué alimento te gustaría comer más? ¿Por qué?

Conceptos relacionados

ATL Pensamiento – Habilidades de pensamiento crítico

What we eat and the way we eat is linked to our culture. Basically, people used to eat what the place where they lived had to offer. Nowadays, this is still present in the traditional food of a country or region.

Can you imagine eating meat in the same way that Argentinians do? What about drinking mate with a "bombilla" that is shared by many people? Among Argentinians these are established traditions. You don't have to do the same thing, but you should be aware of the differences and respect them.

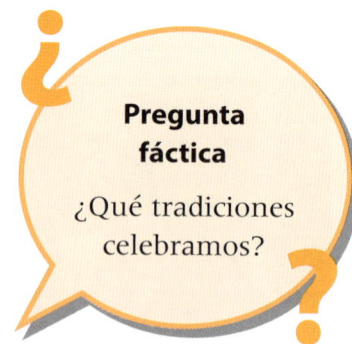

Pregunta fáctica

¿Qué tradiciones celebramos?

g. ¿Cuál es la comida típica de tu país? ¿Hay alguna comida que se come en ocasiones especiales? Haz un collage con fotos de las comidas típicas de tu país y preséntalo a la clase.

Criterios C y D

Why don't you bring to school some typical food from your country? If there are many nationalities in your class, this is a good way to get to know what the food is like in other countries. If you need to raise money for a Service as Action project, this could be a good idea. You just need good collaboration and communication skills to get as many people from your community as possible to join in.

6.4 La combinación de las culturas

a. **Lee el texto y elige un título.**

Criterio Bi

1. Así vivían los españoles en el siglo XVI

2. ¿Qué comían los mayas?

3. ¿Cómo era la vida de Cristóbal Colón?

En el pasado, las culturas del mundo estaban muy separadas. No había mucha conexión entre las culturas. Así era la situación con las culturas de Europa, Asia y el continente americano. Con el tiempo, las culturas llegaron a tener contacto las unas con las otras, pero antes del viaje de Cristóbal Colón en 1492, la gente no sabía nada de las culturas americanas.

Antes de 1492, las culturas indígenas de las Américas no tenían ninguna influencia de la cultura europea. Ellos tenían costumbres muy distintas, especialmente en cuanto a la comida.

Para los mayas, la base de la comida era el maíz. La historia de la creación de los mayas, el Popol Vuh, explicaba que los mayas estaban hechos de maíz. Por tanto, para ellos, el maíz era más que una comida: era también una conexión con sus ancestros. Con el maíz preparaban alimentos como los tamales y las tortillas, comidas que hoy día todavía son una parte importante de la alimentación cotidiana.

Además, los mayas cultivaban un producto que tenía mucho valor: el cacao. De la fruta del cacao se sacaban los granos. Después de un largo proceso, los granos se convertían en xocoatl (como se decía en náhuatl, su lengua materna). Pero ¡los mayas no tenían ni azúcar ni leche para su chocolate!

Los mayas comían también muchas carnes de animales que cazaban, como el pavo, el conejo, el armadillo y el mono.

Lengua

El pretérito imperfecto

Find all the verbs (action words and states of being) in the previous text.

Can you figure out which infinitive (the part of the verb ending in -ar, -er or -ir) is related to the word in the text? Write also the meaning of the verbs. Try to guess the meaning through the context, avoiding looking at the dictionary at first. Complete a table like this in your notebook.

verb in the text	infinitive	meaning
estaban	estar	were

In Spanish we have different tenses that we use depending on our purpose. When do you think this tense is used in Spanish? Does this tense refer to the present, the past or the future?

We use the *pretérito imperfecto* tense when we want to describe the past. In this case, the text **describes** the food habits of the Mayan civilization: what they used to eat, the importance of corn as a food and other foods.

These are the forms:

-ar (estar)

yo	estaba	nosotros nosotras	estábamos
tú	estabas	vosotros vosotras	estabais
él ella usted	estaba	ellos ellas ustedes	estaban

-er (tener)

yo	tenía	nosotros nosotras	teníamos
tú	tenías	vosotros vosotras	teníais
él ella usted	tenía	ellos ellas ustedes	tenían

-ir (*convertir*)

yo	convertía	nosotros nosotras	convertíamos
tú	convertías	vosotros vosotras	convertíais
él ella usted	convertía	ellos ellas ustedes	convertían

There are just three irregular verbs in this tense: *ser, ir* and *ver*.

ser

yo	era	nosotros nosotras	éramos
tú	eras	vosotros vosotras	erais
él ella usted	era	ellos ellas ustedes	eran

ir

yo	iba	nosotros nosotras	íbamos
tú	ibas	vosotros vosotras	ibais
él ella usted	iba	ellos ellas ustedes	iban

ver

yo	veía	nosotros nosotras	veíamos
tú	veías	vosotros vosotras	veíais
él ella usted	veía	ellos ellas ustedes	veían

b. **Completa el texto de las costumbres alimenticias de los aztecas.**

Los aztecas .... (almorzar) y .... (comer), no .... (desayunar). Su primera comida del día .... (ser) a media mañana. A mediodía se .... (comer) abundantemente, en general tortillas y frijoles con mole, a veces tamales y raramente carne. No .... (haber) cena, solo para los ricos. Todas las comidas .... (ir) acompañadas de agua. Solo los ancianos .... (poder) beber alcohol en ocasiones.

(Texto ligeramente adaptado de: http://blogs.ua.es/aztecasml/2012/01/25/costumbres-alimenticias/)

6.5 Festividades y tradiciones
Escuchamos

a. **Mira el siguiente video y contesta.**

https://www.youtube.com/watch?v=2FDG7T0of8M

Palabras de búsqueda:

Agridulce celebración de la Independencia de México

1. ¿Qué ves en el video? ¿Qué se celebra?

2. What is the mood of this video? How do you know?

3. ¿Hay en tu país también una fiesta nacional o "día patrio"? ¿Cuándo es?

Criterio **Ai**

Criterio **Aii**

16 De Septiembre
— INDEPENDENCIA DE MÉXICO —

Contexto

b. **Mira las fotos de las siguientes festividades. En grupos, investiguen y contesten las preguntas:**

1. ¿Dónde se celebra?

2. ¿En qué fecha se celebra?

3. ¿Qué se celebra?

La Fiesta de los muertos

La Tomatina

Las Fallas

Las Fiestas de San Fermín

Inti Raymi

La Semana Santa

b. Van a investigar ahora una de las siguientes tradiciones.

Tradiciones declaradas Patrimonio Cultural de la Humanidad por la UNESCO

- Parachicos (Chiapa de Corzo, México)
- El Carnaval de El Callao (Venezuela)
- La Rumba cubana
- El Pujllay y el Ayarichi: músicas y danzas de la cultura yampara (Bolivia)
- La danza del wititi del valle del Colca (Perú)
- El baile chino (Chile)
- El Vallenato (Colombia): género musical
- El flamenco (España)
- Baile de Tijeras (Perú)

- Los "castells" (Cataluña, España)
- El tango
- El silbo gomero (Islas Canarias, España)
- Música de marimba (Colombia y Ecuador)
- La ceremonia ritual de los Voladores (México)
- Carnaval de Barranquilla (Colombia)
- Carnaval de Oruro (Bolivia)
- La Tumba Francesa (Cuba)
- La fiesta de los patios (Córdoba, España)

Paso 1: Tuning In: *¿Qué te preguntas?*

- What do you wonder about this festival?
- What do you wonder about the meaning of this festival?
- What do you already know about this festival?
- Write down some quick notes in your notebook.
- Based on the conceptual questions of this unit, write your own question to guide your research (this is the most important step!).
- Predict an answer to your question.

¿ Pregunta conceptual

¿Cómo nos identificamos con la cultura y sus celebraciones?
¿Cómo representan los festivales los valores de una sociedad?

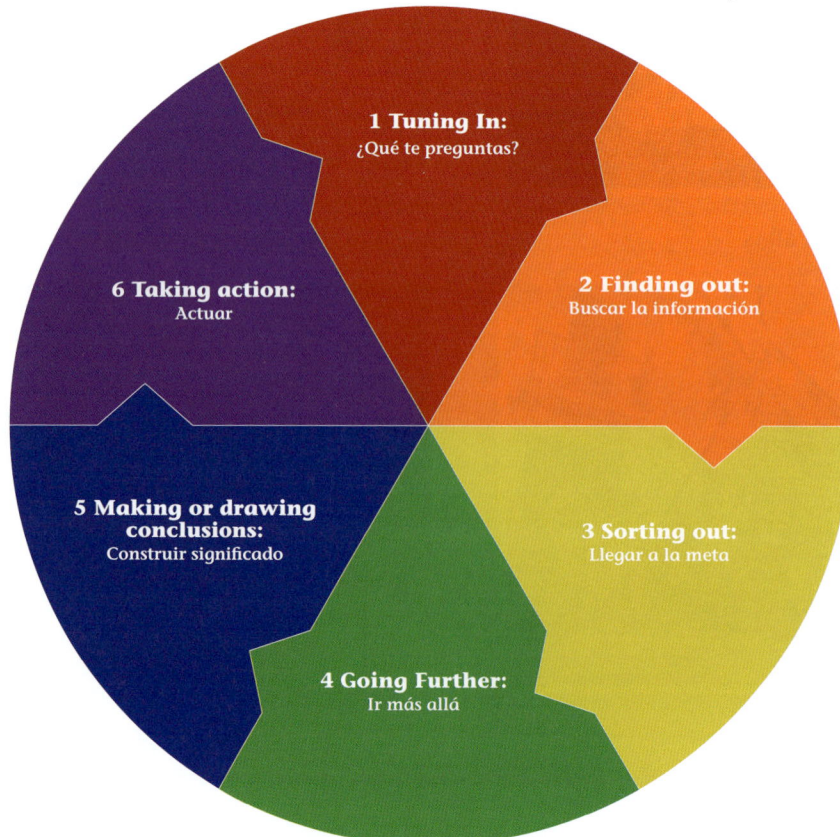

1 Tuning In:
¿Qué te preguntas?

2 Finding out:
Buscar la información

3 Sorting out:
Llegar a la meta

4 Going Further:
Ir más allá

5 Making or drawing conclusions:
Construir significado

6 Taking action:
Actuar

Paso 2: Finding out: *Buscar la información*

- Find a minimum of four sources to help you find out information:
  - One video (such as from YouTube)
  - One website in English
  - One website in Spanish
  - One printed source in either English or Spanish
- Make sure that your sources are reliable (check with your teacher and media specialist or librarian about how to do this).
- Check to make sure that your information is correct.
- Use note cards to write down the information that you find from your sources. Use different coloured cards for each source or put a number on the card to refer to the source where you found the information.

Paso 3: Sorting out: *Llegar a la meta*

- On a large piece of paper, write your research question in the middle of the paper. Draw 3 large circles around it.
- Read the information on your cards. If the information is very relevant to answering your question, put the card in the center circle. If it is completely irrelevant, put it outside at the edges of the paper. If it is relevant, decide if it is a main idea or supporting detail. Put main ideas closer to the center and details further to the outside.
- Try to make some connections between your information and how to answer your research question.

Paso 4: Going further: *Ir más allá*

- As you review the information that you have, do you have more questions? Does the information you found refer to something that you don't know about?
- Make a personal connection with the information that you have researched. Write your reactions on cards as well.
- Summarize your data.

Paso 5: Making or drawing conclusions: *Construir significado*

- Now take the information and answer your research question.
- Review all the information in light of your conclusion. Does everything still fit together well?
- If not, go back and rework your conclusion.

Paso 6: Taking action: *Actuar*

- Determine the best way to present your information.
- Share your findings with your class.
- Reflect on the process.

Conexión interdisciplinaria: Individuos y Sociedades / Ciencias

Any kind of research requires the same procedure. First of all, you need to start by identifying your previous knowledge of the topic. Once you have identified your research question, you may have a hypothesis about the answer. To check that hypothesis you need to research and collect data. That data should be compared with your previous knowledge and hypothesis; maybe it will give you more ideas and you will find out something new. You will have to come to your own conclusions by answering your research question. We can also call this procedure the "scientific method", and it applies to any kind of investigation. Have you done this in your Science class? Where do you get your data there? What about in Individuals and Societies? Do you think that the previous activity could also be done in that subject?

ATL Pensamiento – Habilidades de transferencia

The knowledge and skills that you have gained in other subjects can be applied to Language Acquisition. Cultural celebrations and traditions are something that you may study in other subjects, even the methodology of getting new information is the same. What is new for Spanish? Of course the way you understand texts in Spanish and the way you present all this information in the new language; for instance, the way you communicate the ideas to your audience.

6.6 El mosaico de culturas: La fiesta de la clase de español

Vamos a celebrar una fiesta en la clase. El tema es el mosaico de culturas. Vamos a celebrar la diversidad cultural de los países de habla hispana y también la diversidad cultural de la clase.

Propósito

- Forma un grupo encargado de la publicidad.
- Anuncia tu festival en pósteres, tableros de anuncios del colegio u otras formas de comunicación.

Invitados

- ¿A quiénes vas a invitar? ¡Escríbeles invitaciones personales!
- Comunica bien el propósito a los invitados; también, si es necesario que lleven ropa especial o traigan objetos o comida, etc.
- Incluye toda la información necesaria para asistir al festival:
  - Cuándo (la fecha y la hora)
  - Dónde
  - Por qué se celebra (el propósito)
  - Si los invitados necesitan traer algo especial

Las actividades

- Forma un grupo de personas para planear las actividades relevantes.
- Acuérdate de relacionar las actividades con su propósito.
- Busca los materiales que se necesitan para las actividades.
- Dirige las actividades de tus compañeros de la clase durante el festival.

La comida y las bebidas

- Forma un grupo para planear las comidas y bebidas.
- Acuérdate de relacionar las comidas y bebidas con el propósito.
- Decide quiénes van a traer qué comida o bebida.

¡Celebra!

¡Que se diviertan!

Evaluación sumativa

Mira el video y contesta las preguntas.

https://www.youtube.com/watch?v=8hSuUrK53io

🔍 **Palabras de búsqueda:**

Jorge Celedón, Jimmy Zambrano – La invitación

Aspecto i

1. ¿Qué país es el que aparece en el video?

2. ¿Cuál es el mensaje principal?

3. Escribe seis elementos típicos de una fiesta o celebración que aparecen en el texto oral y visual.

4. Elige las fiestas típicas y lugares del país que se mencionan en el video.

- ☐ el carnaval de Barranquilla

- ☐ la fiesta de los muertos de Oaxaca

- ☐ fiesta del Vallenato   ☐ feria de las flores de Medellín

- ☐ las fallas de Valencia   ☐ las playas de Cartagena

5. ¿Qué son las siguientes cosas? Identifícalas en el video y relaciona.

El café	danza
La cumbia	bebida
El aguardiente	comida
Las arepas	

Aspecto ii

6. ¿Qué tipo de texto es?

- ☐ un anuncio de la televisión

- ☐ un videoclip de música

- ☐ un videoblog de YouTube

7. What are the features of the visual and spoken text that help to achieve its purpose?

8. Why do you think that this text is typical of the culture that it represents?

Aspecto iii

9. ¿Te imaginas este video representativo de tu país? ¿Por qué?

10. ¿Te gustaría visitar el país? ¿Qué te gustaría hacer allí? Basa tu respuesta en la información del texto (lo que ves y escuchas).

www.miblogdeviajes.mx

Publicado el miércoles, 14 de febrero de 2017

¡Hola amigos!

Os escribo esta vez de una fiesta que me ha llamado mucho la atención. La semana pasada tuve la gran oportunidad de viajar a Isla Cristina, un pueblo en la provincia de Huelva, en España. Había oído hablar de sus carnavales y de lo divertido que son, pero ahora puedo decir que son ¡super divertidos! Lo que más me sorprendió es que todo el pueblo lo disfruta.

Primero, había un concurso de agrupaciones que cantaban. El sábado era la Gran Final en un teatro del pueblo. Había modalidades de comparsas, murgas y coros. Después del concurso, por la noche la gente se reunía en la calle y cantaban canciones. Se cantaba el Himno al Carnaval y el Himno del pueblo. Toda la gente estaba disfrazada con disfraces de todo tipo. Había también muchos grupos.

Al día siguiente, el domingo, era el día de la Gran Cabalgata. Este año había grupos invitados de muchos países de Latinoamérica. Había mucho color y música. Los disfraces eran muy bonitos.

El lunes y el martes también había mucha gente disfrazada por las calles. La mayoría de los grupos eran muy divertidos. ¡Qué originales y creativos! El mejor día para mí era el miércoles, que se llama Miércoles de Ceniza. Durante ese día todas las personas se vestían de viudas (¡sí, viudas!). Pero no eran viudas tristes, eran viudas alegres. Todo simbolizaba la muerte y el entierro de una gran sardina, un pescado típico de allí. En la playa después había fuegos artificiales.

Oficialmente las fiestas del Carnaval acaban el miércoles pero mucha gente de Isla Cristina se sigue disfrazando el fin de semana siguiente. El último domingo es el Domigo de Piñatas. Había una gran piñata en una plaza del pueblo y era muy interesante ver como la rompían.

Me he divertido mucho. La comida era buenísima, con mucho pescado y marisco de la zona. Si tenéis la oportunidad, tenéis que ir a este pueblo. Estoy seguro de que voy a repetir esta experiencia.

Un abrazo y ¡hasta la próxima entrada!

Aspecto i

1. Busca un título para este texto.

    a. El día de los muertos en Huelva, España

    b. El Carnaval de Isla Cristina, España

    c. La sardina, una comida muy especial de Isla Cristina, España

2. Pon en orden cuándo pasan estos eventos.

    ☐ el entierro de la sardina

    ☐ el concurso de comparsas, murgas y coros

    ☐ el domingo de Piñatas

    ☐ se canta el himno del Carnaval

3. ¿Verdadero (V) o falso (F)? Marca y justifica tu respuesta.

	V	F
Cuando termina el concurso, la gente se va a sus casas.		
Como invitados para la cabalgata, había grupos de América Latina.		
El lunes y el martes la gente no se disfraza.		
Durante el entierro de la sardina, las viudas están contentas.		
La especialidad de comida del pueblo es el pescado y el marisco.		

Aspecto ii

4. ¿Cuál es la intención o propósito de este texto?

5. ¿Por qué aparecen las fotos al lado del texto escrito?

6. ¿Qué características del texto te hacen pensar que es una entrada de blog?

Aspecto iii

7. ¿Conoces una fiesta parecida a esta? ¿Qué es igual? ¿Cuáles son las diferencias?

8. ¿Te gustaría participar en esta celebración? ¿Por qué?

9. ¿Te imaginas esta celebración en tu país o cultura? ¿Por qué?

Mantén una conversación con tu profesor sobre el siguiente tema.

Tenemos que mantener las tradiciones de nuestro país porque es parte de su identidad cultural.

En tu colegio se ha celebrado la semana internacional de las culturas. Escribe un artículo para la revista de tu colegio sobre este evento y sobre cómo se ha representado la cultura de tu país.

⭕ Reflexión

Find the activities where you have practiced the objectives of this unit, reflect on your learning and complete the table:

	😊	😕	😟
preguntar y responder cuándo es el cumpleaños			
reconocer y usar los pronombres de objeto			
describir fiestas personales			
hablar de las comidas y bebidas típicas			
identificar los ingredientes básicos de la comida de una cultura			
describir hábitos y costumbres en el pasado			
reconocer y usar las formas del pretérito imperfecto			
investigar, evaluar y hacer una presentación sobre alguna festividad o tradición del mundo hispanohablante			
explicar en qué consiste una celebración o una tradición			
organizar una fiesta en la clase de español			

Reflect on the Statement of Inquiry of the unit

Nuestro conocimiento de la diversidad cultural se desarrolla cuando comprendemos el significado de las tradiciones culturales en diferentes contextos.

Understanding the meaning of cultural traditions in different contexts will develop our knowledge of cultural diversity.

Are you able to connect this statement with the tasks of this unit? Find activities where

- you get to know different cultural traditions

- you reflect on the meaning of those traditions

- you develop an understanding of cultural diversity.

💭 Reflexión

Think back over your learning in this unit. Draw a few bridges to represent your learning. The first pillar shows what you *used to think before this unit*. The second pillar represents what you *now* know, understand, or can do. Think about what created the bridge to help you cross from one side to the other.

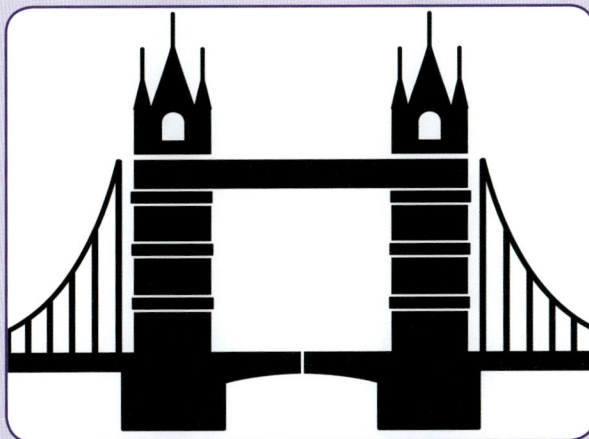

Before   Now

Spanish-speaking cultures are so diverse that we don't expect you to know every tradition and celebration. However, you need to create an awareness of that diversity and to be able to accept and respect the differences with an open mind.

Pregunta debatible

¿Son las tradiciones necesarias?

La vida sana

Contexto global
Identidades y relaciones

Conceptos relacionados
Convenciones, estructura

Concepto clave
Comunicación

Perfil de la comunidad de aprendizaje
Equilibrados, informados e instruidos

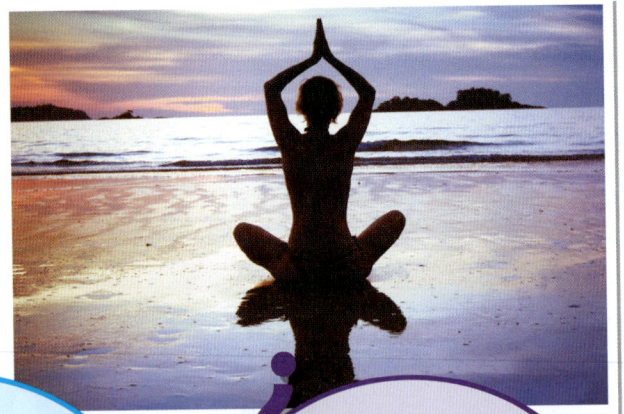

Pregunta fáctica

¿Cómo influye nuestro estilo de vida en la salud?

¿Cómo comunicamos información relacionada con la salud?

Pregunta conceptual

¿Por qué existen convenciones sociales relacionadas con la salud?

Pregunta debatible

¿Quiénes son los responsables de nuestros malos hábitos de vida y nuestro bienestar?

Enunciado de indagación

Comunicamos cómo nuestros estilos de vida influyen en la salud usando convenciones textuales y estructuras lingüísticas determinadas.

Al final de esta unidad, vas a poder…	
⊘	mencionar las partes del cuerpo humano
⊘	dar instrucciones
⊘	usar el imperativo en afirmativo
⊘	expresar los estados de ánimo
⊘	expresar dolores del cuerpo y usar el verbo "doler"
⊘	reconocer cuáles son los alimentos sanos
⊘	identificar las consecuencias de una mala alimentación
⊘	explicar la función de algunos órganos del cuerpo humano
⊘	practicar estrategias de autogestión para conseguir un buen estado para aprender
⊘	explicar en qué consiste llevar una vida sana y equilibrada
⊘	dar consejos y recomendaciones

7.1 Mueve tu cuerpo

a. **Mira el dibujo de las partes del cuerpo. ¿Puedes completar las partes del cuerpo que faltan?**

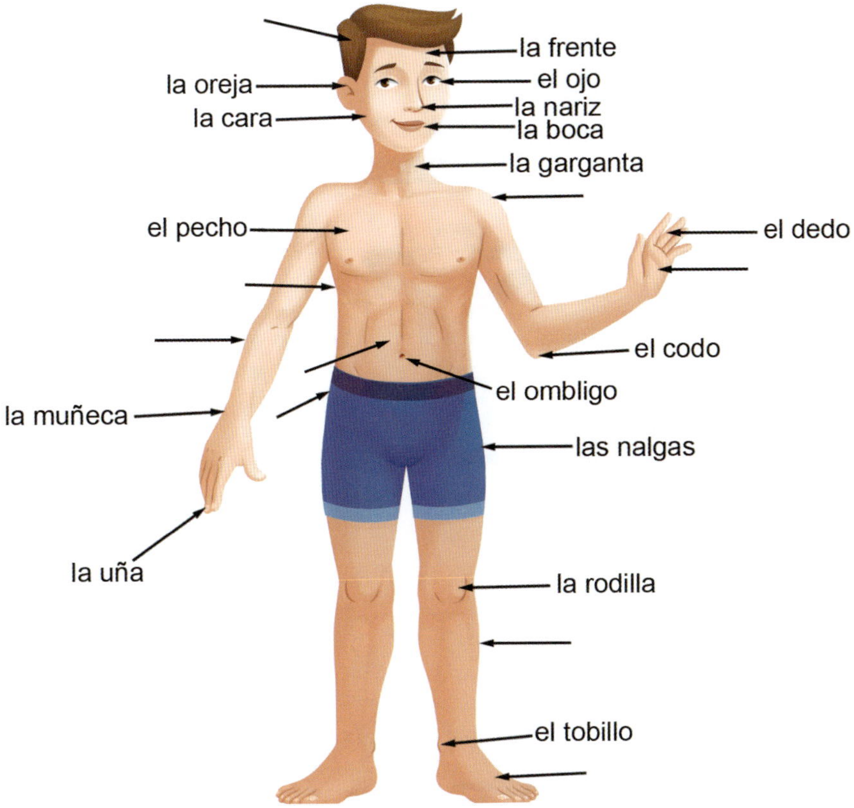

la frente
la oreja
el ojo
la cara
la nariz
la boca
la garganta
el pecho
el dedo
el codo
el ombligo
la muñeca
las nalgas
la uña
la rodilla
el tobillo

b. **¿Sabes jugar a "Simón dice"? Juega usando las partes del cuerpo.**

Ejemplo:

Simón dice: ¡Tócate la nariz!

c. **Mira los movimientos de la clase de yoga. Realiza los movimientos en clase con tus compañeros/-as.**

1. Acuéstate en el suelo. Relaja tu mente y piensa en algo positivo.

2. Siéntate en el suelo y junta tus piernas y manos. Respira profundamente.

3. Estira las piernas y pon los brazos detrás de la cabeza, gira lentamente la cabeza a la izquierda y después a la derecha.

4. Ponte de pie y pon los brazos en la cintura. Sube la pierna derecha y bájala. Repite lo mismo con la pierna izquierda.

Lengua

Estructura

El imperativo

Find the verbs (action words) that accompany the pictures on the previous page. Can you find out what their infinitive forms are? Which verb tense do you already know that looks similar to this? This form is the command form in Spanish. It is used to give instructions, but depending on the context also orders, advice or recommendations.

The *tú* form (informal) is exactly the same form as the third person singular of the present tense. For the *usted* form (formal) you need to look at this:

- Verbs finishing in *-ar* change the ending to **-e**.

  respir**ar** ⟶ respir**e**

- Verbs finishing in *-er* or *-ir* change the ending to **-a**.

  sub**ir** ⟶ sub**a**

Some verbs have an irregular form. Can you find one irregular form in the text?

These are the irregular forms:

(tú) **di, pon, sal, ven, ve, haz, sé, ten**

(usted) **diga, ponga, salga, vaya, venga, vaya, haga, sea, tenga**

Write down their infinitives in your notebook.
Try to find a strategy for memorizing these forms!

If the verb is reflexive, you just have to add the reflexive pronoun to the verb:

acost**ar***se* ⟶ acuésta*te* (tú) acuéste*se* (usted)

When writing them don't forget to add the accent (*tilde*) on the second last syllable.

d. **¿Puedes inventarte dos o tres movimientos de yoga más?**

tocar   mover   abrir   cerrar

subir   bajar   mirar

7.2 ¿Cómo te sientes?

a. Con un compañero/-a escribe frases explicando cuándo te sientes así.

Ejemplo:

Me siento estresada cuando tengo muchas tareas sumativas en el mismo día.

Me siento...

Mal		Bien	
	de mal humor		de buen humor
	cansada		llena de energía
	deprimida		contento
	triste		feliz
	estresada		relajado
	inseguro		segura
	aburrida		emocionado
	enfermo		sana

◯ Hablamos

b. ¿Cómo estás hoy? Pregunta a tus compañeros/-as. Cuidado con el masculino o femenino.

c. **Lee el texto y contesta.**

Tanmay: ¡Ay! Me duele mucho la cabeza hoy.

Seung Hoon: ¡Qué pena! ¿Sabes por qué te duele la cabeza?

Tanmay: No lo sé. También me duele un poco la garganta.

Seung Hoon: Vaya. Probablemente tienes la gripe, como yo tenía la semana pasada.

Tanmay: ¡No me digas! No me gusta estar enfermo.

Seung Hoon: ¿Sabes? Debes ir al médico.

Tanmay: Pues tienes razón. Voy a ir esta tarde.

1. ¿A quién le duele la cabeza?

2. ¿Quién está enfermo?

3. ¿Quién estaba enfermo la semana pasada?

4. ¿Adónde debe ir Seung Hoon para estar sano?

5. ¿A ti te gusta estar enfermo? ¿Por qué? ¿Cómo te sientes?

Criterio Bi

Pregunta fáctica

¿Cómo comunicamos información relacionada con la salud?

Lengua

Convenciones

¿Cómo se hace referencia en español a las partes del cuerpo?

¿Cómo se hace referencia al dolor del cuerpo?

Ahora, compara estas frases:

- Me duele la cabeza.
- Yo tengo mi lápiz.
- ¿Te duele la garganta?
- ¿Tienes tu lápiz?

Compara también las frases siguientes:

- *Me duele el pie.*
- *Me duelen los pies.*
- *Te duele la mano.*
- *Te duelen las manos.*
- *A Jorge le duele el brazo.*
- *A Jorge le duelen los brazos.*

El verbo que aparece aquí es *doler*.

¿Puedes encontrar una regla para la forma de referirse a las partes del cuerpo? ¿Tienes idea de por qué es así?

Trata de usar tu regla. ¿Cómo se dice en español lo siguiente?

- *My stomach hurts.*
- *My feet hurt.*
- *Does your head hurt?*
- *Her throat hurts.*

d. **Escribe una frase indicando a quién le duele la parte del cuerpo de la ilustración.**

Ejemplo:

a Felipe, el

A Felipe le duele el dedo.

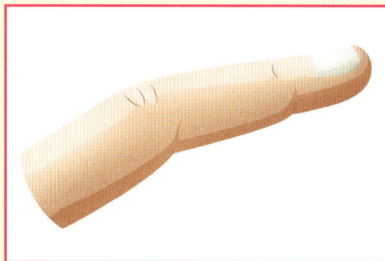

1. a mí, la

2. a ti, la

3. a María, la

4. a Manuel, la

5. a mí, los

6. a Pedro, los

7. a ti, las

8. a Julia, los

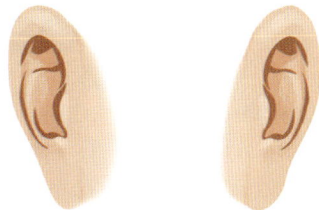

⬭ Hablamos

Comunicación – Habilidades de comunicación

The effective use of modes of non-verbal communication is a part of our interaction. We can exchange thoughts, messages and information using our body language. We need to show empathy with people who speak to us in order to understand their feelings and what they want to communicate to us.

Although expressing pain is something that we as humans do instinctively, the expression of some feelings is not easy to understand. Why do you think that is? Do you think this is due to culture? Do we express our feelings in a different way depending on our culture?

e. **Formen dos grupos en la clase. Un grupo hace un círculo, mirando hacia afuera. El otro grupo se pone cara a cara frente a una persona del primer círculo, haciendo un segundo círculo. La persona a quien miras es tu pareja.**

Empieza con la persona del círculo interior. Imagínate que eres hipocondríaco. Un hipocondríaco es una persona que se imagina que tiene muchos problemas de salud. Luego, señala una parte de tu cuerpo y grita "¡AAAYYY!". Tu compañero responde con una pregunta que indica esta parte de tu cuerpo. Por ejemplo:

Dong Ho: (*señala la pierna*) ¡AAAYYY!

Kiran: ¿Te duele la pierna?

Dong Ho: Sí, me duele la pierna.

Kiran: ¡Pobrecito!

Dong Ho: (*señala al oído*) ¡AAAYYY!

Kiran: ¿Te duelen las orejas?

Dong Ho: ¡NOOOOO! ¡AAAYYY!

Kiran: ¿Te duelen los oídos?

Dong Ho: Sí, me duelen los oídos.

Kiran: ¡Qué lástima!

Continúa haciendo la actividad durante 45 segundos. Luego la persona en el círculo exterior pasa a ser el hipocondríaco. Después de otros 45 segundos, el círculo interior se mueve dos personas a la izquierda. La nueva persona con quien estás cara a cara es tu nuevo compañero o compañera para hacer la actividad otra vez.

7.3 Alimentación sana

📖 Leemos

a. **Lee el siguiente texto y contesta las preguntas.**

San Vicente de Paul

San Vicente de Paul

Estimados padres:

Estamos en medio del curso escolar y ya notamos en el colegio lo ocupados que están los estudiantes. Uno de mis objetivos de este año es estar más presente en las clases y cuando observo la actitud de los profesores y alumnos me llena de satisfacción ver la buena dinámica de clases y la actitud tan positiva y activa de nuestros estudiantes.

El lema de nuestro colegio este año es "una vida equilibrada". Es nuestra misión que los alumnos hagan deporte y que mantengan una dieta sana y equilibrada. Lamentablemente, no siempre los estudiantes comen alimentos muy saludables durante los recreos. Es por ello por lo que debemos recordarles las siguientes medidas:

- Para el recreo tienen que traer comida sana. Recomendamos verduras, frutas, yogur, queso o pan.

- La compra de todo tipo de dulces, golosinas o productos de pastelería industrial está prohibida en el colegio.

- La compra de gaseosas o refrescos azucarados también está prohibida. Recomendamos el consumo de agua o jugos de frutas.

Pensamos que un buen desarrollo personal y académico está relacionado con una vida sana. Y la alimentación es una parte fundamental.

Quedo a su disposición y les mando un cordial saludo.

Atentamente,
Ricardo Fernández del Monte
Director del colegio particular San Vicente de Paul

¿ Pregunta conceptual

¿Por qué existen convenciones sociales relacionadas con la salud?

---

1. Elige cuál es la idea principal del texto.

Criterio **Bi**

   a. Los estudiantes del colegio tienen que comer comida sana.

   b. Los padres de los estudiantes del colegio no llevan una vida sana.

   c. Los estudiantes del colegio no hacen mucho deporte.

2. ¿Cuáles de estos alimentos pueden llevar los alumnos al colegio?

3. ¿Crees que esta carta es formal o informal? ¿Por qué? Busca características del texto.

Criterio **Bii**

4. ¿Quién es el autor del texto? ¿Cuál es su intención?

5. ¿Tú qué comes en los recreos de tu colegio? ¿Crees que es saludable?

Criterio **Biii**

6. ¿Estás de acuerdo (*do you agree*) con la decisión del director del colegio? ¿Por qué?

b. **Con un compañero/-a completa el asociograma con el vocabulario relacionado con la alimentación. Puedes trabajar con el diccionario.**

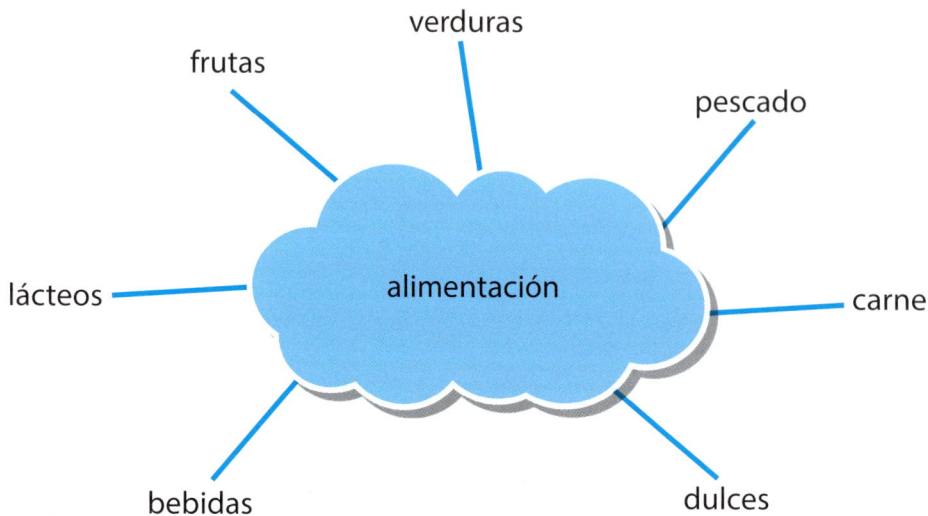

🔊 Escuchamos

c. **Mira el video y contesta las preguntas.**

https://www.youtube.com/watch?v=R9z7_3122Lg

🔍 **Palabras de búsqueda:**

Obesidad infantil

1. ¿Qué tienen para comer los niños durante el recreo?

Criterio Ai

2. ¿Qué comida es más sana?

3. ¿Crees que la comida que compra el niño a la salida del colegio es sana?

4. ¿Qué comida comen en la casa de Samuel?

5. ¿De qué está enfermo el papá de Samuel?

6. ¿Cuál es la intención de este video?

Criterio Aii

7. ¿Tú qué comida prefieres? ¿Y qué comida comes más?

Criterio Aiii

▶ ◼ ◼

7.4 Nuestro cuerpo, divino tesoro

a. **Busca en la sopa de letras las palabras.**

1. I am cold: Tengo…

2. I am hot: Tengo…

3. I am sleepy: Tengo…

4. I am tired: Estoy…

5. I have a fever / temperature: Tengo…

6. I am hungry: Tengo…

7. I am thirsty: Tengo…

8. I am sick: Estoy…

9. I have a cold: Estoy…

```
U S D F R I O J K L M N O P Q R S T U V W X Y Z A B R D
E F G H I J K L M N U V W X Y C A L O R Z A B C D G S F
G C A N S A D O S I J Q R S T U V S G H U J K H D M B R
E R S T U V W X Y Z A B C F I E B R E D E E G H I E K L M
N O P Q R R Z A B C D E F N H I J Ñ P S G D O P Q R S T
U V H A M B R E W X Y Z A B C D E F G O I J K L O M N
E N F A R M G V D S R E S G R I M D O P S U E Ñ O Z C B
M X V N A F H K S E D W R Y M B R E R Z A B C D E F N
H I J G P S G D S P D O P Q R S T U V W X Y Z A B C D E
E N F E R M O F G O I J K L O M N V D S R E S S R Q A D
O P S D G J L Z C B M X V R E S F R I A D O G S T O P N
```

🔗 Conexión interdisciplinaria: Ciencias

The way we feel depends on external circumstances like the weather or the pollution outside. However, we are sometimes sick because we have not eaten or drunk properly or because we have not done enough physical exercise.

Do you know the names for the organs inside your body in Spanish? We suggest you do the following activity which you can easily link to your Science class. In learning their function, you need to keep in mind that you should lead a healthy life so these organs are also healthy.

¿ **Pregunta fáctica**

¿Cómo influye nuestro estilo de vida en la salud?

b. **En esta actividad puedes ver unos videos de Zamba y sus aventuras. Divídanse en cuatro grupos. Cada grupo se encarga de conocer las funciones de las siguientes partes del cuerpo: el cerebro, el corazón, el esqueleto y los músculos.**

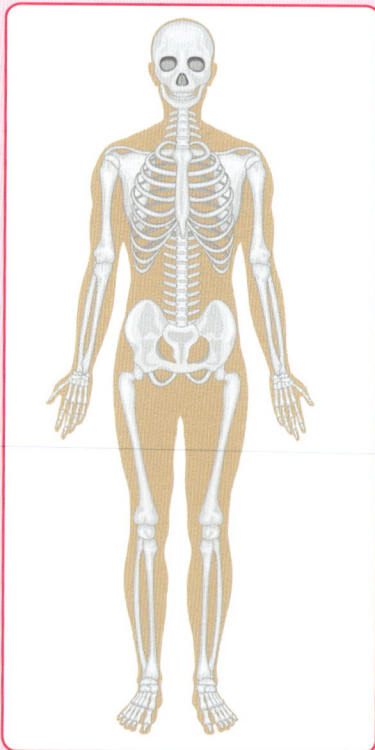

el esqueleto (los huesos)   los músculos

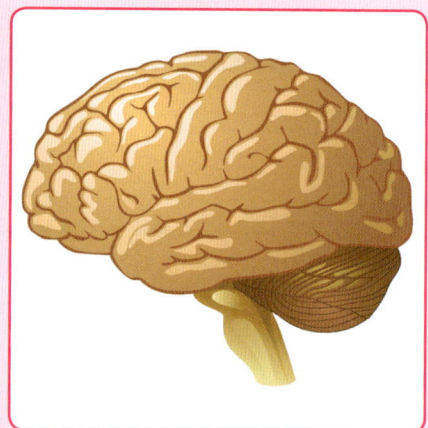

el cerebro

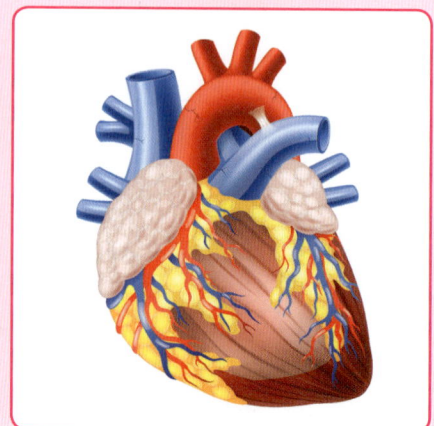

el corazón

En tu grupo, mira el video de Zamba que explica la función de la parte del cuerpo que te corresponde. Por ejemplo:

Zamba – Excursión al cuerpo humano: el cerebro

https://www.youtube.com/watch?v=hJLP_gTL4B4

🔍 **Palabras de búsqueda:**

corazón – esqueleto – músculos

▶ ■ ■

Actividad de especialización

1. En tu grupo, mira el video de Zamba correspondiente.

2. Escribe las ideas principales de la función de la parte del cuerpo que corresponde a tu grupo.

Criterio Ai

3. Escribe una lista del vocabulario más importante (5–7 palabras).

4. Practica cómo explicar la función con los miembros de tu grupo.

5. Forma nuevos grupos, cada uno con un miembro de los grupos del cerebro, del corazón, del esqueleto y de los músculos.

6. Cada miembro explica la función de su parte del cuerpo.

7. Luego, vuelvan a los grupos originales.

8. Un grupo puede hacer preguntas a los otros grupos. Por ejemplo, el grupo del cerebro puede hacer preguntas al grupo del esqueleto sobre la función del cerebro.

9. ¿Comprenden todas las personas de la clase las funciones de estas cuatro partes del cuerpo?

Criterio Ci, Ciii

10. Finalmente, todas las personas de la clase deben escribir individualmente cuáles son las funciones del cerebro, el corazón, el esqueleto y los músculos. Hay que escribir frases completas.

ATL Sociales – Habilidades de colaboración

In order to work in groups it is necessary to negotiate the objectives of the task. Who in the group is going to do what? Is somebody going to be the leader? Who is taking the notes? Who is going to be the representative of the group in sharing its ideas with the other groups or the rest of the class?

Collaboration means learning from each other. Sharing is the key! Once the individual tasks for the group work have been settled, the final joint product will be a success!

7.5 Equilibrio anímico

🔊 Escuchamos

---

a. **¡Ponte ropa de deporte y mira lo que tu cuerpo puede hacer!**

No importa si no haces los movimientos exactamente como en el video. Lo importante es sentir lo fuerte y capaz que es tu cuerpo.

Video: *Energía – Baile Latino (Programa 1)*

https://www.youtube.com/watch?v=_I3rxliySPw

▶ ◼ ◼ ━━━━━━━━━━━━━━━

---

b. **¿Cómo te sientes después de hacer estos ejercicios?**

ATL | Autogestión – Habilidades afectivas

We're not always in the mood for doing things. We all have bad days (due to stress at school, issues at home or with friends or being sick…). Here are a few suggestions for strategies which may help to solve these issues so you are in a good mood.

- Practice mindfulness. This activity can help you increase your attention span and concentration. It is a great way to connect your body with your mind.

Respira. Busca en YouTube el siguiente video:

Mindfulness 3 minutos

https://www.youtube.com/watch?v=0eiQQL4cWIM

También puedes usar otro video para respirar y calmarte.
Pasa tres minutos preparándote para la clase.

- Use quiet, relaxation or classical music, e.g. www.calm.com

- Think before you act. Take time to reflect. Sometimes our impulses are not the right way to act.

- Have breaks during long tasks. Every 25 minutes you should have a break of five minutes. Go for a walk and drink some water.

- Do not use your phone or social media while you are working! Set aside other time for that.

- Sleep and eat well. Try to sleep at least nine hours. Your body needs it.

📖 Leemos

c. **Lee el texto y contesta las preguntas.**

Queridos alumnos y padres:

Como consejera del colegio es mi deber mantener la felicidad y el bienestar de la comunidad. Tenemos el privilegio de estudiar en un colegio excelente donde los alumnos sacan buenas notas y aprenden a través de la experiencia. Pero a veces me pregunto, ¿somos realmente felices?

Diariamente vienen a mi despacho estudiantes porque se sienten como en su casa. Mis puertas están abiertas para todos y es un placer ver que se sienten a gusto. Uno de los grandes problemas que observo es el tiempo que los estudiantes pasan delante de una pantalla (no solo el ordenador, sino que también los celulares). A veces nos olvidamos de que estos son un medio para aprender (¡y también pasarlo bien!), pero el problema es que no tenemos límites. No vamos a prohibir el uso de esta tecnología porque es parte de nuestra vida cotidiana. Pero en este artículo me gustaría reflexionar sobre el uso que hacemos de la tecnología y el tiempo que estamos con ella.

¿Cómo te sientes después de hacer deporte? ¿Cómo te sientes después de hablar "personalmente" con tus amigos y familia? ¿Cómo te sientes después de dar un paseo y observar "la realidad"?

Mi intención con este artículo es que apreciemos todo lo que tenemos y lo que nos hace seres humanos. Después de leer esto, cierra los ojos y reflexiona. ¿Cuáles son tus prioridades? ¿Cuáles son las diferencias entre mandar un mensaje online y hablar directamente con la persona? ¿Qué es mejor?

Para mí, la clave está en el equilibrio. ¡Ven a mi despacho y háblame en persona! Si lo haces, seguro que sales con una sonrisa y lleno de felicidad.

Mariana Rivera

1. ¿Cuál es el problema principal de los estudiantes?

   Criterio Bi

2. ¿Qué prefiere la autora del texto, la comunicación en línea o en persona?

3. ¿Quién escribe el texto?

4. ¿A quién va dirigido el texto?

   Criterio Bii

5. ¿Dónde puedes leer este texto?

6. ¿Cuál es la intención de este texto?

7. ¿Te sientes identificado/-a con el texto? ¿Por qué? ¿Cuál es tu actitud ante el uso de las nuevas tecnologías?

   Criterio Biii

8. ¿Te gustaría visitar a esta consejera? ¿Por qué?

○ Hablamos

d. **Con un compañero/-a inventa una conversación entre la consejera del colegio y un estudiante. Toma las ideas del texto y da consejos.**

Criterios C y D

Pregunta debatible

¿Quiénes son los responsables de nuestros malos hábitos de vida y nuestro bienestar?

Lengua

✷ Convenciones

¿Cómo damos consejos a los otros?

Es importante ir a la cama.

Es necesario beber mucha agua.

Es mejor tomar una aspirina.

Es obligatorio descansar.

Es preferible ponerte esta crema.

Es aconsejable tomar unos antibióticos.

Hay que tomar caldo de pollo.

Más vale llamar a la ambulancia.

The problem with the sentences above is that they are very general recommendations. They certainly give my friend the impression that if I say "It is important to go to bed", I am not speaking about my friend.

If we use the words *deber* (should), *necesitar* (need to), *tener que* (have to), then I can be more precise with my advice for my friend.

Debes ir al médico.

No debes asistir al colegio.

Necesitas llevar la receta de la medicina a la farmacia.

No necesitas hacer la tarea para hoy.

Tienes que llevar la receta.

No tienes que llamar al médico.

e. **En grupos, hagan pósters para la clase con consejos para llevar una vida sana y con éxito en el colegio.**

Escribimos

Convenciones, estructura

f. **Escribe un artículo para la revista de tu colegio sobre la necesidad de llevar una vida sana y equilibrada. Ten en cuenta:**

Criterios C y D

- Las convenciones textuales de un artículo:

  ➤ ¿Quién es el destinatario?

  ➤ Divide el texto en párrafos (una pequeña introducción, el cuerpo y la conclusión).

- Usa ejemplos de tu propia experiencia (actividad física, alimentación sana y equilibrada, estado de ánimo…).

- El uso de las estructuras de lengua: puedes usar el imperativo u otras estructuras para dar consejos.

7.6 Una clase sana

a. Practica con tus compañeros/-as las siguientes actividades.

1. Trabaja con un compañero/-a. Imagínate que la espalda de tu compañero/-a es una pizza que tienes que preparar. Para ello tienes que amasar la masa de la pizza. Haz un masaje en la espalda para preparar la masa. Pon después la salsa de tomate por toda la espada. Ten imaginación para poner "los ingredientes" que te gustan. Puedes poner:

- Salami: da golpecitos en la espalda para poner "el salami"

- Anchoas: pon las "anchoas"

- Aceitunas u olivas: ¿te gustan las aceitunas?

- ¿Prefieres otro tipo de verdura?

Pon la pizza en el "horno". No olvides, estás jugando con la imaginación, lo importante es mover y estirar los brazos.

¿Cómo te sientes después de preparar "la pizza"? ¿Y tu compañero/-a "pizza"?

2. Imagínate que llevas en tu espalda un gran saco de arena. El saco es pesado, muy pesado. Casi no puedes caminar y estás cansado. Pero el saco está roto. Tiene un pequeño agujero por donde empieza a salir la arena. Cada vez el saco pesa menos, pero la arena cae por tu cuerpo. Es una sensación extraña y empiezas a mover tu cuerpo porque no quieres tener la arena en tu cuerpo. Al final el saco está vacío, ya no tiene arena pero tu cuerpo está lleno de arena. Haz movimientos para quitarte la arena del cuerpo. Mueve la cabeza, los hombros, los brazos. Toca con los brazos la espalda y da saltos. ¿Tienes aún arena? ¡Quítatela del cuerpo!

3. Toda tu clase son alimentos. Divídanse en grupos:

- verduras

- frutas

- carne

- pescado

- productos lácteos

Una persona de la clase nombra un producto que pertenece a un tipo de alimento. Cuando el grupo reconoce la categoría, levántense todos. La idea es sentarse y levantarse según el tipo de alimento que se escucha. Por ejemplo, si se dice "yogur", el grupo de los productos lácteos se levanta.

b. **Discute con tus compañeros/-as las siguientes preguntas:**

1. ¿Cómo te sientes después de hacer estas actividades?

2. ¿Qué estructuras lingüísticas has practicado?

3. ¿Crees que hay una relación entre el ejercicio físico, el estado de ánimo y el aprendizaje *(learning)*?

ATL **Autogestión – Habilidades de reflexión**

We learn continuously without realizing we are learning. We learn from our experiences. We also develop new strategies to be successful in the learning process.

Learning is not just memorizing facts or data. Learning is also about acting and doing things. Therefore it is necessary to develop new skills, techniques and strategies that allow effective learning.

What is the best way to learn a language? What about learning new words? Do you think that the previous activities are a good way to practice language? Why?

Evaluación sumativa

Mira el video y contesta las preguntas.

https://www.youtube.com/watch?v=QJDGrTzKl_M

🔍 **Palabras de búsqueda:**

Cuento Nº 12: La Competencia de la Buena Salud

Aspecto i

1. ¿Cuántos participantes hay en la carrera?

2. Relaciona los participantes con su alimentación.

1. José	a. Verduras y comidas grasosas
2. Juan	b. Buena alimentación
3. Julie	c. Chocolates y caramelos
4. Andrés	d. Come cuando quiere y lo que quiere

3. ¿Quién es el primero en abandonar la carrera? ¿Cómo se siente?

4. ¿Qué le pasa a Juan en la carrera?

5. ¿Quién gana la carrera? ¿Por qué?

Aspecto ii

6. ¿Cuál es la intención de este video? ¿Por qué se ha creado?

7. ¿A quién va dirigido este texto?

8. Do you think that the way this video has been made helps it achieve its purpose? Why? Look at the conventions of the visual and spoken text.

Aspecto iii

9. ¿Con qué participante te identificas más? ¿Por qué? Basa tu respuesta en el tipo de alimentación que llevas.

10. ¿Crees que este video es aplicable en tu comunidad? ¿Por qué?

11. ¿Cuál es tu opinión sobre la alimentación de los participantes de la carrera? ¿Qué comes tú?

Jóvenes y salud

Consejos para ser más feliz

Hemos tenido el placer de hablar con la Dra. Martínez, especialista nutricionista. La Dra. Martínez nos abre los ojos y nos hace reflexionar sobre la necesidad de mantener una vida sana y equilibrada.

CM: Dra. Martínez, muchas gracias por abrirnos las puertas de su despacho. Nos gustaría preguntarle, ¿cuáles son los grandes problemas que padece la juventud de hoy en día con respecto a la alimentación y a la vida sana en general?

Dr.: Gracias a ustedes por esta oportunidad. No se pueden poner a todos los jóvenes en el mismo saco, pero, en general, hay que decir, que hay muchos jóvenes que no mantienen una dieta sana y que, lamentablemente cada vez más, padecen de obesidad. Muchos jóvenes van con prisas debido a la mala organización y, por las mañanas, no desayunan, y si desayunan es algo rápido y muchas veces dulces con mucho azúcar. Nos olvidamos de que el desayuno debe ser la comida más importante del día.

CM: ¿Cómo debe ser un buen desayuno?

Dr.: Es importante tener un equilibrio de hidratos, vitaminas y proteínas. Por la mañana los hidratos son importantes porque nos proporcionan la energía para todo el día. Las posibilidades son enormes: leche, yogur, huevos, pan, cereales… Lo importante es tomarse el tiempo para comer bien.

CM: ¿Cuál es su opinión sobre la comida chatarra o basura?

Dr.: La clave está en el equilibrio. De vez en cuando no es un problema. El problema está cuando se come comida rápida con frecuencia. Además abusamos de las bebidas azucaradas. Nuestro cuerpo necesita alimentos frescos. Debemos comer un poco de todo: carne y pescados, verduras, frutas, hidratos… Una mala alimentación produce enfermedades del corazón, diabetes y cansancio. Además cuando comemos comida rápida y dulces con frecuencia podremos tener obesidad y más enfermedades.

CM: ¿Cree que los jóvenes hacen suficiente deporte?

Dr.: Muchos jóvenes hacen deporte y eso es buenísimo. Pero lamentablemente, hay muchos jóvenes que llevan una vida sedentaria debido al uso de las nuevas tecnologías. El uso de los celulares y computadoras causa adicción y hay jóvenes que pasan horas y horas delante de una pantalla. Realmente esto es un gran problema.

CM: ¿Qué se puede hacer para evitar esta adicción?

Dr.: La respuesta a esta pregunta es difícil. La clave está, de nuevo, en el equilibrio. Tenemos que saber cuándo hacer una cosa y otra. Debemos saber cuándo parar. Todo es bueno, pero el abuso es lo malo. Los jóvenes deben saber que el ejercicio físico, acompañado de una buena alimentación, es fundamental. Si esto no sucede nos encontramos con un estado de ánimo negativo. Debemos ser felices, y buscar estrategias para encontrarnos con nosotros mismos. Yo aconsejo la práctica de la conciencia plena, reflexionar y pensar en nosotros y lo que nos rodea. Si no hacemos eso, tenemos estrés y estamos tristes, cansados y de mal humor. ¡Debemos ser felices y disfrutar de la vida!

CM: ¡Muchísimas gracias por este mensaje tan optimista!

Dr: De nada, es todo un placer.

Aspecto i

1. Cuál es la idea principal de este texto? Elige.

   a. A los jóvenes solo les interesa hacer deporte y nada más.

   b. La comida chatarra o basura es un problema bastante grave en la sociedad hispana.

   c. Los jóvenes deben llevar una vida sana y equilibrada.

   d. Los ejercicios de conciencia plena están de moda entre los jóvenes.

2. ¿Verdadero (V) o falso (F)? Justifica tu respuesta.

	V	F
Cada vez hay más jóvenes obesos.		
Es importante desayunar bien por las mañanas.		
El desayuno debe ser rápido.		
La diabetes es una de las consecuencias de la mala alimentación.		
Según el texto, los jóvenes saben cuándo parar de usar las nuevas tecnologías.		

3. ¿Es la foto un buen ejemplo de la alimentación que recomienda la Dra. Martínez? ¿Por qué?

4. ¿Qué soluciones da la Dra. Martínez para la adicción a las nuevas tecnologías?

Aspecto ii

5. ¿Qué tipo de texto es? ¿Dónde lo puedes encontrar?

6. ¿A quién va dirigido este texto?

7. ¿Cuál es la intención principal de este texto?

Aspecto iii

8. ¿Es tu alimentación sana y equilibrada? Contesta tomando las ideas y la información del texto.

9. ¿Estás de acuerdo con lo que dice la Dra. Martínez sobre la adicción a las nuevas tecnologías? ¿Por qué?

10. ¿Qué haces tú para llevar una vida sana y equilibrada? Contesta comparando con las ideas del texto.

Mantén una conversación con tu profesor sobre las actividades que haces tú para mantener una vida sana y equilibrada.

Criterios **C y D** (escrito)

Tienes un/-a amigo/a que tiene algunos problemas de salud. Escríbele una carta donde le das consejos y recomendaciones para llevar una mejor vida.

CANSADO/A

ESTRESADO/A

TRISTE

ENFERMO/A

DOLOR DE ESPALDA

💭 Reflexión

Find the activities where you have practiced the objectives of this unit, reflect on your learning and complete the table:

	😊	😕	😟
mencionar las partes del cuerpo humano			
dar instrucciones			
usar el imperativo en afirmativo			
expresar los estados de ánimo			
expresar dolores del cuerpo y usar el verbo "doler"			
reconocer cuáles son los alimentos sanos			
identificar las consecuencias de una mala alimentación			
explicar la función de algunos órganos del cuerpo humano			
practicar estrategias de autogestión para conseguir un buen estado para aprender			
explicar en qué consiste llevar una vida sana y equilibrada			
dar consejos y recomendaciones			

Reflect on the Statement of Inquiry of the unit

Comunicamos cómo nuestros estilos de vida influyen en la salud usando convenciones textuales y estructuras lingüísticas determinadas.

We communicate how our lifestyles influence our health by using textual conventions and specific language structures.

Are you able to connect this statement with the tasks of this unit? Find activities where

- you communicate about lifestyles and their influence on health

- you learn some conventions of types of texts

- you practice new language structures.

Find in the unit where you have practiced these learning strategies.

How do you think these ATL help you to achieve the attributes of the learner profile for this unit (balanced, knowledgeable)? What about the other attributes?

Have you used these approaches to learning skills to be successful in the different tasks? What about the summative tasks?

Approaches to learning:

- **Communication – Communication skills**

  – **Interpret and use effectively modes of non-verbal communication**
  – **Use intercultural understanding to interpret communication**

- **Social – Collaboration skills**

  – **Manage and resolve conflict, and work collaboratively in teams**
  – **Negotiate effectively**
  – **Exercise leadership and take on a variety of roles within groups**

- **Self-management – Affective skills**

  – **Mindfulness awareness:**
    practice focus and concentration
    practice strategies to develop mental focus
    practice strategies to overcome distractions
    practice being aware of body–mind connections

- **Self-management – Reflection skills**

  – **Develop new skills, techniques and strategies for effective learning**
  – **Consider personal learning strategies**

Reflexión

Tres en línea

Trabaja en pareja. Una persona usa un bolígrafo de un color y la otra persona usa un bolígrafo de otro color. Una persona escribe una cosa que aprendió en la unidad en un espacio blanco. La otra persona escribe algo que aprendió en otro espacio blanco. El espacio en el medio se puede usar para las dos personas. Trata de escribir tres en línea. Si una persona no puede pensar en ninguna cosa que aprendió, la otra persona puede continuar.

You have learnt many new words and language structures in this unit. Within the framework of healthy living, we hope you have developed an awareness of the importance of being well-balanced and maintaining good routines. Don't you think this is the best way to be successful in the learning process and in life?

Las lenguas de mi vida

Contexto global
Expresión personal y cultural

Conceptos relacionados
Acento, destinatario

Concepto clave
Comunicación

Perfil de la comunidad de aprendizaje
informados e instruidos, reflexivos

Pregunta fáctica

¿Qué acentos hay en la lengua española?

¿Cuáles son las diferencias en el español de diferentes países y regiones?

Pregunta conceptual

¿Cómo cambia la comunicación en diferentes lenguas?

¿Por qué cambiamos de registro según a quién nos dirigimos?

Pregunta debatible

¿Existe una mejor variante de una lengua?

¿Dónde se habla un "mejor" español?

Enunciado de indagación

En la comunicación, la manera en la que nos expresamos y hablamos cambia según el destinatario al que nos dirijamos.

	Al final de esta unidad, vas a poder...
⊘	hablar de la competencia lingüística
⊘	comprender textos simples sobre la evolución de una lengua
⊘	conocer la diversidad lingüística de los países de habla hispana
⊘	usar los números a partir del 100
⊘	comprender la diferencia en las formas de tratamiento (tú, usted, vos)
⊘	apreciar la diferencia de las variantes del español
⊘	reconocer las convenciones de textos audiovisuales (orales y visuales)
⊘	identificar los sonidos más característicos del español de España y el latinoamericano
⊘	comparar personas y cosas
⊘	identificar clichés y prejuicios sobre las lenguas
⊘	identificar "falsos amigos" entre el español y el inglés
⊘	escribir cartas o correos electrónicos informales

8.1 ¿Cuántas lenguas hablas?

Criterio **Bi**

a. Lee y completa la tabla en la página 170 con la información sobre las lenguas.

> En casa yo hablo con mis padres en coreano. Mi mamá también habla español porque se crió y vivió en Chile y se graduó en Perú. En el colegio hablo inglés. También estudio español como segunda lengua.

> Yo hablo castellano y catalán en casa. Mi padre es de Barcelona y mi madre es andaluza, de Málaga. He vivido en Alemania toda mi vida y, por eso, también hablo alemán como lengua materna. En el colegio hablo inglés porque es un colegio internacional.

Min Joon

Lucía

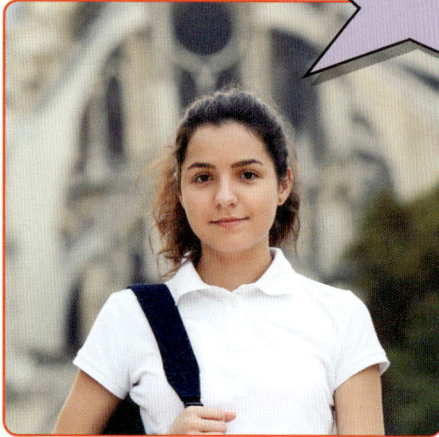

Mi padre es francés y mi madre es española. Vivimos en Francia y en casa hablamos las dos lenguas. En el colegio la lengua de instrucción es el inglés. También estudio chino como segunda lengua en el colegio.

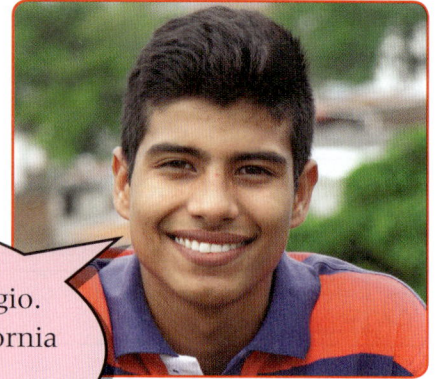

Soy americano y hablo inglés en casa y en el colegio. Vivo en Palos Verdes, California y estudio español en el colegio.

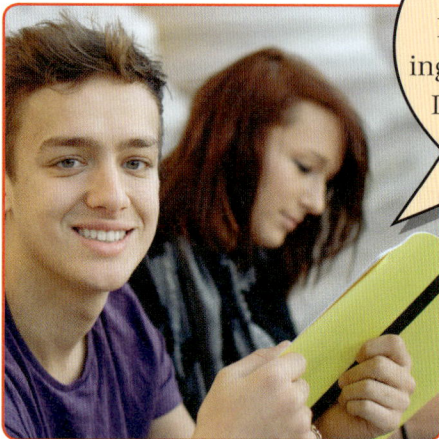

Hunter

Marie

Nosotros somos de Nueva Zelanda y vivimos en Phuket, Tailandia. En el colegio estudiamos todo en inglés y estoy en la clase de tailandés. Desde la clase seis estudio español también. En casa solo hablo inglés.

David

	Lengua(s) maternas(s)	Segunda lengua	Otras lenguas
Min Joon			
Lucía			
Marie			
Hunter			
David			

b. **¿Cuál es tu lengua materna? ¿Qué otras lenguas hablas? ¿Es tu situación lingüística parecida a alguno de las personas? Escribe un texto sobre las lenguas que sabes.**

Criterio **Biii**

8.2 ¿Qué significa saber una lengua?

a. Completa la encuesta del colegio.

1. ¿Qué lenguas hablas?

2. ¿Qué lenguas hablas con tus padres?

3. ¿Cuál es para ti tu lengua materna?

4. ¿Qué lengua extranjera estudias en el colegio (en la asignatura de Adquisición de Lenguas)?

5. ¿Qué lengua tienes en la clase de Lengua y Literatura? ¿Es también tu lengua materna?

6. Elige una segunda lengua y completa del 1 (menos) al 8 (más) según tu nivel. Repite para todas las lenguas que hablas.

   a. Hablar   1 2 3 4 5 6 7 8

   b. Escribir   1 2 3 4 5 6 7 8

   c. Comprender a nativos   1 2 3 4 5 6 7 8

   d. Leer   1 2 3 4 5 6 7 8

   e. Interactuar con la gente   1 2 3 4 5 6 7 8

b. Compara con tus compañeros/-as de clase. Realicen diagramas con colores para visualizar las respuestas.

Conexión interdisciplinaria: Matemáticas

Have you learnt about statistics in your Math class? What about probability?

Use the examples of the statistics of the class to work on this topic. Can you see a trend in your data? How do you represent the results?

What is the probability of the class speaking the same language? What about the different language skills? Are there differences in the data between speaking, writing and reading a language? What about in other languages?

⭕ Hablamos

c. Crea tu pasaporte lingüístico como en el ejemplo y dáselo a tu profesor/a. Tu profesor/a te va a dar el pasaporte lingüístico de otro/-a compañero/-a. Realizad una conversación sobre sus experiencias con las lenguas.

Nombre:	**Miguel Ángel**
Apellidos:	**Ramírez Gutiérrez**
Fecha de nacimiento:	**19/04/2003**
Lugar de nacimiento:	**Zúrich (Suiza)**
Lengua materna:	**alemán, español y portugués**
Otras lenguas:	**inglés y francés**

Ejemplo:

Hablo alemán porque nací en Suiza y vivo en Suiza. Mi padre es de Argentina y mi madre es portuguesa, por eso hablo español y portugués. En el colegio estudio inglés y francés en la asignatura de Adquisición de Lenguas.

ATL Autogestión – Habilidades de reflexión

You can take advantage of another language you know when learning a new language. Maybe the vocabulary is similar so you can understand the meaning of the words. Maybe the grammar structures are similar too and you can understand easily how the language works. Of course you can develop new skills and strategies by learning Spanish.

If Spanish is the only new language you are learning, you are starting out on a wonderful learning path, full of experiences and new discoveries! You will develop new skills, techniques and strategies for effective learning.

8.3 El español o castellano

📖 Leemos

a. Lee el texto y contesta las preguntas.

La lengua española o castellana se habla en veinte países de manera oficial. Decir español o castellano depende de la persona con la que se habla. En algunas regiones españolas se prefiere decir "castellano" para diferenciarlo de las otras lenguas de España, tales como el catalán, el gallego o el vasco. En otras regiones españolas se prefiere usar "español" para diferenciar los diferentes acentos de la lengua, por ejemplo, para diferenciar la variante andaluza de la castellana (español de Castilla).

En la mayoría de los países de Latinoamérica se prefiere hablar de "español", aunque hay otros países que usan "castellano".

El español o castellano fue originalmente una variante del latín vulgar. Las lenguas que proceden del latín se llaman lenguas romances (como el portugués, el catalán, el francés, el italiano o el rumano). La variante castellana se originó en la región de Castilla, en el centro norte de España. Los textos más antiguos que se conocen son las *Glosas Emilianenses*, que se conservan en el Monasterio de Yuso, en San Millán de la Cogolla, La Rioja, España.

Hoy en día hablan español como lengua materna alrededor de 400 a 500 millones de personas. Con tantos hablantes por todo el mundo es normal que haya numerosas variantes dialectales, con diferencias en la pronunciación y el vocabulario. También ha habido influencias de otros idiomas, por ejemplo, del árabe, o de los idiomas de las poblaciones nativas de América, como el aimara, el náhuatl, el guaraní o el quechua. Incluso dentro de España hay diferentes acentos y dialectos. No obstante la lengua española o castellana es la misma para todos, ya que se comparte la misma gramática normativa y existen convenciones en el vocabulario.

Preguntar dónde se habla el mejor español es absurdo, ya que en cada región existe una variante que no se puede considerar mejor o peor. Aunque el origen del español está en Castilla (en la parte centro norte de la actual España), el español o castellano de Andalucía, Extremadura o las Islas Canarias (España), de México, Argentina, Chile o Perú es igualmente correcto y aceptado. Es la variedad lingüística y cultural del español lo que hace a esta lengua tan interesante.

Pregunta debatible

¿Existe una mejor variante de una lengua?

¿Dónde se habla un "mejor" español?

1. ¿En cuántos países se habla el español de manera oficial?   `Criterio Bi`

2. ¿Es el español la única lengua oficial de España? ¿Por qué?

3. ¿De qué lengua proviene originalmente el español?

4. ¿Dónde se originó el español?

5. Según el texto, ¿dónde se habla el mejor español?

6. ¿Cuál es la intención de este texto? Elige: `Criterio Bii`

   a. Informar

   b. Dar la opinión

   c. Dar consejos o recomendaciones

7. Compara los siguientes datos con tu lengua materna: `Criterio Biii`

   a. ¿Tiene tu lengua también nombres diferentes?

   b. ¿Dónde está el origen de tu lengua?

   c. ¿Cuántas personas hablan tu lengua como lengua materna?

   d. ¿Hay influencias de otras lenguas también? ¿Cuáles?

   e. ¿Existen diferencias en la lengua en diferentes regiones? ¿Hay diferentes acentos o dialectos?

ATL **Investigación – Habilidades de gestión de la información**

In order to answer the previous questions you may have to do some research because you don't know all the answers. You need to be careful about the information you find in your research. The information might be biased in some way. Sometimes the topic of where languages are officially spoken or how many people speak a language is connected with political views and ideas. Therefore it is important to check where the information comes from and contrast the information with that from other sources. Did all of your classmates get the same information? What differences were there? From which sources did the information come?

b. **Mira las tablas con datos y contesta.**

Países hispanohablantes (2015)

Este gráfico muestra la población total de los países donde se habla el español:

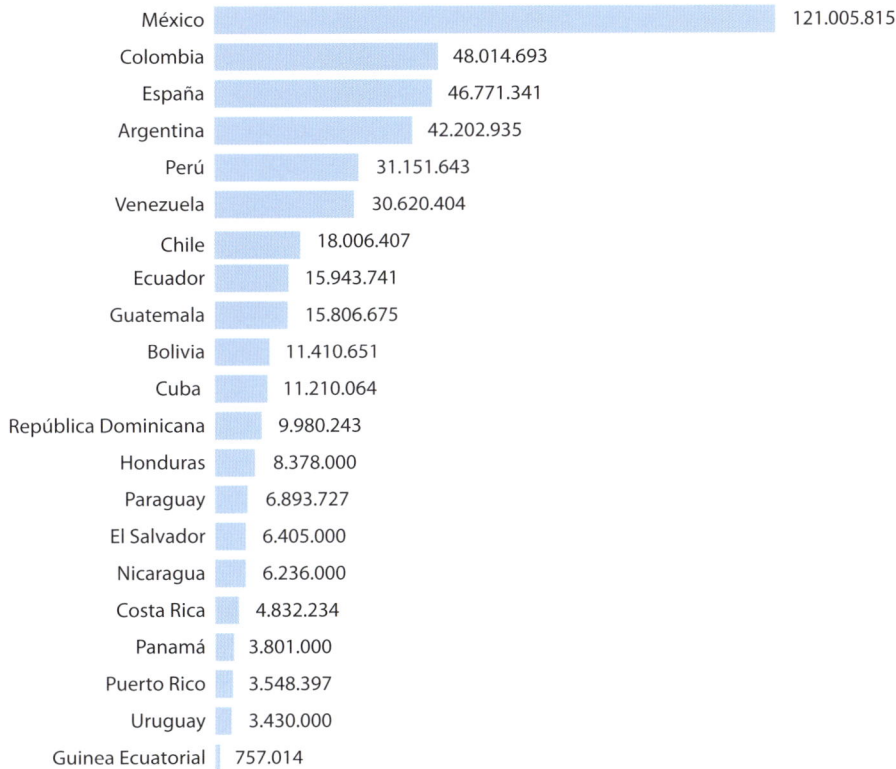

México	121.005.815
Colombia	48.014.693
España	46.771.341
Argentina	42.202.935
Perú	31.151.643
Venezuela	30.620.404
Chile	18.006.407
Ecuador	15.943.741
Guatemala	15.806.675
Bolivia	11.410.651
Cuba	11.210.064
República Dominicana	9.980.243
Honduras	8.378.000
Paraguay	6.893.727
El Salvador	6.405.000
Nicaragua	6.236.000
Costa Rica	4.832.234
Panamá	3.801.000
Puerto Rico	3.548.397
Uruguay	3.430.000
Guinea Ecuatorial	757.014

Este gráfico muestra el número de personas que hablan español en todos los países hispanohablantes, según su dominio del idioma:

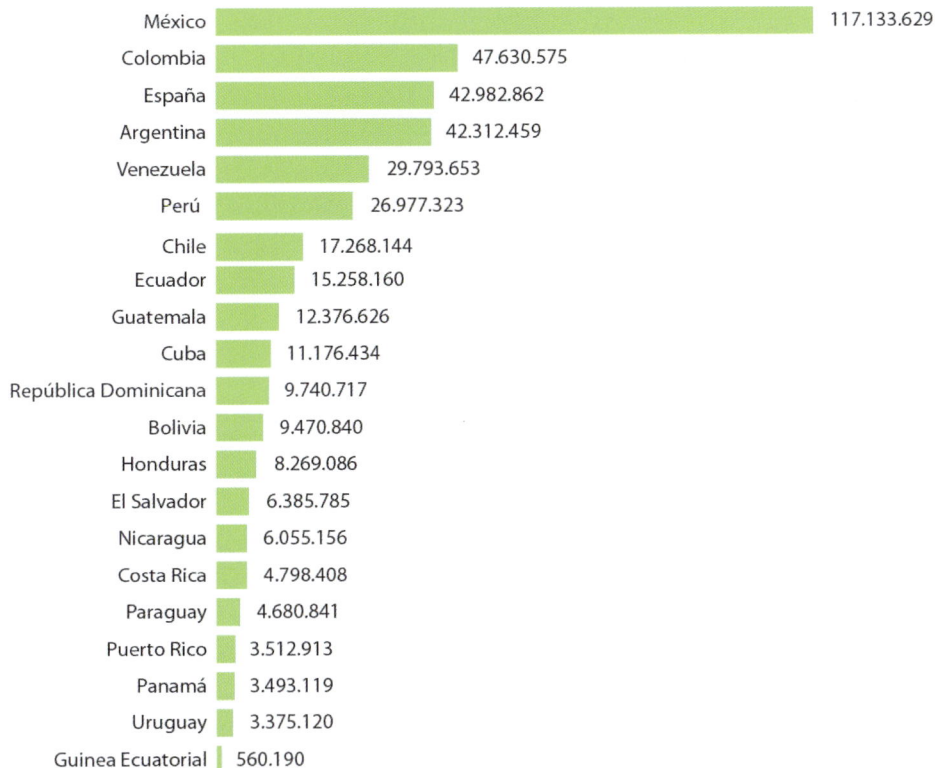

México	117.133.629
Colombia	47.630.575
España	42.982.862
Argentina	42.312.459
Venezuela	29.793.653
Perú	26.977.323
Chile	17.268.144
Ecuador	15.258.160
Guatemala	12.376.626
Cuba	11.176.434
República Dominicana	9.740.717
Bolivia	9.470.840
Honduras	8.269.086
El Salvador	6.385.785
Nicaragua	6.055.156
Costa Rica	4.798.408
Paraguay	4.680.841
Puerto Rico	3.512.913
Panamá	3.493.119
Uruguay	3.375.120
Guinea Ecuatorial	560.190

Las lenguas de mi vida

1. ¿Qué país tiene el mayor número de hispanohablantes?

2. ¿Qué país tiene el menor número de hispanohablantes?

3. Compara las cifras de la población total de tres países y el número de hablantes nativos de los mismos.

> **Ejemplo:**
>
> En Paraguay hay 6 405 000 habitantes, mientras que 4 680 841 hablan español como lengua materna.

Lengua

Los números

100 cien	700 **setecientos**
101 **ciento** uno	800 ochocientos
…	900 **novecientos**
120 ciento veinte	1 000 **mil**
…	…
185 ciento ochenta y cinco	1 280 mil doscientos ochenta
…	…
200 **doscientos**	2 000 **dos mil**
201 doscientos uno	3 000 tres mil
…	…
299 doscientos noventa y nueve	70 000 setenta mil
300 **trescientos**	…
400 cuatrocientos	580 000 quinientos ochenta mil
500 **quinientos**	1 000 000 **un millón**
600 seiscientos	2 000 000 dos **millones**

Numbers are very logical but there are a few numbers that are exceptions. Can you find them?

From 200 onwards you will need to change the word depending on whether the following word is masculine/feminine.

Mil doesn't change.

c. **En grupos, realicen una investigación sobre otros datos sobre el español. ¿Quién es el primer grupo en encontrar las respuestas?**

1. ¿En qué otros países se habla español de manera no oficial?

2. En los países donde el español no es la única lengua oficial, ¿cuáles son las otras lenguas oficiales? ¿Cuántas personas las hablan?

BOLIVIA

GUINEA ECUATORIAL

ESPAÑA

MÉXICO

PARAGUAY

PERÚ

 Hablamos

Criterios C y D

d. **Presenta los resultados a tu clase. Podéis crear una presentación con imágenes, mapas, datos, etc.**

8.4 ¿Vos, tú o usted?

a. ¿Qué diferencias ves en las siguientes preguntas?

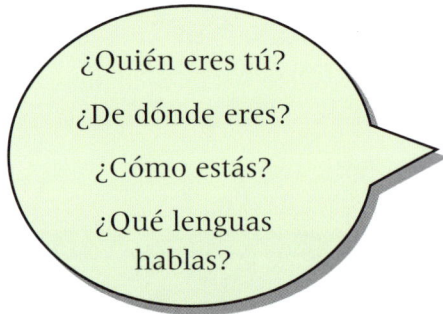

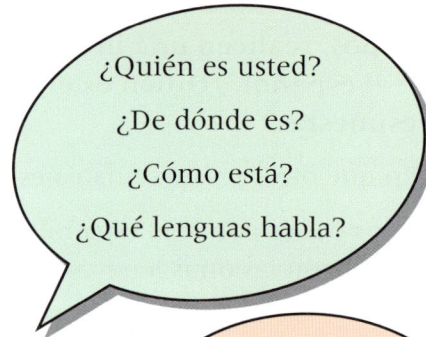

> ¿Quién eres tú?
>
> ¿De dónde eres?
>
> ¿Cómo estás?
>
> ¿Qué lenguas hablas?

> ¿Quién es usted?
>
> ¿De dónde es?
>
> ¿Cómo está?
>
> ¿Qué lenguas habla?

> ¿Quién sos vos?
>
> ¿De dónde sos?
>
> ¿Cómo estás vos?
>
> ¿Qué lenguas hablás?

Lengua

Destinatario

Look carefully at those forms of the verb. Is there a difference? Why do you think that is?

In Spanish, there are many ways to say "you". Which ones do you already know?

Normally in Spanish, the pronoun **tú** refers to someone in an informal situation. The pronoun **usted** is more formal. You are familiar with the verb forms which accompany the pronoun *tú*. The pronoun *usted* uses the same forms of the verb as *él* and *ella*.

There is a historical reason why the more formal use is the same as the 3rd person pronouns! Remember that the 3rd person means that you are speaking about those people, but they are not included in the conversation. In history, when one spoke in a very formal situation (such as to the king) it was considered very rude to make eye contact or directly address that important person. The *usted* form of the verb still shows that historical respect!

So you thought that you were overwhelmed with Spanish pronouns? In English, we have one (you) but in Spanish we use *tú*, *usted*, *vosotros* and *ustedes*. But wait! There are more! In Argentina and other countries, the pronoun **vos** is used with your friends; in Colombia, *usted* is used in a slightly informal way and **su merced** (a very old form which evolved into *usted* in most areas) is used for your closest family and friends. In Costa Rica, among other countries, *usted* is used for your close friends and family.

So how do you know which one to use? Pay close attention to which form is used by the other people in the conversation and try to be respectful of their way of speaking!

Pregunta conceptual

¿Por qué cambiamos de registro según a quién nos dirigimos?

🔊 Escuchamos

b. Mira el video sobre las formas de tratamiento en Colombia y contesta.

https://www.youtube.com/watch?v=B800mi385mw

🔍 **Palabras de búsqueda:**

Puesto 1 – Usted, vos, tú

▶ ⏸ ⏹

1. ¿Cuándo se usa el "usted" en Colombia?

Criterio Ai

2. ¿Se usa el "usted" también con amigos y familiares en Colombia?

3. ¿Cuándo se usa el tuteo (el "tú") en Colombia?

4. ¿Cuál es el origen del "voseo"?

5. ¿Existe en tu lengua también diferencias en el registro según la persona a la que te refieres? ¿Cómo se refleja en la lengua?

Criterio Aiii

6. ¿Cómo se dice en…?

a. En grupos, trabajen con uno de los videos. Deben hacer una lista de las diferencias en las variantes del español y explicarlas a los otros grupos.

Criterio Ai

Grupo 1:

https://www.youtube.com/watch?v=4mzRocaW47o

🔍 **Palabras de búsqueda:**

Diferentes países, ¿un mismo idioma?

Grupo 2:

https://www.youtube.com/watch?v=fQ7cWJApFHc

🔍 **Palabras de búsqueda:**

Diferencias del español. Comida.

Grupo 3:

https://www.youtube.com/watch?v=jC33c3FPKv0

🔍 **Palabras de búsqueda:**

Diferencias del español. Ropa.

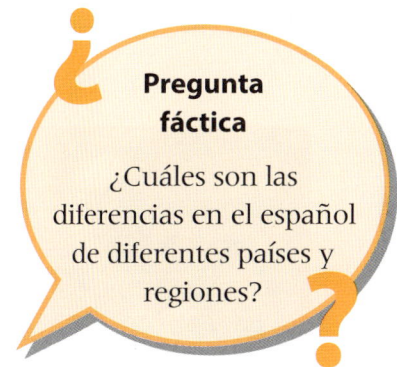

¿ **Pregunta fáctica**

¿Cuáles son las diferencias en el español de diferentes países y regiones?

b. **Analicen ahora las convenciones del texto audiovisual.**

Criterio **Aii**

1. ¿Cuál es la intención del video?

2. ¿Hay música? ¿Cuál es su función?

3. ¿Hay imágenes o dibujos? ¿Por qué?

4. ¿Quién es el autor del video? ¿Y a quién va dirigido?

c. **¿Qué palabras quieres aprender? Haz una lista con las palabras que has aprendido y que consideras importantes para ti.**

ATL **Autogestión – Habilidades de reflexión**

You already have some strategies to learn new words. Think again of the way in which you learn vocabulary. Do you study from a vocabulary list with translations? Do you use cards with pictures or translations? Do you use any applications or websites to study vocabulary? How do you think you work most efficiently and effectively? Are you flexible about trying other learning strategies?

8.5 Una lengua, diferentes acentos

a. **Mira el siguiente video. No tienes que entender lo que se dice. ¿Notas alguna diferencia entre el español de España y el español latino?**

https://www.youtube.com/watch?v=aHDFcUSD3MQ

🔍 **Palabras de búsqueda:**

Doblaje Latino vs. Español – Los Simpson

Lengua

Acento

El sonido [Ø] y [s]

Although the Spanish language varies from country to country and from region to region, it is common to differentiate the Spanish language in Spain (*español de España o peninsular*) from that in Latin America (*español latino*).

Besides the difference in the use of some words, there are also differences in the intonation and pronunciation.

One of the biggest differences is the sound [Ø] (like in English "**th**ink") which is used in most regions in Spain in the consonant **z** and in **ci** and **ce**. In a few areas of Spain and in Latin America this sound doesn't exist and those letters are pronounced as the sound **s**.

Can you pronounce these words as they are said in most areas of Spain and as they are said in Latin America?

Cáceres	Cecilia	Zaragoza	cazar	cocina
César	ciruela	zapato	Ciencias	ceniza

🔊 Escuchamos

b. **Mira ahora este video y contesta.**

https://www.youtube.com/watch?v=i5v5RGhC67U

🔍 **Palabras de búsqueda:**

Latinoamericanos intentan pronunciar la Z y la C como en España

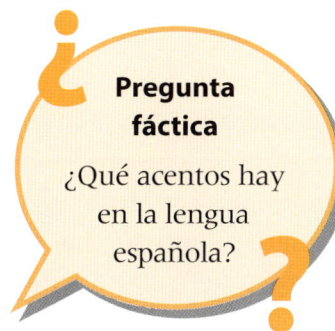

Pregunta fáctica

¿Qué acentos hay en la lengua española?

1. ¿Qué palabras se dicen?

2. ¿De dónde son las personas?

3. ¿Qué te sorprende?

4. ¿Existe en tu lengua sonidos difíciles de pronunciar? ¿Cuáles?

Criterio Ai

Criterio Aiii

c. **Intenta pronunciar los siguientes trabalenguas. ¿Quién de la clase puede decir los trabalenguas sin problemas?**

Pablito clavó un clavito,
¿qué clavito clavó Pablito?,
el clavito que Pablito clavó,
era el clavito de Pablito.

El perro de San Roque no tiene rabo porque Ramón Ramírez se lo ha cortado.

El cielo está enladrillado.
¿Quién lo desenladrillará?
El desenladrillador que
lo desenladrille, buen
desenladrillador será.

Tres tristes tigres comen trigo en un trigal. Tanto trigo tragan que los tres tigres tragones con el trigo se atragantan.

María Chucena su choza techaba. Y un techador que por ahí pasaba le dijo "Chucena, ¿tú techas tu choza o techas la ajena?" "No techo mi choza ni techo la ajena, techo la choza de María Chucena".

Cómo quieres que te quiera si el que quiero que me quiera no me quiere como quiero que me quiera.

8.7 Clichés sobre las lenguas

⬤ Hablamos

a. ¿Qué lenguas piensas que son las más difíciles de aprender? Elabora una lista con un/a compañero/-a.

Lengua

Las comparaciones

How do you say these sentences in English?

*El árabe es **más** difícil **que** el chino.*

*El árabe es **menos** fácil **que** el chino.*

*El árabe es **tan** difícil **como** el chino.*

*El chino es la lengua **más** difícil.*

What words do you use to say that something is more ... than another thing? What about to say that it is less ...? And the same as? Try to memorize this structure!

There are a few irregular forms:

Mejor: better, best

Peor: worse, worst

Mayor: bigger, older, biggest, oldest

Menor: smaller, younger, smallest, youngest

b. Escribe frases comparando las siguientes cosas y personas.

Gustavo   Guillermo   **Tobi**   **Curro**

La comida de Luis

La comida de Julián

Eliana   Rosa

Escuchamos

c. Comparen sus listas sobre las lenguas con las lenguas que se mencionan en el siguiente video y contesta.

https://www.youtube.com/watch?v=rjc3PU5WlBw

Palabras de búsqueda:

Los 10 idiomas más difíciles de aprender

1. Marca de qué factores depende la dificultad de un idioma según el video.

`Criterio Ai`

☐ la complejidad

☐ las horas del estudio

☐ el profesor

☐ los recursos

☐ el colegio

☐ la proximidad a la lengua

☐ la motivación

2. Do you agree with the video? What makes a language easy or hard to learn for you? `Criterio Aiii`

ATL Pensamiento – Habilidades de pensamiento crítico

Sometimes we make assumptions about the complexity of languages. Unfamiliarity with those languages means that sometimes we make judgements about them. Have you ever heard these assertions?

Los españoles hablan muy rápido. (Spanish people speak very fast.)

El alemán es una lengua muy dura. (German is a very harsh language.)

El italiano y el francés son lenguas muy románticas. (Italian and French are very romantic languages.)

El portugués suena como el ruso. (Portuguese sounds like Russian.)

Why do you think that people make these judgements? Do you think they are justified? It is important to recognize these assumptions and beware of misjudgements and clichés. The complexity of a language, for example, depends on the extent to which we are familiar with it. Do you think your own language is difficult? Why?

8.8 Entender una lengua

a. **Lee el siguiente texto y contesta las preguntas.**

> Maniluvios con ocena fosforecen en repiso.
>
> Catacresis repentinas aderezan debeladas
>
> Maromillas en que aprietan el orujo y la regona,
>
> Y esquizardas de milí rebotinan el amomo.
>
> ¿No hay amugro en la cantoña para especiar el gliconio?
>
> Guillermo Cabrera Infante, *Tres tristes tigres*

1. ¿Quiénes fosforecen en repiso?

2. ¿Qué aderezan las catacresis repentinas?

3. ¿Qué hacen las esquizardas de milí?

4. ¿Qué no hay en la cantoña?

ATL Comunicación – Habilidades de comunicación

Did you understand anything of the previous text? Of course not! Even Spanish native speakers don't understand anything. But were your answers to the questions right? Do you know why?

You have answered the questions correctly because you understand how the structure of the Spanish language works. But do you think you are learning anything that way? Unless you understand the meaning of the words, you won't learn. It is therefore important that you understand what you read and read critically. Use the strategies of guessing the meaning of words from the context and from similarities with other languages. Reading is not an easy task but an important skill of communication.

Lengua

Falsos amigos

What is language? In reality, languages are far more complex than just a word-for-word translation of another language. This is why we need to understand the general meaning of a phrase in context.

There are some phrases in Spanish which can really confuse us, because we *think* we know what they mean, and even believe they are *cognates* but, in reality, their true meaning is something completely different. Just like bad communication between friends, these words and phrases can lead to great misunderstandings. That's why we call them *"falsos amigos"*!

On the next page there are some examples of common *"falsos amigos"*.

Español	Inglés	English	Spanish
pie	foot	pie	pastel
actual	current, present	actual	verdadero, efectivo
advertencia	warning, advice	advertisement	anuncio
apología	defense, eulogy (at a funeral)	apology	disculpa
argumento	plot	argument	discusión, debate, pelea
carta	letter	card	tarjeta
compromiso	commitment	compromise	acuerdo (con concesiones recíprocas)
constipado/a	having a blocked, stuffy nose (when you have a cold)	constipated	estreñido/a
decepción	disappointment	deception	engaño
disgusto	annoyance, displeasure	disgust	repugnancia, aversión
		disgusting	asqueroso/a
embarazada	pregnant	embarrassed	avergonzado/a, sentir vergüenza
molestar	to annoy or bother	to molest	acosar sexualmente
realizar	to create, to make, to make an idea become real	to realize	darse cuenta de
sensible	sensitive	sensible	prudente, sensato/a

b. Con un/a compañero/-a crea un diálogo en español donde hay un malentendido (*misunderstanding*) debido al uso de un falso amigo.

¿ Pregunta conceptual

¿Cómo cambia la comunicación en diferentes lenguas?

8.9 Amigos por correspondencia

📖 Leemos

a. Lee y contesta.

¡Hola! ¿Qué tal? Me llamo Ana y soy de Málaga, en Andalucía (España). Tengo catorce años y estudio en 2° de la ESO en el instituto El Palmar. Málaga es una ciudad muy bonita y la gente es muy simpática.

En el instituto estudio inglés y francés. También tengo clases de Lengua y Literatura, Matemáticas, Dibujo, Ciencias, Historia, Música y Educación Física. Mi instituto no ofrece el PAI (o MYP), pero tengo una amiga que estudia en un colegio IB en Sevilla. Sé que es diferente a los institutos en España y parece muy interesante.

Yo vivo en un apartamento bastante grande en Málaga con mis padres y mi hermano mayor. Mis padres se llaman Juan y María Luisa. Mi hermano se llama Juan. Tiene 16 años y estudia bachillerato. Algunos fines de semana vamos a visitar a mis abuelos, que viven en la sierra, en Ronda. Ronda es precioso.

En mi tiempo libre toco el piano y voy a natación y a flamenco. Me gusta mucho bailar flamenco. ¿Conoces el flamenco? También me gusta mucho encontrarme con mis amigos. Tengo muchos amigos, pero mis mejores amigas son Carmen y Sofía. Ellas están en mi clase también. Estamos casi todo el día juntas y los fines de semanas quedamos también. Siempre nos vemos en una plaza cerca de donde vivimos y, a veces, vamos al centro comercial o al cine.

Os mando una foto de mí y mi familia, ¿me reconocéis? También os mando algunas fotos de Málaga. ¿A que es bonito?

Tengo muchas ganas de encontrar un amigo por correspondencia. Así podemos practicar el español y el inglés. ¿Quieres escribirme? Quizás también nos podemos conocer personalmente: tú vienes a España y yo voy a tu país. ¡Qué bien!, ¿verdad?

Muchos saludos,

Ana

1. Completa con la información de la autora del texto.

Nombre:

Edad:

Nacionalidad:

Lugar de residencia:

Nombre de sus familiares:

2. ¿Qué hace Ana en su tiempo libre?

3. ¿Por qué escribe Ana este texto?

4. ¿Es el texto formal o informal? ¿Cómo lo sabes?
Busca características en el texto.

Criterio **Bi**

Criterio **Bii**

Lengua

⊕ Destinatario

Cartas o correos electrónicos informales

We write informal letters or emails to people we know well such as friends or relatives. In this case Ana is writing a letter to students of the same age as her. What kind of structures does she use that make you think that her letter is informal?

Does she use *tú* or *usted*? Does she use the form *vosotros* (informal form used in Spain) or *ustedes*?

How does she start the letter? How does she finish?

Other ways of finishing could have been:

Besos, besitos, muchos besitos, un abrazo, un abrazo muy grande

Do you use the same words in your language?

Escribimos

b. **¿Te gustaría ser amigo/-a de Ana? Escríbele un correo electrónico donde:**

Criterios **C y D**

- te presentas con información personal
- escribes de tu familia
- lo que haces en tu tiempo libre
- tu colegio
- tus amigos
- tu rutina
- cómo es la gente en tu país o comunidad
- otra información interesante

Evaluación sumativa

Mira el video y contesta las preguntas.

https://www.youtube.com/watch?v=USYZwI2F72I

🔍 **Palabras de búsqueda:**

¿Sabías por qué es importante hablar neutro?

Aspecto i

1. ¿Son las clases para alumnos mexicanos solamente? ¿Por qué?

2. Nombra un sonido o consonante que practican los alumnos durante el reportaje.

3. ¿De dónde es Salvador? ¿De dónde es la entrevistadora?

4. ¿Qué sonido es el más difícil de pronunciar para los españoles?

5. Según la maestra, ¿por qué es importante hablar español neutro en el cine o en el teatro?

Aspecto ii

6. ¿Qué tipo de texto oral y visual es?

   a. Un reportaje

   b. Un videoblog

   c. Una película (*film*)

7. ¿Por qué sabes qué tipo de texto es? ¿Cuáles son las características?

8. ¿A quién crees que está dirigido este video? ¿Por qué lo sabes?

Aspecto iii

9. ¿Crees que es importante hablar una lengua neutra? ¿Cuándo? Usa la información del texto para dar tu opinión.

10. ¿Existe en tu lengua los sonidos españoles que se practican en el video? ¿Cuál es el más difícil de pronunciar para ti?

11. ¿Te gustaría estudiar en esta escuela de acento? ¿Por qué?

▶ ⏸

ESCUELA DE IDIOMAS "TORRE DE BABEL"

Cartagena, Colombia

Cursos de español para todos los niveles

Situada cerca del mar Caribe.

Ofrecemos clases para todos los niveles. También ofrecemos cursos de inmersión cultural.

Alojamiento en casas de familias.

ESTUDIANTES

Edad mínima: 15 años

Edad media: 30 años

NUESTROS CURSOS

NIVELES

Ofrecemos cursos para todos los niveles, desde principiantes a niveles avanzados.

METODOLOGÍA

Nuestras clases son muy comunicativas y el estudiante está en el centro del aprendizaje.

Ofrecemos cursos de conversación y de perfeccionamiento gramatical.

Tenemos cursos de inmersión cultural con contacto constante con nativos de español.

CURSOS REGULARES E INTENSIVOS

CURSOS DE PREPARACIÓN PARA EXÁMENES OFICIALES

CURSOS DE IDIOMAS + DEPORTES, CULTURA

CURSOS BUSINESS

CLASES INDIVIDUALES

CURSOS DE FORMACION PARA PROFESORES

¿TE GUSTA LA COCINA? Hacemos cursos de cocina tradicional mientras practicas tu español.

¿ERES DEPORTISTA? Puedes hacer tu deporte favorito durante tu tiempo libre y practicar español en grupos. ¿Te gusta el fútbol, el hockey, la escalada o el surf? Nosotros organizamos tu tiempo libre.

¿TE INTERESA LA VIDA CULTURAL? Organizamos visitas a teatros, museos, exposiciones y cines de la ciudad.

VISITA NUESTRA PÁGINA WEB PARA MAS INFORMACIÓN Y PRECIOS

www.babelidiomascartagena.com

Aspecto i

1. ¿En qué ciudad y país se encuentra esta escuela de idiomas?

2. ¿Qué información encuentras en el texto? Elige cuatro frases.

    Los estudiantes de la escuela tienen entre quince y treinta años. ☐

    La escuela ofrece cursos para todos los niveles de lengua. ☐

    Los cursos de inmersión cultural son para hablar con extranjeros. ☐

    Puedes cocinar la comida típica del país además de aprender
    la lengua. ☐

    Los estudiantes pueden vivir en residencias de estudiantes. ☐

    Hay cursos especiales de conversación y de gramática. ☐

3. ¿Dónde puedes encontrar más información sobre la escuela?

4. ¿Qué cursos pueden hacer estas personas?

    a. Necesito un profesor privado porque quiero aprender rápido.
    Necesito un curso que se adapte a mis necesidades.

    ....

    b. Soy profesor de español y me gustaría formarme con más
    talleres para profesores.

    ....

    c. Me gustaría hacer el examen del DELE.

    ....

Aspecto ii

5. ¿Cuál es la intención de este texto?

6. ¿A quién va dirigido este texto?

7. ¿Qué función crees que tienen las fotos?

8. ¿Qué tipo de texto es? ¿Cuáles son sus características?

Aspecto iii

9. ¿Qué diferencias hay entre esta escuela y tu colegio? Escribe tres
   diferencias.

10. ¿Te gustaría aprender español en esta escuela? ¿Por qué? ¿Qué
    curso te gustaría hacer?

11. ¿Crees que en esta escuela se estudia español de la misma manera
    (*the same way*) que estudias español en tu colegio? ¿Por qué?

C y D (oral interactivo)

Realiza una conversación con tu profesor/a sobre tus experiencias aprendiendo una lengua extranjera.

estrategias

destrezas

lengua materna

los acentos

malentendidos

ser difícil / fácil

gramática

vocabulario

C y D (escrito)

Estás viviendo en un país de habla hispana con un intercambio y estudias español allí. Escribe una carta a tu familia donde describes tus experiencias aprendiendo español en el país.

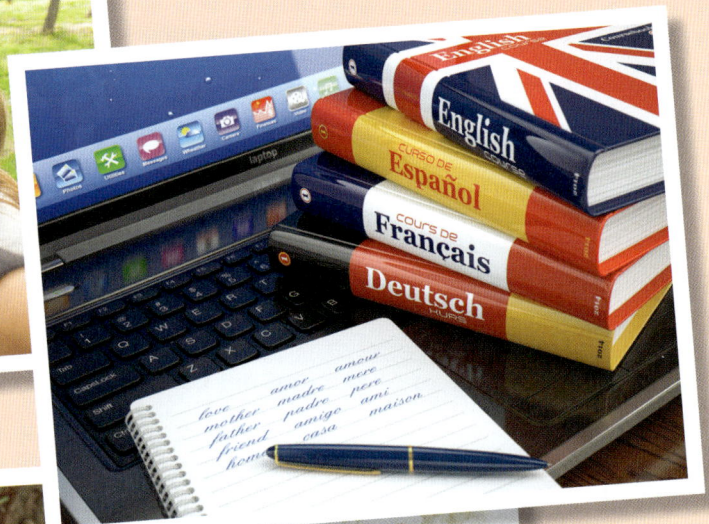

💭 Reflexión

Find the activities where you have practiced the objectives of this unit, reflect on your learning and complete the table:

	😊	😐	😟
hablar de la competencia lingüística			
comprender textos simples sobre la evolución de una lengua			
conocer la diversidad lingüística de los países de habla hispana			
los números a partir del 100			
comprender la diferencia en las formas de tratamiento (tú, usted, vos)			
apreciar la diferencia de las variantes del español			
reconocer las convenciones de textos audiovisuales (orales y visuales)			
identificar los sonidos más característicos del español de España y el latinoamericano			
comparar personas y cosas			
identificar clichés y prejuicios sobre las lenguas			
identificar "falsos amigos" entre el español y el inglés			
escribir cartas o correos electrónicos informales			

Reflect on the Statement of Inquiry of the unit

En la comunicación, la manera en la que nos expresamos y hablamos cambia según el destinatario al que nos dirijamos.

In communication, the way we express ourselves and talk changes according to the audience we address.

Are you able to connect this statement with the tasks of this unit? Find activities where

- you encounter different ways of communication
- you appreciate the different accents of the language
- you consider what words you use according to your audience.

Enfoques de aprendizaje

Find where in the unit you have practiced these learning strategies.

How do you think these ATL help you to achieve the attributes of the learner profile for this unit (balanced, knowledgeable)? What about the other attributes?

Have you used these approaches to learning skills to be successful in the different tasks? What about the summative tasks?

Approaches to learning:

- **Self-management – Reflection skills**

  – **Develop new skills, techniques and strategies for effective learning**

  – **Consider personal learning strategies: What can I do to become a more efficient and effective learner?**

- **Research – Information literacy skills**

  – **Finding, interpreting, judging and creating information**

  ➤ **Collect, record and verify data**

  ➤ **Access information to be informed and inform others**

  ➤ **Make connections between various sources of information**

- **Self-management – Reflection skills**

  – **Consider personal learning strategies**

  ➤ **What can I do to become a more efficient and effective learner?**

  ➤ **How can I become more flexible in my choice of learning strategies?**

- **Thinking – Critical thinking skills**

  – **Recognize unstated assumptions and bias**

- **Communication – Communication skills**

  – **Reading, writing and using language to gather and communicate information**

  ➤ **Read critically and for comprehension**

💭 Reflexión

¡Date una palmadita en la espalda! (O cuatro para ser más precisos.) En tu cuaderno, dibuja cuatro manos. Puedes usar tu propia mano como modelo si quieres. Dentro de cada mano, escribe una cosa que hiciste bien en esta unidad.

As you might have seen in this unit, there are many variables in the Spanish language. Maybe you thought that it was a hard language with many differences and it could be confusing for you. In this unit we wanted you to appreciate the diversity of the Spanish language but of course you don't need to learn all the different words or be able to pronounce all the different sounds. Even native speakers can't do that. You just have to learn the words or accent that you consider important to you!

Contexto global

Orientación en el espacio y en el tiempo

Conceptos relacionados

Mensajes, propósito

Concepto clave

Conexiones

Perfil de la comunidad de aprendizaje

De mentalidad abierta, pensadores

Pregunta fáctica

¿Cómo es mi barrio?

¿Cuáles son las ventajas y las desventajas del lugar donde vivo?

Pregunta conceptual

¿Cómo conectamos con diferentes comunidades?

¿Cuáles son las convenciones de nuestra comunidad?

Pregunta debatible

¿Existe un lugar ideal para vivir?

¿Por qué un barrio es mejor que otro para vivir?

Enunciado de indagación

Comunicamos mensajes con diferentes propósitos sobre el lugar donde vivimos y con el que estamos conectados.

Al final de esta unidad, vas a poder...
⊘ describir tu barrio
⊘ decir qué hay en el lugar donde vives
⊘ usar los verbos "ser", "hay" y "estar"
⊘ nombrar las profesiones que existen en tu comunidad
⊘ reconocer las características de comunidades diferentes
⊘ presentar tu barrio y comunidad
⊘ hablar de las ventajas y desventajas que tiene vivir en barrios diferentes
⊘ preguntar por el camino e indicar cómo se llega a un lugar
⊘ escribir un folleto turístico de tu barrio
⊘ realizar una investigación sobre una ciudad latinoamericana
⊘ diseñar una ciudad ideal

9.1 Así es mi barrio

a. **¿Vives en una ciudad o en un pueblo? Si vives en una ciudad, ¿cómo es tu barrio? Elige una foto y explica.**

grande   pequeño   tranquilo   ruidoso   antiguo   moderno

b. Mira el dibujo y encuentra los objetos y lugares.

una calle
un edificio
un semáforo
un paso de cebra
una parada de autobús
una estación de metro
una tienda de ropa
un supermercado
una iglesia
una panadería
una plaza
un parque
un banco
una papelera
una fuente
una señal de tráfico
un árbol

c. Cierra el libro. ¿Cuántas cosas recuerdas? Intenta dibujar el plano de la ciudad y escribir los nombres.

ATL Investigación – Habilidades de gestión de la información

In previous units you have been developing strategies to learn new words. What kind of techniques do you use to develop your memory? What other strategies do you use to remember those words long-term?

You should always use words you have learnt as much as possible and don't forget that you always need to understand what you are memorizing, otherwise you will forget. Try to use these words when you are out and about. You will always see these vocabulary items in your town or city!

---

d. Encuentra las diferencias en la ciudad de este video. Escribe frases en español con las diferencias.

https://www.youtube.com/watch?v=sy8yOiRw75E

🔍 **Palabras de búsqueda:**

Encuentra las 5 diferencias – Ciudad – BAMBINI

9.2 Este es mi barrio

📖 **Leemos**

a. Lee los mensajes y contesta.

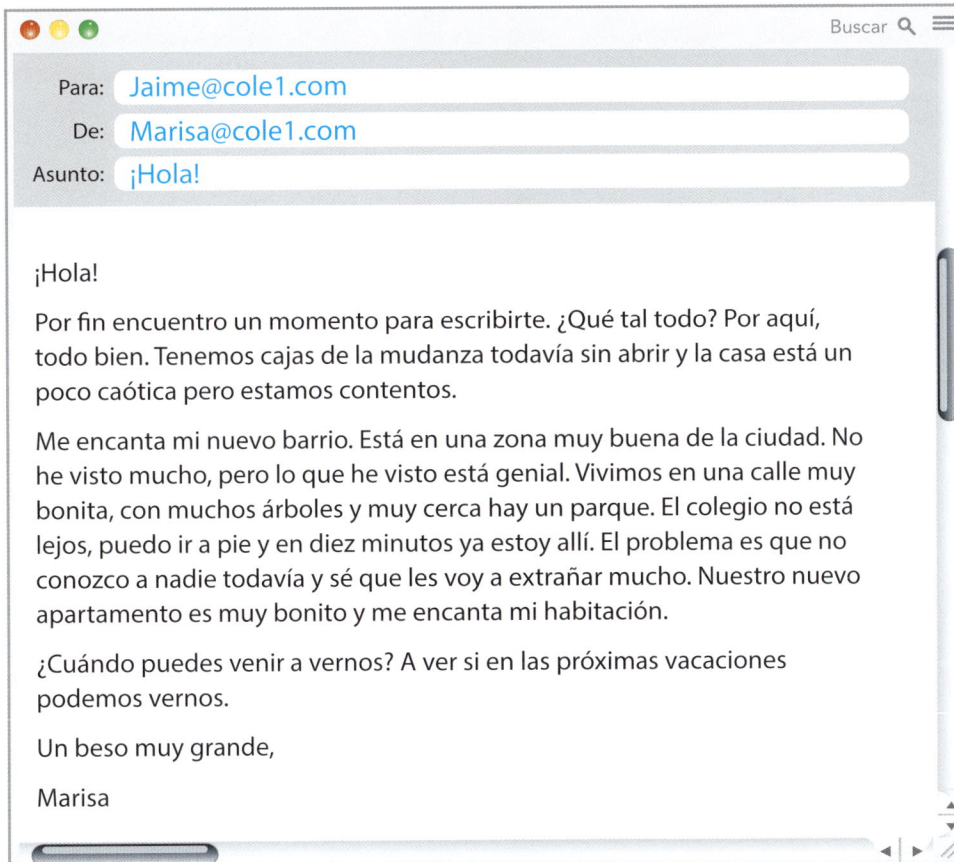

Buscar 🔍 ☰

Para: Jaime@cole1.com

De: Marisa@cole1.com

Asunto: ¡Hola!

¡Hola!

Por fin encuentro un momento para escribirte. ¿Qué tal todo? Por aquí, todo bien. Tenemos cajas de la mudanza todavía sin abrir y la casa está un poco caótica pero estamos contentos.

Me encanta mi nuevo barrio. Está en una zona muy buena de la ciudad. No he visto mucho, pero lo que he visto está genial. Vivimos en una calle muy bonita, con muchos árboles y muy cerca hay un parque. El colegio no está lejos, puedo ir a pie y en diez minutos ya estoy allí. El problema es que no conozco a nadie todavía y sé que les voy a extrañar mucho. Nuestro nuevo apartamento es muy bonito y me encanta mi habitación.

¿Cuándo puedes venir a vernos? A ver si en las próximas vacaciones podemos vernos.

Un beso muy grande,

Marisa

Nuevo Mensaje

Marisa Gómez Trinidad   Jesús López Vázquez

😀 😀

¡Hola, Jesús!

¿Cómo te va todo, amigo? Ya hemos llegado a nuestro nuevo barrio. Te mando fotos para que te hagas una idea. Hay árboles, bancos y papeleras. ¿A que es muy moderno? ¿Cuándo vienes a visitarnos? Ahora vivimos un poco lejos el uno del otro, pero la amistad no tiene fronteras, jajaja…..

Enviar **Cancelar**

1. ¿Dónde puedes encontrar estos textos?

Criterio Bii

2. ¿Qué diferencias hay en las convenciones de los dos textos?

3. Completa con la información del barrio de Marisa. ¡Atención a los verbos!

Criterio Bi

El barrio es…	El barrio está…	En el barrio hay…

Lengua

Ser – Estar – Hay

How do you say "to be" in Spanish? Yes, there are two verbs: *ser* and *estar*.

Do you remember the differences?

We use *ser* when we want to describe a characteristic of somebody or something. That characteristic belongs to the person or thing.

Mi barrio es bonito.

Sandra es rubia y bajita.

We use *estar* when we want to locate a person, thing or a place. It answers the question *¿dónde?* (where?).

Mi barrio está en una zona muy buena de la ciudad.

Mi casa está en Buenos Aires.

Don't forget that we also use *estar* to express moods or the way people feel.

¿Cómo estás?

Estoy muy cansado.

4. Compara tu barrio con el barrio de Marisa. Escribe frases usando *ser*, *hay* y *estar*.

Criterio Biii

Escribimos

Criterios C y D

b. **Imagínate que te has mudado al barrio donde vives ahora. Escribe un correo electrónico a un amigo/-a donde describes cómo es.**

Mensaje, propósito

Pregunta fáctica

¿Cómo es mi barrio?

9.3 Las profesiones

🔊 Escuchamos

Criterio Ai

a. Mira el video y marca las profesiones que escuchas.

https://www.youtube.com/watch?v=GaD7abMU9i4&index=2&list=RD7tswWUOSjLk

🔍 **Palabras de búsqueda:**

Las Profesiones – Barney El Camión – Canciones Infantiles – Video para niños

bombero ☐	médico ☐	camarero ☐
policía ☐	maestro ☐	enfermera ☐
panadero ☐	abogado ☐	jardinero ☐
astronauta ☐	granjero ☐	dentista ☐

b. Qué profesiones hay en la comunidad de tu barrio? Escribe frases según el modelo.

Ejemplo:

En mi barrio hay camareros que trabajan en el restaurante.

Lengua

Que

Who does the word *que* in the example sentence refer to?

We use *que* to begin another clause about somebody or something that was mentioned before.

What are the differences between the way *que* is used in these sentences?

*¿**Qué** es esto?*

*No entiendo **qué** significa esta palabra.*

*Hay una tienda **que** vende ropa muy bonita.*

c. Haz mímica sobre una profesión. Tus compañeros/-as adivinan qué profesión es.

9.4 Mi comunidad

a. Mira las siguientes fotos y con un compañero/-a contesta las preguntas.

1

5

2

6

3

7

4

1. Elige una foto y descríbela: ¿Cómo es? ¿Qué hay? ¿Es un pueblo o una ciudad? ¿Dónde crees que está?

2. Describe a la gente: ¿Cómo es la gente? ¿Qué hace? ¿De dónde son?

3. ¿Con qué imagen puedes relacionar tu barrio y comunidad? ¿Por qué? Busca las semejanzas y diferencias.

4. ¿Te gustaría vivir en ese lugar? ¿Por qué?

🔊 Escuchamos

> **b.** **Mira ahora este video de la comunidad Tseltal en México y contesta.**
>
> https://www.youtube.com/watch?v=lHp0Zaib_Gc
>
> 🔍 **Palabras de búsqueda:**
>
> Ventana a mi Comunidad / Tseltales – Mi entorno

1. ¿Qué intención tiene este texto? ¿Dónde lo puedes ver? `Criterio Aii`

2. ¿En qué región de México vive la comunidad Tseltal? `Criterio Ai`

3. ¿Viven en una ciudad o en un pueblo?

4. ¿Qué información se menciona en el texto?

   ☐ La comunidad Tseltal vive en contacto con la naturaleza.

   ☐ Muchas personas viven en la ciudad grande.

   ☐ Qué se usa para cocinar.

   ☐ La muchacha tiene mascotas en su casa.

   ☐ El colegio está lejos de su casa.

5. Relaciona el video con una de las imágenes de la página 202.

6. ¿Es la comida en esta comunidad como en tu comunidad? ¿Por qué? `Criterio Aiii`

7. ¿Qué diferencias hay entre el material que la chica lleva a su colegio y lo que tú llevas a tu colegio?

8. La chica dice "*Me siento a disfrutar de la tranquilidad de mi ambiente*". ¿Es posible decir esta frase en tu comunidad? ¿Por qué?

Mi barrio y mi comunidad

ATL Pensamiento – Habilidades de pensamiento crítico

You may have realized that you need to compare a lot with your own experiences and culture. As you know, learning a new language is also learning about a new culture. When we are aware of other cultures as well as our own we are interculturally competent.

In this course you are going to develop your intercultural awareness and competence. By looking at this video and answering the questions you are not only understanding the information and ideas, but also evaluating them because you are drawing your own conclusions about the differences. This is an important skill for becoming a critical thinker. What descriptor of the IB learner profile do you think you are also developing here?

Pregunta conceptual

¿Cómo conectamos con diferentes comunidades?

¿Cuáles son las convenciones de nuestra comunidad?

Mensaje

c. **Van a crear un reportaje en un video sobre su barrio (o pueblo) y comunidad. Si viven en el mismo barrio o pertenecen a la misma comunidad pueden trabajar en grupos.**

- Describan las calles y los lugares más representativos del barrio. ¿Qué hay? ¿Qué se puede visitar? ¿Qué se puede hacer?

- ¿Quiénes viven en el barrio? ¿Es un barrio internacional? ¿Viven personas de diferentes culturas y nacionalidades? ¿De dónde son las personas?

- ¿Qué tradiciones hay en el barrio / pueblo? Piensa en comida, ropa, actividades…

- Hagan fotos y creen una presentación en forma de video.

9.5 Ventajas y desventajas de mi barrio

a. Lee y escribe una lista con los problemas que tiene el barrio de La Castilla.

MIÉRCOLES, 19 DE ABRIL

EL BARRIO DE LA CASTILLA

El barrio de La Castilla está ubicado en la comuna 4 en la ciudad de Ibagué, departamento del Tolima (Colombia). En este barrio está la avenida Guvinal, la iglesia Santos Ángeles Custodios y está conectado con la ciudad por la avenida Tobogán. Barrios vecinos son los barrios de Onzaga, Gaitán y Calarca.

Los problemas de mi barrio son la inseguridad, las calles en mal estado, la basura, el alcantarillado en regulares condiciones, los múltiples cortes de agua, la drogadicción, la falta de compromiso con las mascotas, el alumbrado público y los parques abandonados.

La inseguridad del barrio se ha disparado alarmantemente, el robo es muy común, a veces a mano armada. Esto se debe al desempleo y a la falta de oportunidades.

Las calles están en malas condiciones, sobre todo cuando llueve. La población, sobre todo adultos mayores y niños tienen algunos riesgos como caídas y fracturas. Debido a la basura hay riesgo de tener otras enfermedades.

Los adolescentes se reúnen en los parques y no ayudan a la comunidad, sino que dan mala imagen al barrio y son un mal ejemplo para los niños más jóvenes. Beben alcohol y no comen de forma adecuada. La señora Johana opina: "no se puede ir a los parques, no hay donde llevar a los niños. ¿Dónde están los encargados de la Junta Acción Comunal? La señora de la junta debe tener más atención con la gente y debe hacer algo por el barrio. La policía debe poner más control para reducir el consumo de la droga".

Es nuestro barrio y por eso debemos unirnos más. La Junta Acción Comunal debe trabajar con la policía, con las familias, con la iglesia y crear proyectos donde la comunidad sea parte activa de ellos. Debe haber también programas de la secretaría de salud y, sobre todo, los jóvenes deben aprovechar su tiempo libre.

Texto adaptado de: http://losproblemasdemibarrio1.blogspot.kr/2011/04/andrea-lucia-godoy-sastoque-salud.html

b. Compara ahora con lo que ves y escuchas en este video. Contesta después las preguntas.

https://www.youtube.com/watch?v=0y0kL4wYZKM

🔍 **Palabras de búsqueda:**

Mi barrio – Colectivo Buga Rap

▶ ⬛ ⬛ ▬▬▬▬▬▬▬▬▬▬▬▬▬▬▬▬▬▬▬▬▬

1. ¿Quiénes son los destinatarios de este video? ¿Qué te hace pensar así? `Criterio Aii`

2. ¿Cuál es el propósito del video? ¿Qué te hace pensar así?

3. ¿Cómo se siente el cantante en el video? ¿Qué te hace pensar así?

4. ¿Cuál es el tono del video? ¿Qué te hace pensar así?

5. Escoge una escena del video. Explica el significado de la escena. Céntrate en las convenciones de:

- Color
- Ángulo o perspectiva de la cámara
- Lugar

6. ¿Te gusta este video? ¿Por qué sí o por qué no? `Criterio Aiii`

7. ¿Puedes identificarte con el video? ¿Por qué sí o por qué no?

c. **¿Existen estos problemas también en tu barrio? ¿Hay otros problemas? ¿Cuáles? Escribe frases y habla después con tus compañeros/-as.** `Criterios Aiii, Biii`

Lengua

Los cuantificadores

To express the quantity of things you can use these words:

mucho/-a/-os/-as

Hay mucha contaminación.

Hay muchos coches.

poco/-a/-os/-as

Hay pocas escuelas.

Hay poca agua.

demasiado/-a/-os/-as

Hay demasiada suciedad.

bastante/s

Hay bastante delincuencia.

d. **Mira ahora el video de la ciudad de Ibagué y compara con el texto del barrio La Castilla. ¿Cuáles son los aspectos positivos de la ciudad?**

https://www.youtube.com/watch?v=q8tkhBzI-eM

🔍 **Palabras de búsqueda:**

Video promocional de Ibagué

▶ ⬛ ⬛ ⬛ ──────────────────────

💬 Hablamos

e. **En parejas, realiza un diálogo. Uno es un habitante de Ibagué y el otro es un periodista. Habla de las ventajas y desventajas que tiene vivir en esta ciudad.**

ATL **Comunicación – Habilidades de comunicación**

Every time you talk and interact with people, subconsciously you take into consideration factors like the characteristics of the person you are addressing (formal or informal register), the context of the conversation and the knowledge people have about the topic of the conversation. Somehow we reach a compromise about the ideas that we are discussing or dealing with in the conversation. We "negotiate" the ideas of the conversation.

This is what you do in any interaction, such as the previous one about the pros and cons of the city, and this is what you will do in the next activity. To negotiate you need to be a good listener, show empathy and interact in an appropriate manner. This is what we do in any language and, of course, we need to practice this in Spanish.

¿ **Pregunta fáctica**

¿Cuáles son las ventajas y las desventajas del lugar donde vivo?

¿ **Pregunta debatible**

¿Por qué un barrio es mejor que otro para vivir?

9.6 Sigue todo recto

a. **Lee el diálogo y marca en el mapa el camino que se describe.**

Pedir direcciones

Pieter: Disculpe, ¿le puedo hacer una pregunta?

Marta: Sí, por supuesto.

Pieter: Estoy buscando la iglesia de la Sagrada Familia. ¿Sabe usted dónde queda?

Marta: Soy de Barcelona, ¡por supuesto que sé dónde está!

Pieter: Qué bien. No sé a qué dirección tengo que ir.

Marta: Bueno, ¿ves el edificio grande aquí a la izquierda? Es la oficina de correos. Puedes verla aquí en tu plano. Vale, sigue recto hasta la bocacalle y dobla a la derecha. Esa calle se llama Carrer de Provença. Sigue recto unas cuadras hasta que veas un parque a la izquierda. Se llama Plaça de Gaudí. La Sagrada Familia está después de la plaza, pero creo que vas a poder ver las torres de la iglesia cuando dobles a la derecha en la Carrer de Provença.

Pieter: Ah, sí, ya veo. ¡Muchas gracias!

Marta: No hay de qué. ¿Has visto también el Parque Güell?

Pieter: Sí, es precioso.

Marta: Buena suerte. Espero que lo pases bien en Barcelona.

Pieter: Sí, gracias. Aquí me divierto mucho.

Marta: Hasta luego.

Pieter: Adiós, o ¡adeu!

Lengua

Preguntar y dar direcciones

¿Cómo puedo llegar a…?

¿Dónde está / queda…?

Informal (tú)	Formal (usted)
• Sigue (todo) recto	• Siga (todo) recto
• Dobla / gira a la izquierda / a la derecha	• Doble / gire a la izquierda / a la derecha
• Cruza la calle, la plaza…	• Cruce la calle, la plaza…

b. Trabaja en un grupo pequeño. Diseña una ruta por el colegio (por ejemplo, por el pasillo, subiendo o bajando escaleras, el campo de fútbol, el gimnasio). Al final de la ruta pueden poner "un premio". Tienen que describir la ruta usando las estructuras para dar direcciones. Tu profesor/-a le va a dar a otro grupo este texto y el grupo debe encontrar la meta con el premio.

Propósito

Lengua

El verbo *ir*

	singular	plural
1st person	yo voy	nosotros vamos nosotras vamos
2nd person	tú vas	vosotros vais vosotras vais
3rd person	él va ella va usted va	ellos van ellas van ustedes van

c. Mira el plano del metro de Santiago de Chile en la página 210. Con un compañero/-a realiza diálogos preguntando por los siguientes caminos:

Criterios C y D

1. Estás en la estación Puente Cal y Canto y quieres ir a la estación Simón Bolivar.

2. Estás en la estación Las Rejas y quieres ir a la estación Santa Julia.

SIMBOLOGÍA - SYMBOLS

- Líneas de metro - Metro Lines
- Transbordo Buses Interurbanos - Tranship Interuban Busses
- Transbordo Tren - Train Tranship
- Oficina de Atención al Cliente - Customer Service Office
- Bibllometro
- BiciMetro
- Combinación Líneas de Metro - Metro Lines Combination
- Recorrido Corto - L1 - Short Trip L1

Escribimos

Criterios C y D

d. Escribe un folleto turístico sobre los lugares que se pueden visitar en tu barrio o pueblo. Escribe una ruta donde describes el itinerario del camino para los visitantes.

9.7 Ciudades hispanas

a. **Realiza una investigación sobre una ciudad latinoamericana. Busca la información.**

México D.F.

La Habana

Buenos Aires

Lima

Bogotá

Quito

Caracas

Montevideo

Santo Domingo

Panamá

San Salvador

Managua

San José

La Paz

Santiago

Tegucigalpa

Asunción

San Juan

Ciudad de Guatemala

- ¿En qué país está?
- Número de habitantes
- Los barrios más importantes
- ¿Qué se puede visitar?
- ¿Cuáles son las ventajas y desventajas de vivir en esta ciudad?
- ¿Qué hace esta ciudad especial? Otra información de interés.

ATL Investigación – Habilidades de gestión de la información

How do you want to present this task? Are you going to put together a presentation using Powerpoint or Keynote? Do you prefer to make a video recording? Are you going to create a poster on paper and present the information in front of your class?

You should be able to present the information in a variety of formats. Just keep in mind your audience. How can you make your presentation interesting? Are you going to include pictures? How long should the written text be? In order to attract your audience, it is better to have more visual input than written text!

Make sure you evaluate and select your sources of information and tools appropriately according to the task.

🔗 Conexión interdisciplinaria: Individuos y Sociedades

What is a city? What is a town? And a village? How can these settlements be defined? The concept of a city may vary from country to country. Have you studied a unit related to this in your Individuals and Societies class? Are Latin American cities similar to cities in your country? What are the differences? Are there neighborhoods? What are their communities like?

These questions bring you to the inquiry to learn more about demographic and social geography. Using the inquiry cycle you can do an investigation, communicate the information and reflect on your learning too.

9.8 Una ciudad ideal

🔊 Escuchamos

a. Mira los siguientes videos y contesta.

https://www.youtube.com/watch?v=l_POCOQ2ZXk

https://www.youtube.com/watch?v=q6LjiANDB2U

🔍 **Palabras de búsqueda:**

Songdo: la ciudad surcoreana que quiere ser la más inteligente
Songdo Vision

1. ¿Dónde está Songdo?

Criterio Ai

2. ¿Por qué es Songdo una ciudad inteligente?

3. ¿Qué hay en la ciudad? Haz una lista con lo que ves y escuchas.

Criterio Aiii

4. ¿Es Songdo como tu ciudad? ¿Qué es igual? ¿Qué es diferente?

5. ¿Te gustaría vivir en Songdo? ¿Por qué?

b. Vas a diseñar tu ciudad inteligente ideal y presentarla a la clase. Puedes trabajar individualmente, en parejas o en pequeños grupos.

Criterios C y D

Tienes que:

- Crear un plano de la ciudad
- Crear una presentación con fotos e imágenes
- Usar una gran variedad del vocabulario y las estructuras gramaticales de la unidad
- Usar conectores (*cohesive devices*)
- Escribir todas las fuentes (*sources*)

Pregunta debatible

¿Existe un lugar ideal para vivir?

🔗 Conexión interdisciplinaria: Diseño

This is a great opportunity to create an interdisciplinary project with Design. What do you need to design a city? Besides your own ideas and creativity for the characteristics of your city, you will need materials in case you are going to create a mock-up of the city. Will you use an electronic tool for that? Are you going to use real materials like wood or styropor?

For the language part you need to pay attention to the way you communicate your ideas and the information. Do not forget to reflect on your learning from the perspectives of both disciplines!

Evaluación sumativa

Mira el video sobre el barrio Ciudad Vieja en Montevideo (Uruguay) y contesta.

https://www.youtube.com/watch?v=hti_0v_MISU

🔍 **Palabras de búsqueda:**

Barrios de Montevideo: Ciudad Vieja

Aspecto i

1. Elige cuál es el mensaje principal del video.

   a. Los problemas del barrio Ciudad Vieja y las posibles soluciones

   b. Los monumentos y edificios que los turistas pueden visitar en el barrio Ciudad Vieja

   c. La descripción del camino de cómo llegar al barrio Ciudad Vieja

2. Marca qué ves en el video.

   ☐ Calles ☐ Colegios ☐ Árboles ☐ Papeleras

   ☐ Bancos para sentarse ☐ Edificios ☐ Restaurantes

3. Nombra tres problemas que tiene el barrio.

   a. ………………………

   b. ………………………

   c. ………………………

4. ¿Verdadero o falso? Justifica tu respuesta.

	V	F
La arquitectura del barrio es llamativa.		
Los edificios son modernos.		
Los parques del barrio están en buenas condiciones.		
Existen problemas con las drogas.		

Aspecto ii

5. ¿Por qué se ha creado este video? ¿Cuál es su intención?

6. ¿A quién va dirigido el video?

7. ¿Dónde puedes ver este video?

Aspecto iii

8. ¿Te parece el barrio Ciudad Vieja un buen barrio para vivir? ¿Por qué?

9. ¿Qué diferencias hay entre este barrio y el lugar donde tú vives?

10. ¿Cómo crees que es la comunidad que vive en este barrio? Piensa en las nacionalidades, culturas, profesiones, descripción del carácter… ¿Es como tu comunidad? ¿Por qué?

Buscar 🔍 ≡

Para:	robertorozo@gmail.com
De:	mary-luz-jeronimo@yahoo.com
Asunto:	Desde Sevilla

Hola Mary Luz:

¿Qué tal estás? Yo estoy bastante bien.

Hace mucho tiempo que no sé nada de ti. Aquí en España me acuerdo mucho de ti y te extraño mucho. Me he mudado a un apartamento muy bonito, bastante céntrico. Tienes que venir, porque esto te va a encantar. Mi barrio es el barrio de Triana y hay muchos bares, iglesias y tiendas. Hay mucha vida y a mí esto me encanta.

Triana está al lado del centro de la ciudad. Para ir al centro hay que cruzar un puente. Yo cruzo el puente de Triana o el puente de San Telmo. La Catedral de Sevilla está en el centro de la ciudad, donde está el ayuntamiento y todas las tiendas. Allí siempre hay muchos turistas y españoles.

Hoy he estado con unos amigos en la plaza de España. Es una plaza muy bonita que está al lado del Parque de María Luisa. La plaza de España se creó para la Exposición Hispanoamericana del año 1929. Hay también pabellones que representan a los países hispanoamericanos como México, Perú, Guatemala… También está el pabellón de Portugal, los Estados Unidos e incluso el de Marruecos. Es precioso. ¡Lo pasamos muy bien!

Ahora estoy en casa y pienso en ti. Por eso te estoy escribiendo. Yo vivo, además, cerca de un río, que se llama Guadalquivir. Sevilla tiene muchas tradiciones como el flamenco, la feria de abril y la Semana Santa. A los sevillanos les encanta pasear, comer y beber bien. Saben disfrutar de la vida mucho. Son muy simpáticos y amables. Te mando una foto de un bar al lado de casa para que veas el ambiente.

¡Ah! Cuando sales de mi casa y giras a la derecha está el barrio de Los Remedios. Allí está el recinto de la Feria de Sevilla. ¡Está muy cerca! ¿Por qué no vienes en marzo o abril?. ¡A mí me encantaría! En marzo es normalmente la Semana Santa y en abril es la feria. Sevilla es preciosa y, como dicen los sevillanos, ¡Sevilla tiene un color especial!

Bueno, te voy a dejar, hoy es el cumpleaños de mi hermana y la voy a llamar. Además se me olvidó el cumpleaños de Anita, mi sobrina. ¡Van a pensar que ya no me acuerdo de ellos!

Un beso muy grande,

Roberto

Aspecto i

1. ¿Cómo se llama el barrio donde vive Roberto ahora? ¿En qué ciudad está?

2. ¿Cuál es el tema principal del texto? Marca la opción correcta.

- La vida en general en las ciudades españolas.

- La vida de Roberto en España, de su barrio, de lo que se puede hacer, etc…

- Las vacaciones de verano en Andalucía, donde puedes ir a los bares, ver la Semana Santa y la Feria de Sevilla, etc…

3. ¿Verdadero o falso? Justifica.

	V	F
El barrio de Roberto está cerca del centro de la ciudad.		
En el barrio no hay muchos bares.		
Para ir al centro de la ciudad debes cruzar un puente.		
La casa de Roberto está muy lejos de donde se celebra la Feria de Abril de Sevilla.		
Hoy es el cumpleaños de la abuela de Roberto.		

4. Escribe tres cosas que se pueden hacer donde vive Roberto.

Aspecto ii

5. ¿Qué tipo de texto es? ¿Por qué lo sabes?

6. ¿Es el texto formal o informal? ¿Por qué lo sabes?

7. ¿Por qué escribe Roberto este texto? ¿Cuál es su intención?

Aspecto iii

8. ¿Te gustaría vivir en el barrio de Triana? ¿Por qué?

9. ¿Es la gente en Sevilla como la gente donde tú vives? ¿Por qué? Responde según la información del texto escrito y visual.

10. ¿Qué diferencias hay entre el lugar donde vive Roberto y donde vives tú? ¿Qué lugar prefieres? ¿Por qué?

Mantén una conversación con tu profesor/-a sobre tu ciudad "inteligente" ideal. Compara esa ciudad con el lugar donde vives ahora.

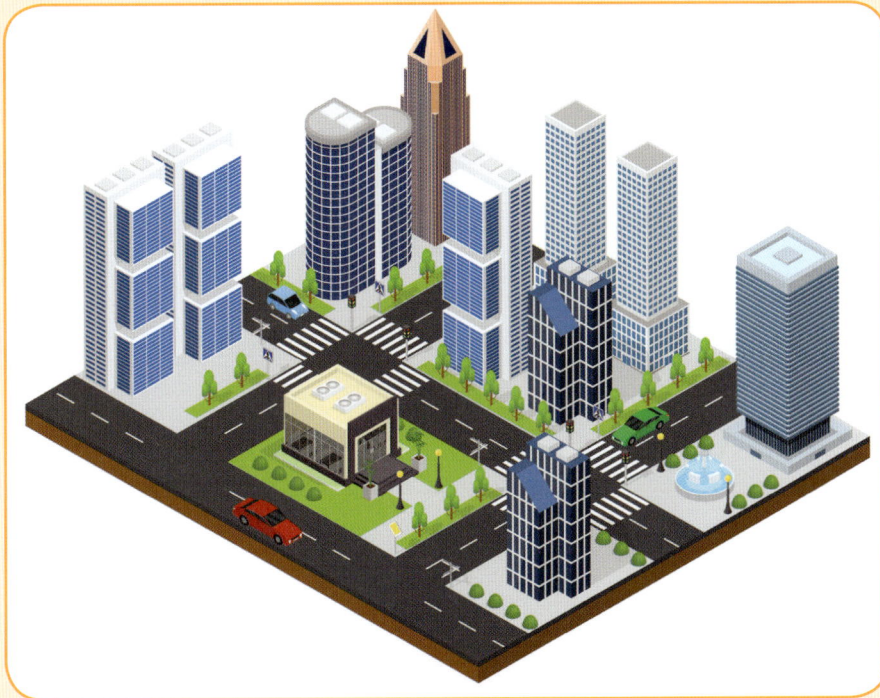

Criterios C y D (escrito)

Vas a invitar a un estudiante hispanohablante a vivir contigo por un tiempo. Escribe un correo electrónico donde describes donde vives, qué se puede hacer y cómo es tu comunidad.

ESTA ES MI COMUNIDAD: ¡BIENVENIDOS!

🗨 Reflexión

Find the activities where you have practiced the objectives of this unit, reflect on your learning and complete the table:

	😊	😐	🙁
describir tu barrio			
decir qué hay en el lugar donde vives			
usar los verbos "ser", "hay" y "estar"			
nombrar las profesiones que existen en tu comunidad			
reconocer las características de comunidades diferentes			
presentar tu barrio y comunidad			
hablar de las ventajas y desventajas que tiene vivir en barrios diferentes			
preguntar por el camino e indicar cómo se llega a un lugar			
escribir un folleto turístico de tu barrio			
realizar una investigación sobre una ciudad latinoamericana			
diseñar una ciudad ideal			

Reflect on the Statement of Inquiry of the unit

Comunicamos mensajes con diferentes propósitos sobre el lugar donde vivimos y con el que estamos conectados.

We communicate messages for different purposes about the place where we live and with which we are connected.

Are you able to connect this statement with the tasks of this unit? Find activities where

- you communicate messages about the place where you live
- you speak and write texts for different purposes
- you show connections with the place where you live.

Find where in the unit you have practiced these learning strategies.

How do you think these ATL help you to achieve the attributes of the learner profile for this unit (balanced, knowledgeable)? What about the other attributes?

Have you used these approaches to learning skills to be successful in the different tasks? What about the summative tasks?

Approaches to learning:

- **Research – Information literacy skills**
  - **Finding, interpreting, judging and creating information**
    - **Use memory techniques to develop long-term memory**
    - **Present information in a variety of formats and platforms**
    - **Evaluate and select information sources and digital tools based on their appropriateness to specific tasks**
- **Thinking – Critical thinking skills**
  - **Recognize and evaluate propositions**
  - **Draw reasonable conclusions and make generalizations**
- **Communication – Communication skills**
  - **Negotiate ideas and knowledge with peers and teachers**

💭 Reflexión

In this unit you have learnt how to describe your neighborhood or town and the community you live in. Our purpose in this unit is for you to open your mind and realize that there are many kinds of neighborhoods and that communities can also be very varied. In many international schools the community is also very interesting since it is diverse and this definitely enriches you as a person.

Besides respecting the people we live with, we need to look after the environment in the place where we live. We are the future of our world and it is important to feel good where we live. Is your neighborhood clean? Is it safe? What kind of facilities does it offer? Try to be involved in projects to keep it as a good place to live and respect the community that lives in it!

"WWW", una herramienta para aprender

Contexto global
Innovación científica y técnica

Conceptos relacionados
Función, destinatario

Concepto clave
Comunicación

Perfil de la comunidad de aprendizaje
Buenos comunicadores, reflexivos

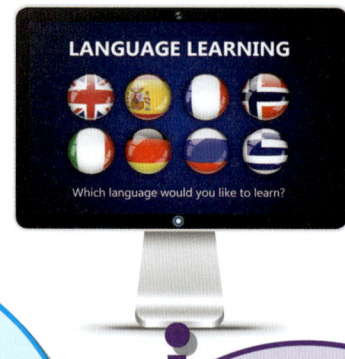

LANGUAGE LEARNING

Which language would you like to learn?

Pregunta conceptual

¿Qué función tiene el Internet en la comunicación?

¿Cómo influye el Internet en el aprendizaje?

¿Es el lenguaje el mismo para los destinatarios de los textos en línea que para los destinatarios que no usan el Internet?

Pregunta fáctica

¿Qué herramientas en línea puedo usar para aprender una lengua?

¿Qué se puede aprender usando el Internet?

Pregunta debatible

¿Cómo aprendemos mejor, con o sin Internet?

Enunciado de indagación

Las nuevas tecnologías nos ayudan a comunicarnos con diferentes destinatarios y a aprender.

	Al final de esta unidad, vas a poder...
⊘	usar el vocabulario relacionado con las nuevas tecnologías
⊘	comparar las maneras de comunicación en el pasado y en la actualidad
⊘	presentar cómo las innovaciones tecnológicas han influido en la comunicación
⊘	hablar de las ventajas y desventajas que el Internet tiene para aprender una lengua
⊘	reflexionar sobre el lenguaje escrito en los mensajes instantáneos en línea
⊘	reconocer el acento de las palabras y cuándo llevan tildes o acento gráfico
⊘	usar las formas del pretérito perfecto compuesto
⊘	expresar lo que has hecho últimamente
⊘	analizar y evaluar algunas herramientas en línea para aprender español

10.1 El vocabulario del Internet

a. ¿Sabes qué significan estas palabras?

la pantalla

el teclado

@ (arroba)

papelera

una página web

copiar y pegar

el teléfono inteligente

el perfil

el portátil

el ratón

el enlace

el navegador

la tableta

navegar

la contraseña

la aplicación

b. Relaciona ahora las palabras con las imágenes.

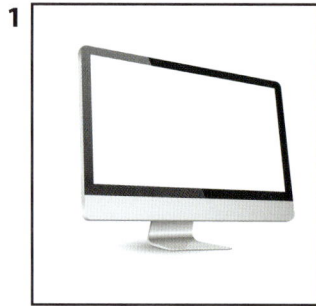

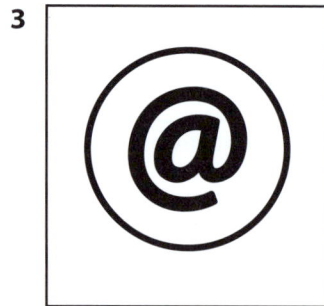

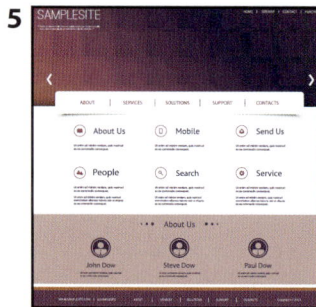

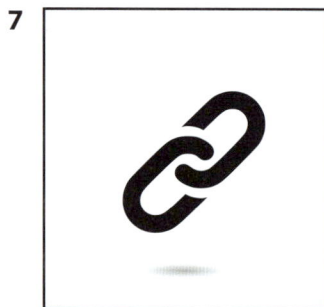

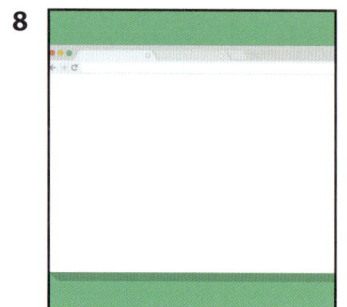

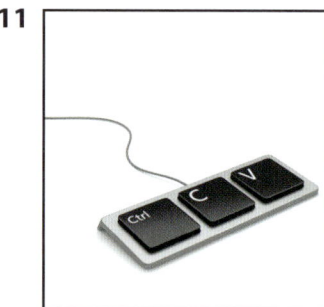

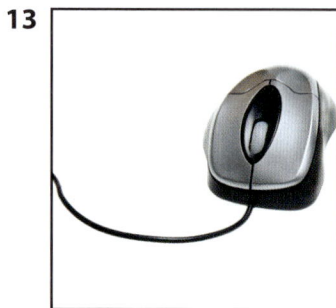

1

2

3

4

5

6

7

8

9

10

11

12

13

14

15

16

c. Escribe frases con cada una de las palabras del ejercicio anterior. Usa los siguientes verbos.

tirar	borrar	escribir	copiar	pegar
reiniciar	encender	apagar	bajarse	buscar

Ejemplo:

Reinicio mi computadora cuando me bajo aplicaciones nuevas.

d. Trabaja en pareja. Una persona dice una palabra relacionada con la informática. El compañero o la compañera dice la primera palabra que pasa por su pensamiento. Luego, la primera persona dice la primera palabra en que piensa. ¿Qué pareja consigue decir más palabras?

Ejemplo:

Primera persona: computadora

Segunda persona: Internet

Primera persona: correo electrónico

Segunda persona: arroba

Primera persona: teclado

(etc.)

10.2 La comunicación antes y ahora

📖 Leemos

a. Un rompecabezas de lectura

Paso 1: La clase se divide en 6 grupos. Cada grupo va a leer el párrafo del texto que se refiere al número que tiene. Las personas del grupo 1 van a leer el párrafo 1 del texto "La comunicación rápida". Lean juntos y discutan para que todos los miembros del grupo comprendan bien el texto. Ustedes van a ser los expertos en esta información.

Paso 2: Redistribuir los grupos para que cada nuevo grupo tenga una persona que leyó el párrafo 1, una que leyó el párrafo 2, una que leyó el párrafo 3, etcétera.

Paso 3: Una persona enseña a su nuevo grupo la información de su párrafo y los otros le hacen preguntas y completan la información de la tabla que hay al final de la actividad.

La historia de la comunicación

La comunicación rápida[1]

Los seres humanos siempre han usado su creatividad para comunicarse con los demás acerca de su mundo y su existencia. Pero también, a veces, era necesario comunicar un mensaje lo más rápido posible.

[1]Claudio, Pellini. "Breve historia de la comunicación humana: evolución en el tiempo". *Historia y biografías*. N. p., 14 Oct. 2014. Web. 12 July 2016. <http://historiaybiografias.com/comunicacion/>

"Una breve historia del libro". *World Patent Information* 13.3 (1991): 179. *La Fábrica de Libros*. Unión Gráfica Asturiana y Eujoa Artes Gráficas. Web. 12 July 2016. <http://lafabricadelibros.com/pdf/Historia.pdf>

Párrafo 1: Obviamente, usamos la voz para comunicarnos con otras personas, pero en el pasado se usaba un sistema muy bueno para comunicarse a larga distancia. En la antigua Persia, los hombres podían gritar muy fuerte las noticias. Otro hombre escuchaba de lejos y gritaba de nuevo estas noticias, las cuales escuchaba otro hombre... y la cadena continuaba. De esta manera, se podía comunicar un mensaje más rápidamente de lo que podía correr un caballo. ¿Piensas que podrías comunicarte de esta manera?

Párrafo 2: Los tambores también pueden transmitir un mensaje a larga distancia. Este sistema se usó durante siglos y actualmente se usa en algunas sociedades indígenas. Con este medio, los antiguos galos (una tribu celta que vivía en Europa) podían transmitir una noticia a 240 kilómetros de distancia en pocas horas.

Párrafo 3: El fuego funcionaba como una "telegrafía óptica". Por la noche se puede ver muy bien el fuego, así que en el pasado se encendían antorchas en los puntos elevados para que otros pudieran verlas desde una gran distancia. Las antorchas se movían para formar letras del alfabeto y comunicar el mensaje. En los tiempos de Alejandro Magno (356-323 a. C.) se comunicaba un mensaje desde la India hasta Grecia (una distancia de casi 6.000 kilómetros) en cinco días.

Párrafo 4: El correo tiene una larga historia. Ya 3.000 años antes de Cristo, los romanos usaban un servicio de correos para transmitir sus noticias. Los griegos y los romanos usaban carros con caballos en su servicio postal. En el Imperio romano, los correos llegaban a recorrer 320 kilómetros en 24 horas.

Párrafo 5: Los caballos eran una buena manera de llegar lejos con un mensaje. En el año 1200, los chinos crearon un sistema en el que se cambiaba el caballo cada 40 o 50 kilómetros. Así era posible llegar a recorrer 400 kilómetros en un día. Durante muchos siglos, ésta era la velocidad media a la que viajaban las noticias por el mundo.

Párrafo 6: En el año 1832, el estadounidense Samuel Morse transmitió un mensaje con su aparato telegráfico electrónico. Morse usó su propio código para el alfabeto y pudo mandar un mensaje a una distancia de 16 kilómetros en unos segundos. En el año 1844 se puso en servicio la primera línea telegráfica del mundo, entre Washington D. C. y Baltimore, en los Estados Unidos.

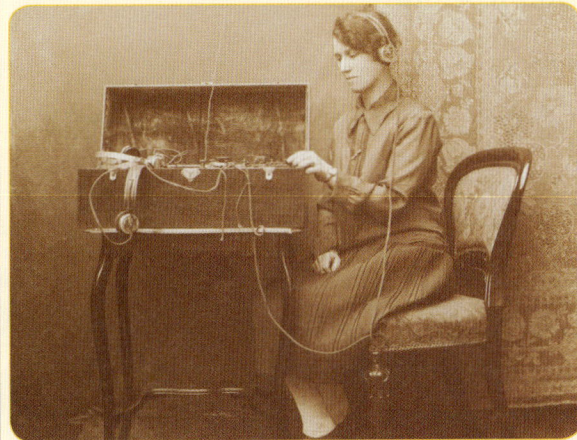

Trabajo en grupo: Escucha la información que te dice la persona del otro grupo. Completa la tabla de abajo con tus apuntes de la información. Pide la información a la persona; no hay que leer todos los párrafos.

Invento tecnológico	Cultura/civilización que lo usaba	Época	Hechos (información) interesantes

Lengua

Do you remember the forms of the *pretérito imperfecto*? Find the verbs in the text that are written in this tense and write their infinitives. Choose one verb of the first conjugation (-*ar* verbs) and conjugate all the persons. Choose another verb of the second and third conjugation (-*er* and -*ir* verbs) and conjugate all the persons too.

Which verb is irregular?

Why is this tense used in the text? Does the text refer to the present or the past?

We use the *pretérito imperfecto* to describe the past. In this case the text describes habits or ways of communication in the past.

b. ¿Cómo era la comunicación antes (*before*) comparada con ahora (*now*)? Escribe frases donde comparas las maneras de comunicación.

Ejemplo:

Antes la gente escribía cartas en papel, ahora la gente escribe mensajes electrónicos.

c. Vas a realizar una presentación sobre el siguiente tema:

> # Las innovaciones tecnológicas mejoran la comunicación.

1. ¿Qué te preguntas sobre este tema? ¿Qué te gustaría saber?

¿Qué ideas están relacionadas con tu pregunta?

¿Qué sabes ya de estas ideas?

¿Qué necesitas investigar de estas ideas?

¿Cómo las vas a investigar?

2. Usa este organizador gráfico para tomar apuntes de tu tema.

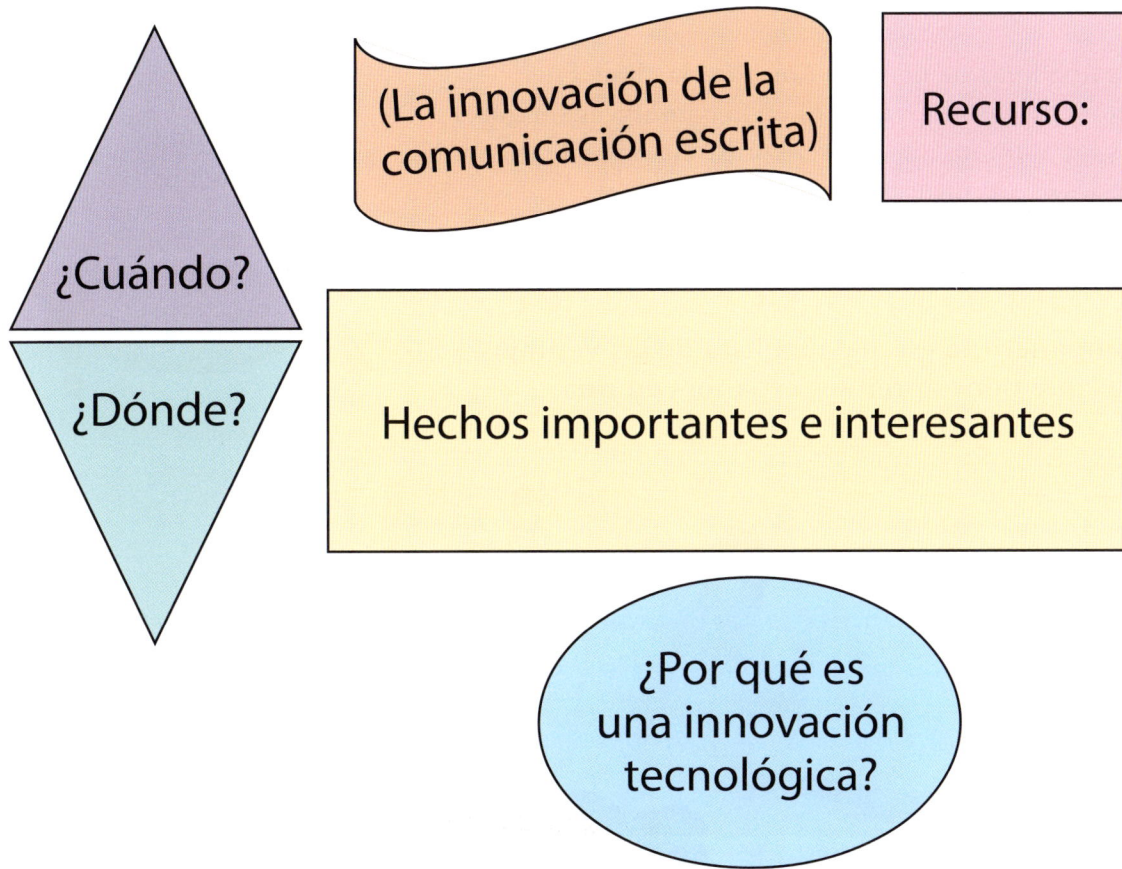

¿Cuándo?

¿Dónde?

(La innovación de la comunicación escrita)

Recurso:

Hechos importantes e interesantes

¿Por qué es una innovación tecnológica?

3. Responde a las preguntas siguientes para organizar tu presentación:

- ¿Cuál es el propósito de tu presentación?
- ¿Cuál es el mensaje que quieres comunicar?
- ¿Quiénes son los destinatarios?
- ¿Qué medio de comunicación puedes usar para comunicar tu mensaje?

Destinatario

Presenta la información que tienes a la clase. Piensa bien en qué tipo de tecnología puedes usar para comunicar la información a la clase y a tu profesor o profesora (los destinatarios).

Criterios **Ci, iii, iv; D**

ATL **Comunicación – Habilidades de comunicación**

Since you started to learn Spanish you have been considering the elements that play a part in communication. As you know, learning a language is not just learning new words and grammatical structures. You need to take into consideration other elements and factors that influence communication. What is the context in which the communication takes place? Who is the audience? What is the purpose of the communicative exchange?

As you see, you need to consider sociocultural and pragmatic aspects. Why is this important? A grammatical mistake can be corrected easily enough, but a cultural mistake using language is difficult to correct since people can judge you based on your behavior and way of communicating. Have you ever had a cultural misunderstanding with somebody?

🔗 Conexión interdisciplinaria: Individuos y Sociedades

¿Sabes lo que es una línea de tiempo? Con toda la clase, crea una línea de tiempo de las innovaciones en la comunicación que investigan todos los alumnos de la clase. Pongan la línea de tiempo de las innovaciones en un lugar de la clase.

¿

Pregunta fáctica

¿Qué se puede aprender usando el Internet?

?

10.3 Aprender español por Internet

a. Con un/a compañero/-a escribe una lista de las ventajas y desventajas que tiene aprender español con una página web.

b. Lee el texto y contesta las preguntas.

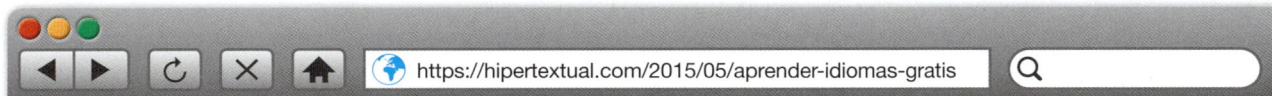

https://hipertextual.com/2015/05/aprender-idiomas-gratis

7 excelentes webs para aprender idiomas

¿Quieres aprender una nueva lengua? Con estas webs aprender un nuevo idioma es rápido y gratis.

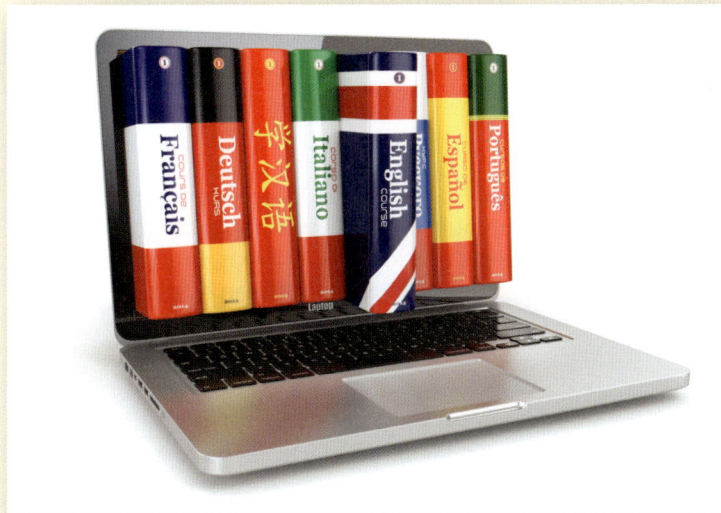

Actualmente, es necesario hablar más de un idioma. El inglés, aunque no es el idioma más hablado, es considerado el idioma universal. Pero no todos podemos hablar esta lengua ya que no era una tarea sencilla para los hispanohablantes. Pero hoy, aprender un nuevo idioma nos abre las puertas a nuevos mundos, a nuevas oportunidades de empleo y a nuevas relaciones personales. Estas son las nuevas webs para aprender a comunicarte de forma fácil y divertida.

Babbel

Aunque Babbel no es del todo gratuita, no podíamos dejar de mencionarla en esta lista porque es una forma fácil y eficaz para aprender un idioma. La experiencia propia de los fundadores ha ayudado a hacer de Babbel un servicio único, en el que cualquier persona puede mejorar su nivel lingüístico. Para Apple, esta herramienta está disponible en el Apple Watch, que puede detectar automáticamente palabras útiles dependiendo del contexto en el que nos encontramos. Genial, ¿no?

Duolingo

Duolingo es, quizás, uno de los servicios favoritos entre los usuarios. La versión móvil es muy cómoda de utilizar y la interfaz es muy amigable. Actualmente puedes aprender español, inglés (para hispanohablantes), francés, alemán, portugués, italiano y otros idiomas.

Busuu

Lo mejor de Busuu es su gran comunidad de usuarios y hablantes nativos con los que puedes interactuar por medio del chat; esto hace que el aprendizaje sea menos formal y mucho más productivo. Con Busuu practicas las cuatro destrezas básicas para aprender un idioma: leer, escribir, escuchar y hablar.

https://hipertextual.com/2015/05/aprender-idiomas-gratis

Livemocha

Las lecciones de aprendizaje de Livemocha se estructuran en leer, escribir, escuchar y hablar pero de forma separada, a lo que han llamado un método *whole-part-whole*. Los estudiantes tienen que descomponer los elementos principales de la lengua y luego aplican sus conocimientos y verifican el aprendizaje. La versión Premium de Livemocha no es gratis, sin embargo, los usuarios pueden obtener créditos siendo tutores de otros alumnos, lo que implica aplicar lo aprendido y dar feedback acerca de sus habilidades.

Italki

Italki es una plataforma para aprender idiomas con profesores nativos. La premisa básica de este sitio es que no hay forma más eficiente de aprender un nuevo idioma que hablándolo; y por ello, las lecciones recibidas son impartidas por profesores particulares. Además, lo aprendido también puede ponerse en práctica con la comunidad de usuarios que utilizan esta plataforma.

Open Culture

Open Culture tiene la más completa **colección de recursos para aprender 48 diferentes idiomas**. Desde audiolibros, cursos online, MOOCs, películas, libros electrónicos, textos y otros recursos, Open Culture te ofrece un contexto más amplio de conocimiento especializado y así tu aprendizaje es aún más real.

Lingualia

Lingualia utiliza una inteligencia artificial, llamada Lingu, que puede personalizar de forma automática cada curso al nivel del estudiante a través de una variedad de elementos. Lingu es tu entrenador y está pendiente de tu progreso, nivel, tiempo libre y motivación. El material que utiliza Lingualia va desde lecciones, audios, tarjetas de gramática, diálogos con imágenes y audio, hasta ejercicios de uso práctico y realista del lenguaje. El servicio está disponible para ordenadores, tabletas y dispositivos móviles para sincronizar de forma automática tus lecciones.

MÁS DE: CURSOS ONLINE, EDUCACIÓN, IDIOMAS

Comenta sobre este y otros temas en nuestra comunidad

Puedes entrar con tu cuenta de Facebook, Twitter, Google o LinkedIn

(Texto adaptado de *https://hipertextual.com/2015/05/aprender-idiomas-gratis*)

1. Según el texto, ¿qué dos ventajas tiene aprender una lengua con la web?

Criterio Bi

2. ¿Qué ideas se mencionan en el texto?

☐ El inglés es el idioma más hablado del mundo.

☐ Para los hispanohablantes aprender español ha sido una tarea difícil.

☐ Si hablas idiomas, puedes encontrar un buen trabajo.

☐ Es divertido comunicarte con las personas por Internet.

3. Relaciona la información con las webs.

1 Babbel	Tiene una versión para usarlo en el celular.
2 Duolingo	Los usuarios pueden ayudar a otros usuarios en el aprendizaje.
3 Busuu	Tiene el mayor número de recursos para aprender.
4 Livemocha	Hay que pagar un poco por usarlo.
5 Italki	Tienes clases particulares con profesores nativos.
6 Open Culture	Tienes un entrenador personal que te ayuda en el aprendizaje.
7 Lingualia	Puedes chatear con otros usuarios.

Función

Criterio Bii

c. **El texto es un artículo. Analicemos sus convenciones. ¿Cuáles son las características del formato? Busca:**

- El título
- ¿Hay imágenes? ¿Cuál es su función?
- La introducción. ¿Cuál es su función?
- ¿Está el artículo publicado en papel o en línea? ¿Cómo lo sabes?

d. **¿Qué web crees que es la mejor para aprender español? ¿Por qué? Busca argumentos.**

Criterio Biii

Para mí…

Yo creo que…

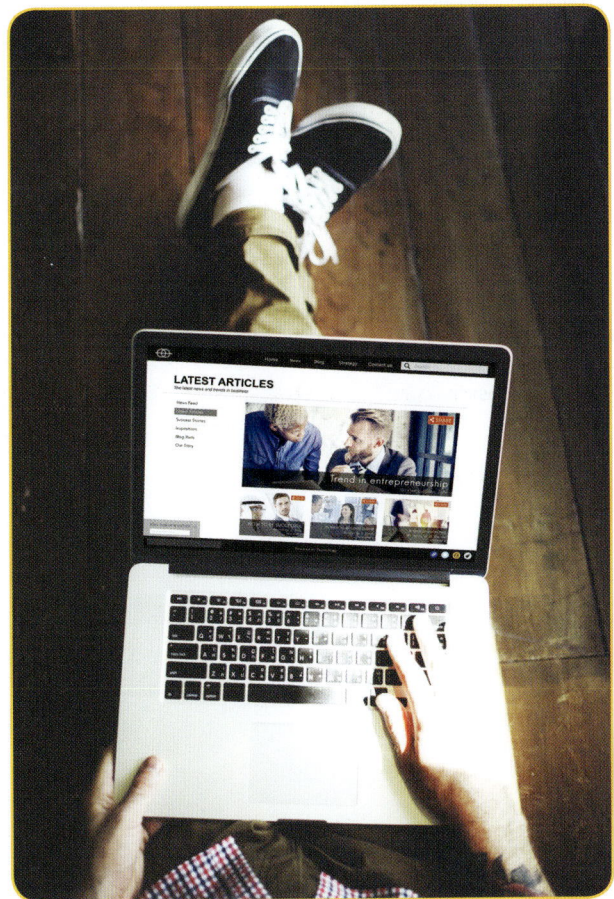

Autogestión – Habilidades de organización

- We all learn in different ways and have different learning styles. There are students who are more visual, others learn better by hearing and others by moving or touching. By choosing a website to learn a language you can also consider the way you learn best. There are many online possibilities and you need to see which website best suits your learning style.

- Above all it is important that you select and use technology effectively and productively. It is very easy to be diverted from the task in hand and waste time. It is your responsibility to use the time properly if you choose to learn Spanish using an online tool. It is a valuable way of improving your language skills but do not forget to use your time in class productively too! Human interactions are the most important thing!

¿ Pregunta debatible ?

¿Cómo aprendemos mejor, con o sin Internet?

10.4 Así escribimos por la web

Criterio Bi

a. **Lee los siguientes mensajes. ¿Cuál es el tema principal de cada conversación? Relaciona los mensajes con los temas.**

1

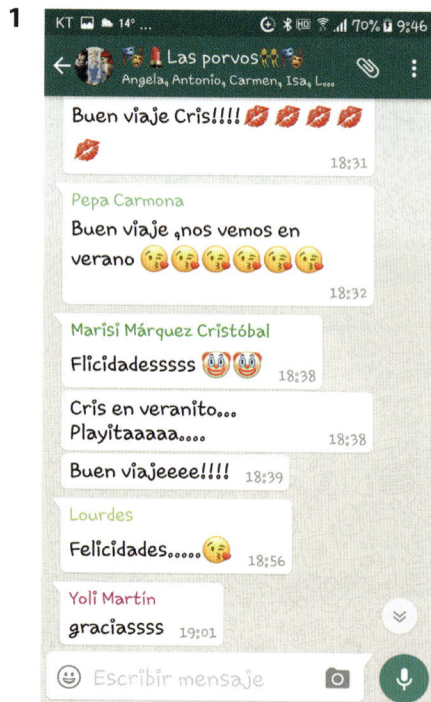

2

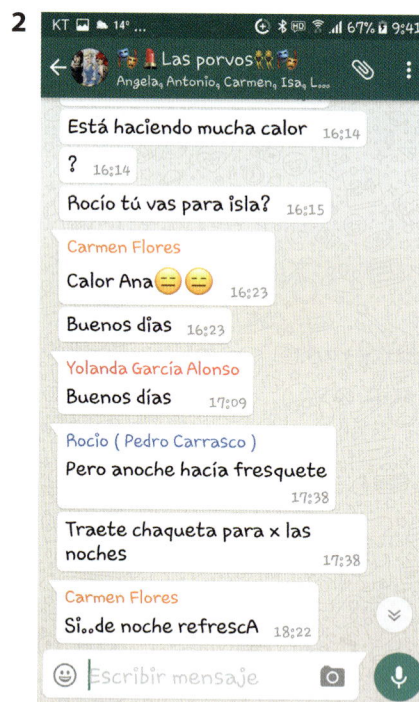

¿ Pregunta conceptual ?

¿Es el lenguaje el mismo para los destinatarios de los textos en línea que para los destinatarios que no usan el Internet?

3

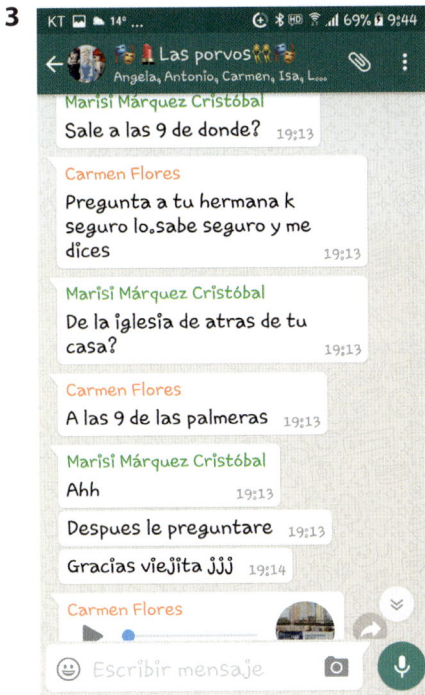

> **Marisi Márquez Cristóbal**
> Sale a las 9 de donde? 19:13
>
> **Carmen Flores**
> Pregunta a tu hermana k
> seguro lo,sabe seguro y me
> dices 19:13
>
> **Marisi Márquez Cristóbal**
> De la iglesia de atras de tu
> casa? 19:13
>
> **Carmen Flores**
> A las 9 de las palmeras 19:13
>
> **Marisi Márquez Cristóbal**
> Ahh 19:13
> Despues le preguntare 19:13
> Gracias viejita jjj 19:14
>
> **Carmen Flores**

4

> **Rocío Luis**
> Jajajaja 17:29
>
> **Yolanda García Alonso**
> Buenos días chic@s 17:36
>
> **Carmen Flores**
> Eso lo,vi ayer jJajajaha 18:02
>
> **Rocío Luis**
> Que bochoornooooo 18:04
>
> **Yolanda García Alonso**
> Que vaya a la voz 🐶 18:53
> Jijiji 18:53
>
> **+34 646 51 57 43** ~Ana
> Anda que la gente, vaya tela 18:55
>
> Jajajajaja 18:55

Tema	Mensaje
El tiempo	
La hora y el lugar	
Felicitaciones	
Algo divertido	

b. **Busca en los mensajes ejemplos de:**

1. Una palabra que normalmente lleva tilde (acento gráfico) y aquí no lleva tilde: ……………………..

2. Una palabra donde se repite muchas veces una consonante o una vocal: ………………………….

3. Una palabra que representa la risa (*laugh*): ………………………….

4. Otro error ortográfico o de puntuación (*spelling or punctuation mistake*): ………………………….

c. **Mira ahora el siguiente video y contesta las preguntas.**

https://www.youtube.com/watch?v=6u1NTxAgfDM

🔍 **Palabras de búsqueda:**

Reportaje Especial: El atropello al lenguaje en las Redes Sociales

Pregunta conceptual

¿Qué función tiene el Internet en la comunicación?

1. Relaciona las palabras y forma frases según la información del texto oral.

Criterio **Ai**

1. La tecnología ha cambiado los medios de	**a.** ahora lo hacen en las redes sociales.
2. Los jóvenes acortan las palabras	**b.** que no es la forma adecuada de escribir.
3. Muchos estudiantes universitarios son conscientes (*aware*) de	**c.** comunicación y también la forma de cómo se escribe.
4. Muchas personas que antes no escribían,	**d.** para manifestar una emoción.

2. Escribe un ejemplo que ves o escuchas en el video de:

   ● Una abreviatura: ....

   ● Un error de ortografía: ....

3. Según el texto, ¿qué es el cyberlecto?

4. ¿Verdadero o falso?

	V	F
Los errores no están bien vistos en el ámbito académico o laboral.		
Es una manera fácil de comunicarse y correcta.		
El autocorrector es una ayuda pero puede causar problemas en la comunicación.		

5. ¿Dónde puedes ver este texto audiovisual? ¿Por qué lo sabes?

Criterio **Aii**

6. ¿Cuál es la intención de este texto?

7. ¿Cometen los jóvenes errores también en tu lengua cuando escriben mensajes instantáneos? ¿Puedes dar algunos ejemplos? Compara con los ejemplos que se dan en este texto.

Criterio **Aiii**

d. **Aquí tienes otro video. ¿Qué expresiones tomadas del inglés se usan en las redes sociales?**

https://www.youtube.com/watch?v=YE83mjK7Oj4

🔍 **Palabras de búsqueda:**

Lenguaje de redes sociales

e. Lee el texto. ¿Tiene el autor una actitud positiva o negativa ante el chateo? ¿Por qué?

El fin de la ortografía

Escrito por Agustín Garmendia, el martes 25 de abril

Con el desarrollo del chateo, las personas escriben más —y mucho peor— que en cualquier otro período en la historia. Chatear no es una lengua: es una deformación del lenguaje. Si permitimos que los jóvenes sigan chateando así, estamos permitiendo que pierdan la habilidad de escribir correctamente. Este joven no va a tener las mismas oportunidades en el futuro, porque un joven que comete errores en el lenguaje escrito no tiene futuro ni académico ni profesional. ¿Qué piensan ustedes?

🗨 Hablamos

f. ¿Cuál es tu opinión sobre el lenguaje de mensajes instantáneos?

Criterios **C y D**

● ¿Es una lengua como las otras y demuestra la creatividad de las personas?

● ¿Es una abominación de las reglas de la lengua escrita y es simplemente incorrecta?

● Si tú chateas mucho, ¿vas a perder tu habilidad de usar el lenguaje "correcto"?

En la clase, formen dos grupos para debatir los dos lados.

Lengua

La tilde o acento gráfico

You have realized no doubt that in Spanish some words have a written accent on one of the vowels (´). We call this a *tilde* or *acento gráfico*. By reading and writing words often you will learn if they have an accent or not. But here are a few hints that can help you to decide if a word has a written accent or not.

1. Words that finish in -n, -s or a vowel have the stress on the second last syllable.

leen, viven

hablas, escribimos, casas

hola, palabra, libro

2. Words that finish in a consonant (with the exception of -n and -s) have the stress on the last syllable.

ordenador, interfaz, nariz, pincel

3. All words that don't follow these rules have a written accent or *tilde*.

información, canción

vivís, francés, además

Perú, sofá, café, menú

América, sílaba, música

Can you figure out why the words of the third group have a *tilde*? Look at the first two rules and compare!

Words that only have one syllable don't have a *tilde*, with the exception of words that mean two different things (*él – el, tú – tu, más – mas, té – te*). Question and exclamation words always have a *tilde*: *Qué – Cómo – Dónde – Por qué – Cuándo – Cuánto…*

g. **Marca dónde van acentuadas las siguientes palabras.**

libro	botella	televisión	celular	móvil
teléfono	pantalón	cocina	brújula	

h. **¿Qué palabras llevan tilde?**

pantalla	buscador	musica	ingles	alfombra
portugues	miercoles	Belgica	Africa	
comer	vives	español	marroqui	

Escribimos

i. Escribe un comentario como respuesta a la entrada de blog de 10.4e donde das tu opinión sobre cómo los jóvenes usan el lenguaje cuando chatean.

Criterios C y D

10.5 ¿Qué relación tienes con el español?

a. En parejas, contesta la encuesta.

○ ¿Has estado alguna vez en un país de habla hispana?

○ ¿Has ido alguna vez a un restaurante peruano?

○ ¿Has comido alguna vez una comida típica de España?

○ ¿Has hablado alguna vez en español por Skype?

○ ¿Has chateado alguna vez en español?

○ ¿Has practicado alguna vez español con una página web?

○ ¿Has escrito alguna vez un texto en español sin mirar en el diccionario electrónico?

○ ¿Has podido estar este curso un día sin celular?

Lengua

El pretérito perfecto o "present perfect"

How do you say the questions in the previous survey in English?

As you see, this tense is made up of two words:

The present tense of the verb *haber* + *participio* (past participle)

yo	he	
tú	has	
él, ella, usted	ha	+ participio
nosotros, nosotras	hemos	
vosotros, vosotras	habéis	
ellos, ellas, ustedes	han	

For the regular past participle you need to change the ending of the infinitive (-ar, -er, -ir) to -ado or -ido.

habl**ar** ⟶ habl**ado**

sab**er** ⟶ sab**ido**

viv**ir** ⟶ viv**ido**

In this tense, there are also many irregular forms that you need to learn.

abrir (to open): **abierto** (opened)

cubrir (to cover): **cubierto** (covered)

decir (to say): **dicho** (said)

escribir (to write): **escrito** (written)

freír (to fry): **frito** (fried)

hacer (to do): **hecho** (done)

morir (to die): **muerto** (died)

poner (to put): **puesto** (put)

resolver (to resolve): **resuelto** (resolved)

romper (to break): **roto** (broken)

ver (to see): **visto** (seen)

volver (to return): **vuelto** (returned)

We use the *pretérito perfecto* when we want to express an action done in the past but which somehow has a connection with the present.

Esta mañana he ido al colegio en autobús.

(This morning is still today, so the time is still in the present, but the action of going to school was done in the morning, in the past.)

This tense is also used when there is no reference to a specific time (ever: *alguna vez* or never: *nunca*).

Nunca he estado en la Patagonia argentina.

(Never until now, so the time is still connected to the present.)

The *pretérito perfecto* tense is mostly used in Spain. In Latin American Spanish another tense is more often used, the *pretérito indefinido* or the preterite. You can find the conjugation of this tense in the next unit.

b. **Elige un verbo de cada conjugación (-ar, -er, -ir) de la encuesta anterior y conjuga todo el paradigma en tu cuaderno.**

c. **Escribe qué has hecho hoy desde que te has despertado hasta que estás en la clase de español. Después compara con tus compañeros/-as. ¿Qué es igual? ¿Qué es diferente?**

d. **¿Qué has hecho últimamente (*recently*) para aprender español? Escribe frases.**

10.6 Herramientas en línea para aprender español

a. **¿Conoces alguna herramienta (*tool*) en Internet que uses para aprender español? Habla con tus compañeros/-as.**

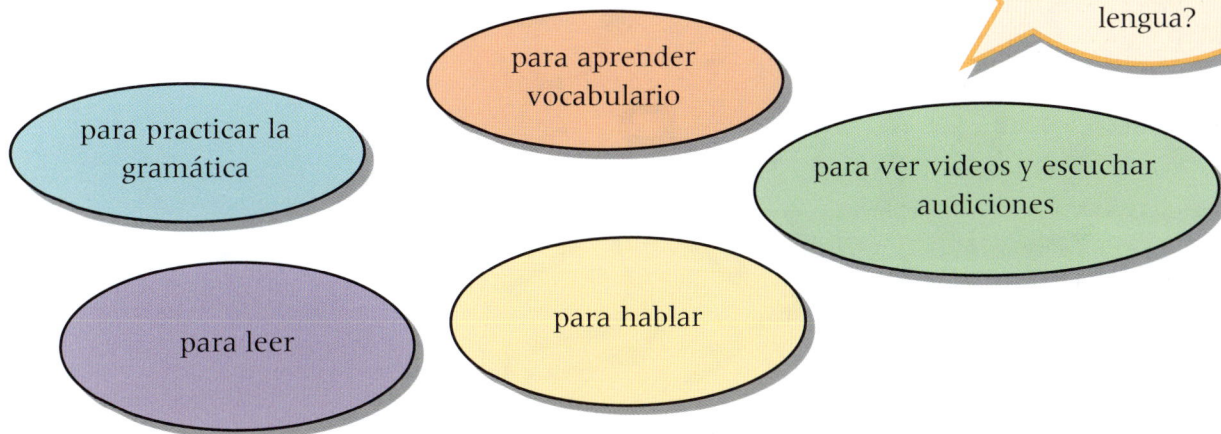

Pregunta fáctica

¿Qué herramientas en línea puedo usar para aprender una lengua?

para aprender vocabulario

para practicar la gramática

para ver videos y escuchar audiciones

para leer

para hablar

Ejemplo:

Yo conozco una página que sirve para… Se llama…

b. **En grupos, vamos a hacer una investigación sobre algunas webs para aprender español.**

Función, destinatario

Procedimiento:

1. Elige uno de los grupos.

2. Miren las webs e investiguen:

¿A quién va dirigido? ¿A niños, jóvenes, adultos?

¿Es fácil de usar?

¿Cómo es el diseño de la página?

¿Qué se puede aprender / practicar?

¿Te parece útil (*useful*)?

¿Es una buena herramienta para aprender español? ¿Por qué?

3. Realiza una presentación en clase sobre las webs de tu grupo. Después tienes que actuar como profesor de español, elige una web y ¡enseña a tus compañeros español!

Pregunta conceptual

¿Cómo influye el Internet en el aprendizaje?

GRUPO 1

www.quizlet.com
http://www.spanicity.com/
http://studyspanish.com/
https://espanol.lingolia.com/es/gramatica
http://verbmaps.com/es/
http://www.spanish.cl/
https://babadum.com/

GRUPO 2

http://www.videoele.com/
http://spaniardsinlondon.com/
http://es.maryglasgowplus.com/videos
http://www.laits.utexas.edu/spe/int08.html
https://rockalingua.com/
https://es.lyricstraining.com/es
https://www.playposit.com/curriculum/browse/spanish
https://edpuzzle.com/

GRUPO 3

http://www.practicaespanol.com/
http://babelnet.sbg.ac.at/carlitos/
http://www.ver-taal.com/index.htm
http://aprenderespanol.org/index.html
http://www.bbc.co.uk/languages/spanish/

Investigación – Habilidades de alfabetización mediática

It is not an easy task to analyze and extract the information you need for your purposes from a variety of sources and media. Sometimes we can become overwhelmed by the volume of information and become distracted from the task. In this task you have compared, contrasted and drawn connections between all the resources. What did you find difficult? Did you find it easy to identify the information you needed for your presentation? What did you choose? Keeping in mind that the aim of the task was to show the information to your classmates and act as a teacher, how did you decide what to do?

🔗 Conexión interdisciplinaria: Diseño

Have you ever thought of creating a website or a blog for learning purposes? One idea is to create your own website for reflecting on your learning. Sharing ideas is great since many people can learn from you and you learn from others too.

There are many pages that you can use to create your website or blog. It is up to you how you want to design your site. Nowadays it's also an important skill for the future, for when you want to apply for university, jobs or internships. Why don't you give it a try?

Evaluación sumativa

Mira el video y contesta las preguntas.

https://www.youtube.com/watch?v=pQ6QZa6AC1w

🔍 **Palabras de búsqueda:**

Cómo aprender inglés gratis por Internet

Aspecto i

1. ¿Qué lengua se puede aprender por Internet?

2. Nombra dos sitios web para aprender el idioma.

   a. ....

   b. ....

3. ¿En qué lenguas se explica cómo se puede registrar en la página web?

4. Marca qué se puede practicar en la página web:

   ☐ vocabulario

   ☐ quizzes

   ☐ cultura

   ☐ práctica de la lengua

   ☐ comprensión de textos visuales

5. Nombra tres ventajas que tiene el aprendizaje por e-learning.

6. Además de las páginas web, nombra dos sitios dónde también se puede aprender y practicar la lengua.

Aspecto ii

7. ¿Cuál es la intención de este video?

8. ¿A quién va dirigido?

9. What function do these elements have in achieving the purpose of the visual and oral text?

   a. The music at the beginning:

   b. The way the person is speaking:

   c. The images:

Aspecto iii

10. ¿Has aprendido alguna lengua por algún medio parecido a los que se mencionan en el video? Escribe de tu experiencia.

11. ¿Crees que se puede aprender una lengua por Internet? ¿Por qué? Justifica tomando información del texto.

12. ¿Te gustaría aprender español por algún medio de los que se mencionan? ¿Cuál? ¿Por qué?

Las herramientas online que usamos en clase

Escrito el 8 de septiembre

¡Hola amigos!

En esta entrada les quiero comentar cómo usamos las nuevas tecnologías en la clase. Aunque tengo profesores que no usan nada de tecnología, tengo otros que la usan mucho en clase.

Hay profesores que siempre enseñan solo con el libro de texto y hablan en clase. Nosotros tenemos que tomar apuntes y estudiar. Esta manera es para mí la más aburrida. ¡Así estudiaron mis abuelos!

Aquí me quiero referir a las clases donde usamos páginas web para aprender y otros recursos. Aquí una lista de proyectos que he hecho usando estas herramientas:

- Presentaciones con animaciones online, como Powtoon, CrazyTalk Animator o GoAnimate. Hemos hecho proyectos en la clase de inglés y en Ciencias. Creamos personajes y les ponemos voz. ¡Es muy divertido y fácil!

- Creador de libros con Picturebookmaker. Esta semana hemos hecho un proyecto en mi clase de Lengua y Literatura donde hemos creado un libro online personal. La verdad es que está genial ver tu propio libro en la web.

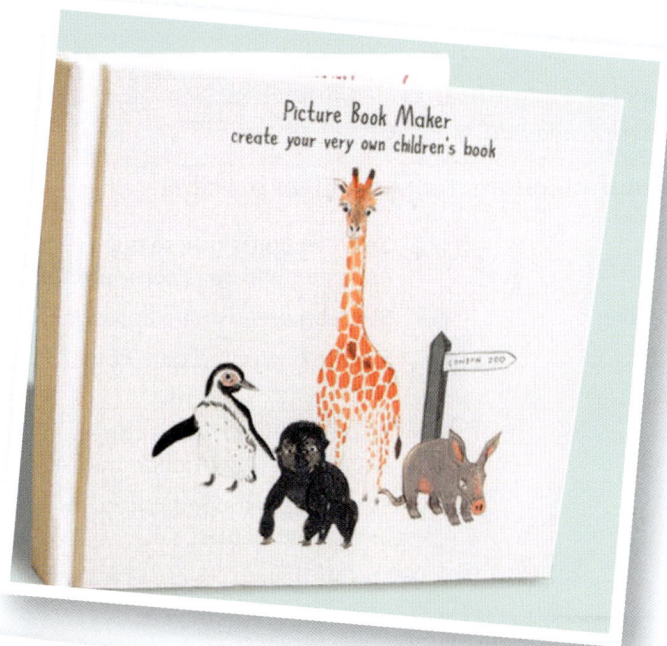

- Voki: una excelente herramienta donde pones voz a un avatar. Puedes diseñar al personaje como quieras, un hombre o una mujer, un animal o un personaje fantástico. También puedes poner diferentes tipos de acentos. Yo he creado a mi superhéroe favorito, Batman. 😉

- En esta página http://www.classtools.net/, mi profesor de Matemáticas crea muchos juegos. Las clases son muy divertidas. Las matemáticas siempre han sido muy difíciles para mí, pero desde que hacemos juegos, ¡me encantan!

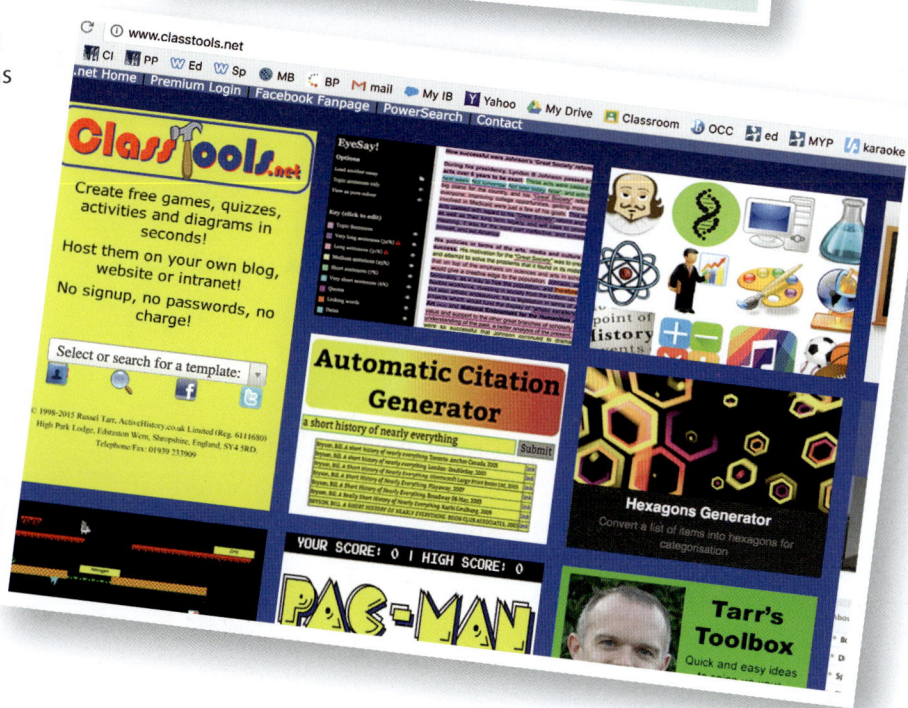

- En casi todas las clases usamos https://padlet.com/ En vez de poner pósters en la pared de la clase, creamos pósters virtuales y siempre podemos acceder a ellos con el enlace. ¿Lo han hecho alguna vez?

Bueno, esto es todo por ahora en esta entrada. ¿Conoces algunas de estas herramientas online? ¿Te gusta usarlas en clase? A mí personalmente me gustan algunas más que otras pero, en general, me gusta usar las nuevas tecnologías en clase. Claro, a veces perdemos el tiempo, pero en general es mucho mejor que escuchar siempre al profesor, leer y escribir en papel. ¿Qué piensas tú?

Aspecto i

1. ¿Cómo prefiere aprender el estudiante, con o sin tecnología? ¿Cómo lo sabes?

2. Nombra cuatro proyectos que el estudiante ha hecho usando herramientas de la web.

3. Nombra todas las asignaturas en las que el estudiante ha usado las nuevas tecnologías en la clase.

4. Clasifica las herramientas en línea con su función.

GoAnimate	Se crean libros que se pueden leer en la pantalla de la computadora.
Picturebookmaker	Se crean juegos para aprender.
Voki	Se crea una pared para colgar textos.
Classtools	Se crean animaciones con personajes que pueden hablar.
Padlet	Se crean personajes como un avatar que hablan.

Aspecto ii

5. ¿Dónde puedes leer este texto?

6. ¿Quién es el destinatario del texto?

7. ¿Cuál es la intención del texto?

Aspecto iii

8. ¿Has usado tú alguna de las herramientas online que se mencionan en el texto? ¿Por qué (no)? ¿Cuáles has usado? ¿Cuál ha sido tu experiencia?

9. ¿Qué sitios web te gustaría usar? ¿Por qué? ¿En qué asignatura podrías usarlos?

10. ¿Qué profesor crees que puede usar estas herramientas en tu clase? ¿Por qué? Da ejemplos de tareas que puedes hacer en las diferentes asignaturas y compara con la información del texto.

¿Es mejor aprender una lengua por Internet o en clase?
Habla con tu profesor/a sobre este tema.

Escribe una entrada de blog donde reflexionas sobre cómo el Internet
ha influido en la comunicación entre las personas.

💭 Reflexión

Find the activities where you have practiced the objectives of this unit, reflect on your learning and complete the table:

	😊	😐	🙁
usar el vocabulario relacionado con las nuevas tecnologías			
comparar las maneras de comunicación en el pasado y en la actualidad			
presentar cómo las innovaciones tecnológicas han influido en la comunicación			
hablar de las ventajas y desventajas que el Internet tiene para aprender una lengua			
reflexionar sobre el lenguaje escrito en los mensajes instantáneos en línea			
reconocer el acento de las palabras y cuándo llevan tildes o acento gráfico			
usar las formas del pretérito perfecto compuesto			
expresar lo que has hecho últimamente			
analizar y evaluar algunas herramientas en línea para aprender español			

Reflect on the Statement of Inquiry of the unit

Las nuevas tecnologías nos ayudan a comunicarnos con diferentes destinatarios y a aprender.

New technologies help us to communicate with different audiences and to learn.

Are you able to connect this statement with the tasks of this unit? Find activities where

- you communicate considering your audience
- you reflect on how the web helps you to communicate
- you reflect on how the web helps you to learn.

Find where in the unit you have practiced these learning strategies.

How do you think these ATL help you to achieve the attributes of the learner profile for this unit (communicators, reflective)? What about the other attributes?

Have you used these approaches to learning skills to be successful in the different tasks? What about the summative tasks?

Approaches to learning:

- **Communication – Communication skills**
  - **Use a variety of media to communicate with a range of audiences**
  - **Use intercultural understanding to interpret communication**

- **Self-management – Organization skills**
  - **Understand and use sensory learning preferences (learning styles)**
  - **Select and use technology effectively and productively**

- **Research – Media literacy skills**
  - **Locate, organize, analyse, evaluate, synthesize and ethically use information from a variety of sources and media (including digital social media and online networks)**
  - **Compare, contrast and draw connections between (multi)media resources**

Reflexión

Learning with the web is definitely an important part of life. Since you were born, you have had access to the internet and you probably can't imagine learning (or living) without it. It is important that you develop strategies to understand when you are actually keeping to the task and when you are not. As you know, it is very easy to become distracted when using your laptop or your phone. Are you actually learning for school or are you socializing? What amount of time do you actually spend productively on the internet? How often do you chat with your friends or check social media while you should be working on school tasks?

As a student you must be responsible for your actions. Working with web tools is essential and unavoidable, but it is up to you to manage your time and, as a result, not only be successful at school, but also a balanced and happier person.

Nos vamos de viaje

Contexto global
Orientación en el espacio y en el tiempo

Conceptos relacionados
Contexto, significado

Concepto clave
Creatividad

Perfil de la comunidad de aprendizaje
Buenos comunicadores, de mentalidad abierta, audaces

¿ Pregunta fáctica

¿Qué información puedo comunicar sobre los viajes?

¿Qué actividades puedo hacer cuando viajo?

¿ Pregunta conceptual

¿Qué significado hay detrás de un viaje?

¿En qué contextos podemos ser creativos?

¿ Pregunta debatible

¿Cuándo podemos hablar de viajar y de ir de vacaciones?

¿Tienen todas las personas la necesidad de viajar?

Enunciado de indagación

La información que creamos y comunicamos sobre los viajes tiene un significado que varía en diferentes contextos.

Al final de esta unidad, vas a poder...	
⊘	nombrar los medios de transporte
⊘	contar qué hiciste durante un viaje
⊘	usar el pretérito indefinido (formas regulares y algunas irregulares)
⊘	escribir entradas en un blog de viajes
⊘	usar conectores para organizar un texto
⊘	reflexionar sobre la diferencia entre viajar e ir de vacaciones
⊘	recitar poemas sencillos con la correcta pronunciación y entonación
⊘	usar estructuras para comprar en tiendas y en mercados tradicionales
⊘	preguntar e informar sobre viajes, por ejemplo, en una agencia de viajes

11.1 Viajes y medios de transporte

a. **Escucha los sonidos y relaciónalos con los medios de transporte. A ver también la página 254.**

https://www.youtube.com/watch?v=6pyt5hCu-Rs

🔍 **Palabras de búsqueda:**

Adivina los sonidos de los medios de transporte

el coche / el carro / el auto

la moto

la bicicleta

el autobús

el metro (el subte en Argentina)

el tren

el tranvía

el avión

el helicóptero

253

el barco

el camión

el coche de bomberos

la ambulancia

el coche / el carro de caballos

el coche de carreras

el coche de policía

el tractor

el cohete

b. Relaciona los lugares con los medios de transporte. Hay varias posibilidades.

el aparcamiento	
el carril	
la carretera	
la autopista	
el aeropuerto	
la estación	
la parada	
el puerto	

c. ¿Qué medio de transporte usas para ir a estos lugares?

ir al colegio

visitar a los abuelos

ir al supermercado

ir de vacaciones

encontrarse con amigos

Lengua

El verbo soler (to tend to, to be in the habit of doing)

Since *soler* is mostly used with another verb (I tend to sleep…), you need to remember that the second verb stays in the infinitive (unchanged) form.

Mira los ejemplos siguientes:

Mis padres **suelen** viajar siempre en coche.

Los estudiantes **suelen** ir al colegio en autobús.

Yo **suelo** ir de vacaciones con mi familia.

Nosotros **solemos** ir al extranjero cuando vamos de vacaciones.

¿Qué **sueles** hacer cuando viajas?

¿Qué **suelen** hacer los miembros de tu familia?

d. Escribe frases donde explicas cuándo usas los medios de transporte.

> *Ejemplo:*
>
> *Suelo viajar en … cuando…*

🔊 Escuchamos

Criterio **Ai, Aiii**

e. **Mira ahora cómo van los niños al colegio.**

https://www.youtube.com/watch?v=hFrJ_UsGSPE

🔍 **Palabras de búsqueda:**

Las rutas más peligrosas para ir a la escuela

1. Anota de qué países son los niños.

2. ¿Qué medios usan para llegar al colegio?

3. ¿Qué te hace pensar este reportaje?

11.2 Nos fuimos de viaje

📖 Leemos

a. **Lee el siguiente blog de viajes y contesta las preguntas.**

Aterrizamos en Singapur de madrugada. Mi familia y yo estábamos muy cansados del largo viaje. Yo notaba que mis padres tenían impresiones diferentes del país. Mi padre quería ir a toda costa a este país del Sudeste asiático. Mi madre, mucho más aventurera que mi padre, prefería viajar a un país "realmente asiático". Yo no entendía qué quería decir ella con esto, porque para mí Singapur está en Asia.

Bueno, llegamos al aeropuerto, y me sorprendí de lo bonito y moderno que era. Creo que posiblemente es el mejor aeropuerto del mundo. Fuimos a recoger las maletas y después tomamos un taxi que nos llevaba al hotel. Era de noche todavía y de camino al hotel empezó a llover muchísimo. Había una gran tormenta y todo estaba muy húmedo. En una media hora llegamos al hotel y por lo visto mi padre tuvo que pagar una noche más porque el hotel nos esperaba más tarde. Creo que llegamos a las 5 de la mañana y la entrada al hotel era a partir de la una de la tarde.

Nos fuimos a nuestras habitaciones y estábamos tan cansados que dormimos hasta el mediodía. Sobre las 12:30 teníamos mucha hambre y fuimos a buscar un lugar para comer. Salimos a la calle y ¡qué calor hacía! Realmente se estaba mucho mejor dentro del hotel con aire acondicionado que en la calle. Comimos en un restaurante de comida china y después nos fuimos a conocer un poco de la ciudad. Singapur es una ciudad limpísima. Todo parecía muy organizado. Lo que más me sorprendió es la diversidad cultural de personas que se veía por todos lados. Vimos personas de muchos países. Esto me pareció muy interesante.

Más tarde, fuimos a ver el Marina Bay, una zona de la ciudad preciosa. Allí había hoteles (creo que son carísimos) y parques muy bonitos, los "Gardens by the Bay". Había unos árboles que tenían luces por la noche. Allí nos dijeron que por la noche los árboles presentan un show de luces y música. Esperamos y mereció mucho la pena. Fue precioso. Pero ¡qué calor!

Los días siguientes conocimos mucho más de esta ciudad-estado. Fuimos a centros comerciales y comimos comida internacional. Me gustó mucho, sobre todo porque todo es muy moderno, limpio y organizado. Ahora entiendo por qué mi padre quería conocer esta ciudad y también entiendo por qué la aventurera de mi madre prefería viajar a otro lugar más "auténtico". Personalmente, yo estoy orgulloso de tener a estos padres, ya que me enseñan a apreciar las maravillas del mundo desde varias perspectivas.

1. ¿A qué país viajó el autor del texto? ¿Con quién viajó?

2. ¿Por qué los padres del autor tenían opiniones diferentes del país?

3. ¿Qué hicieron después de llegar al aeropuerto?

4. ¿Qué problema tuvieron en el hotel?

5. ¿Qué fue lo que más le sorprendió de la ciudad?

6. ¿Qué era el "Marina Bay"? ¿Qué se podía ver?

7. ¿Cuál es la opinión personal del autor del texto de su viaje?

8. ¿Te gustaría viajar a ti a esta ciudad-estado? ¿Por qué? Basa tu respuesta en la información del texto escrito y visual.

Criterio Bi, iii

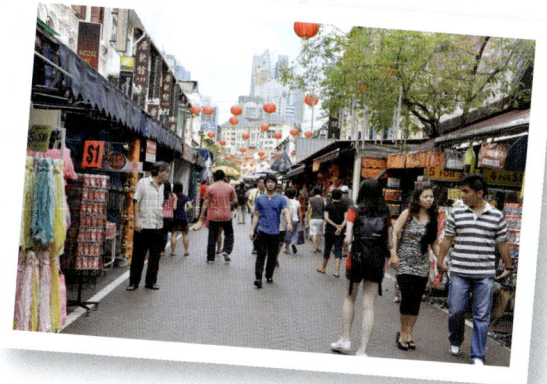

b. **Ordena las siguientes acciones según orden de aparición en el texto.**

☐ Nos dijeron que por la noche los árboles presentan un show de luces y música.

☐ Fuimos a ver el Marina Bay.

☐ Llegamos al hotel.

☐ Aterrizamos en Singapur.

☐ Dormimos hasta el mediodía.

☐ Me sorprendí de lo bonito y moderno que era Singapur.

☐ Fuimos a buscar un lugar para comer.

☐ Empezó a llover muchísimo.

☐ Comimos en un restaurante de comida china.

☐ Vimos personas de muchos países.

☐ Tomamos un taxi.

Lengua

El pretérito (indefinido)

As you see, the verbs in the previous activity have a new form. What do you think this tense refers to? Is it referring to the past or to the present? Do you think these verbs are telling us about things or actions that happened, are happening or are going to happen?

Yes, it is a past tense. As you have seen, there are different past tenses in Spanish. This one is called *pretérito or pretérito indefinido*. It is used to express actions that happened and were completed in the past. Each of the actions happened at a specific moment in the past and they happened one after another. Can you figure out the infinitive forms of all the verbs in the previous activity?

During a trip, many things happen. What things happened to you on a trip you have made? Write down a few actions (in English)!

Remember the three categories of verbs that we learned when studying the present tense? In the *pretérito* form, each of these three categories of verbs also has certain patterns.

Have you realized that the second (*-er*) and third (*-ir*) conjugations have the same pattern?

Have you noticed that these verbs have an accent (*tilde*) on the last vowel in the first person (*yo*) and in the third person (*él, ella, usted*) singular?

The *pretérito* tense has a lot of irregular verbs. You need to get used to them by recognizing them and using them. Do not worry! You don't need to learn all of them now. It is a difficult task and you will have the opportunity to practice them further on.

For the moment you should get familiar with these three. Can you identify any patterns to help you remember the forms better?

ir / ser

yo fui	nosotros fuimos nosotras fuimos
tú fuiste	vosotros fuisteis vosotras fuisteis
él fue ella fue usted fue	ellos fueron ellas fueron ustedes fueron

hacer

yo hice	nosotros hicimos nosotras hicimos
tú hiciste	vosotros hicisteis vosotras hicisteis
él hizo ella hizo usted hizo	ellos hicieron ellas hicieron ustedes hicieron

decir

yo dije	nosotros dijimos nosotras dijimos
tú dijiste	vosotros dijisteis vosotras dijisteis
él dijo ella dijo usted dijo	ellos dijeron ellas dijeron ustedes dijeron

-ar **saltar**

yo salté	nosotros saltamos nosotras saltamos
tú saltaste	vosotros saltasteis vosotras saltasteis
él saltó ella saltó usted saltó	ellos saltaron ellas saltaron ustedes saltaron

-er **comer**

yo comí	nosotros comimos nosotras comimos
tú comiste	vosotros comisteis vosotras comisteis
él comió ella comió usted comió	ellos comieron ellas comieron ustedes comieron

-ir **salir**

yo salí	nosotros salimos nosotras salimos
tú saliste	vosotros salisteis vosotras salisteis
él salió ella salió usted salió	ellos salieron ellas salieron ustedes salieron

c. Escribe cinco frases contando qué te pasó en un viaje pasado.

◯ Hablamos

d. Trabaja en grupos de 3 o 4. Piensa en las últimas vacaciones que tuviste. Haz preguntas a tus compañeros acerca de las actividades que hicieron durante las vacaciones.

Pregunta fáctica

¿Qué información puedo comunicar sobre los viajes?

Criterios C y D

Ejemplo:

¿Adónde fuiste de vacaciones?
> Fui a…

¿Qué hiciste?
> Nadé, fui a la playa, miré una película…

¿Dónde te alojaste?
> Me alojé en un hotel.

¿Jugaste deportes?
> Sí, jugué al fútbol.

Why is it spelled *jugué*?
Think about the pronunciation of the sound *g*. Can you think of a reason for this spelling? What about a verb containing the letter *c*? What would be the *yo* form of *practicar*? Say it first, then try to spell it.

11.3 Desde mis vacaciones

a. Mira el siguiente video y contesta.

Criterio Ai

https://www.youtube.com/watch?v=PNiTB4tmt78

🔍 **Palabras de búsqueda:**

Toy Story Toons: Vacaciones en Hawai

1. ¿Dónde piensa Ken que están? ¿Dónde están realmente?

2. ¿Cómo se siente Ken cuando se da cuenta de dónde está?

3. ¿Qué actividades hacen durante sus "vacaciones"? Elige:

☐ ir al hotel-resort

☐ bucear en el mar

☐ ver los animales nacionales

☐ montar en bicicleta

☐ tomar el sol

☐ pescar

☐ montar a caballo

☐ ir al aeropuerto

☐ hacer surf

☐ cenar

☐ leer un libro

☐ ver una actuación

☐ darse su primer beso

Escribimos

b. Escribe un blog para un sitio web de viajes en el que explores la escena de *Toy Story Toons*. Escoge el personaje de Barbie o Ken y decide si pasaste unas buenas vacaciones. Escribe entre 100 y 150 palabras para explorar y presentar tu opinión sobre las vacaciones.

Contexto

¿Cuáles son las características de un blog?

- Ofrece tu opinión sobre un tema que es interesante para el público.
- Está escrito en una manera bastante informal.
- Está escrito para un público desconocido y amplio.
- Tiene interés en las opiniones del público sobre tu ideas (preguntas, comentarios).
- Está escrito en línea (*online*), por tanto, contiene enlaces a otros sitios web o aplicaciones para usar especialmente a través de la conexión a Internet.

Pregunta fáctica

¿Qué actividades puedo hacer cuando viajo?

Lengua

What linking words or cohesive devices do you remember? Do not forget that they are very important! In a summative writing or oral task the use of cohesive devices matters just as much as the use of language structures and vocabulary.

Primero / En primer lugar

Después

Más tarde

Entonces

Luego

Finalmente

Por último

11.4 ¿Qué significa viajar?

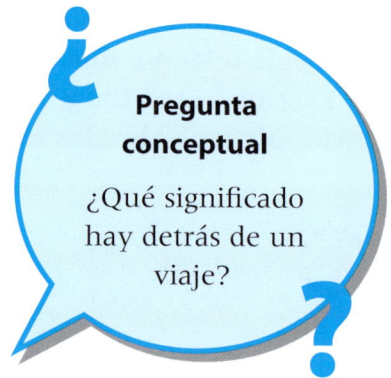

Pregunta conceptual

¿Qué significado hay detrás de un viaje?

a. **Mira el siguiente video y contesta.**

https://www.youtube.com/watch?v=ggIVj3MZop4

Palabras de búsqueda:

Carta a mí mismo cuando tenía 20 años

1. ¿Cuál es el mensaje principal del video?

2. ¿Qué medios de transporte usó el narrador?

3. ¿Reconoces algunos de los países que visitó?

4. ¿Qué actividades hicieron las distintas personas que aparecen en el video? ¡Atención con las formas del pretérito!

5. ¿Cuál es el propósito de este video?

6. ¿Estás de acuerdo con el narrador?

Criterio Ai

Criterio Aii

Criterio Aiii

b. **Con un compañero/-a expliquen con sus palabras qué significa viajar y qué significa irse de vacaciones.**

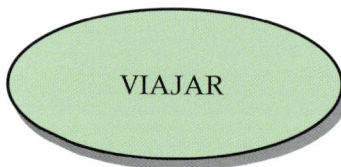

VIAJAR

IRSE DE VACACIONES

Significado

Pregunta debatible

¿Cuándo podemos hablar de viajar y de ir de vacaciones?

c. **Lee el siguiente texto y contesta las preguntas. No te preocupes si no comprendes todo. Intenta usar las estrategias aprendidas para adivinar el significado de las palabras.**

Sinmapa
web de viajes

Piscina con vistas al océano

Siempre comparo las vacaciones con una piscina con vistas al océano o al mar y el viajar con un océano abierto. Cuando te lanzas a una piscina sabes dónde están los límites: el borde de la piscina. Sabes que tienes X cantidad de metros para nadar y al llegar al final debes dar la vuelta, volver o salir de la piscina. Pero peor que una piscina, es una piscina con vistas al mar. Puedes ver la inmensidad y libertad del mar, pero el espacio en el que tú nadas tiene "muros". En cambio, cuando te lanzas al océano... no hay límites y hay muchas sorpresas.

Cuando uno se va de viaje, por lo general deja atrás la rutina y sale con una mente abierta a todas las posibilidades que el mundo y el universo le dan. Un viaje no es una cuestión de distancias, puedes irte de viaje por tu propio país o países vecinos... pero la clave está en el cambio radical y extremo con tu vida hasta ese momento. Implica una sensación de que "todo es posible" y que estás en control de tu vida: ni tu jefe, ni tu compañero de oficina, ni tu profesor de inglés, ni tu amigo... tú y solamente tú tienes el control.

Esta es mi opinión y reflexión. ¿Cuál es tu opinión?

Yo quería irme de viaje, pero me fui de vacaciones...

¡Hola!

Detrás de Sinmapa estoy yo, Vero, una chica normal, con problemas normales y algunas obsesiones, entre ellas: viajar. Sí, viajo sola por el mundo.

Esta web la creé en un principio para compartir mis aventuras por el mundo con amigos y familia, pero ahora mi objetivo es otro: quiero inspirarte, aconsejarte y ayudarte en tu viaje.

¡Bienvenidos a Sinmapa!

1. Para la autora, ¿en qué consiste ir de vacaciones?

Criterio **Bi**

2. Para la autora, ¿en qué consiste viajar?

3. ¿Cómo se llama la autora?

4. ¿Qué símbolo usa la autora para distinguir entre *ir de vacaciones* y *viajar*?

5. Why is this website called *Sinmapa*?

6. ¿Por qué escribió la autora este blog?

Criterio **Bii**

7. What is the author's goal in writing this website?

8. Explain the picture of the swimming pool that the author uses. How does this communicate her message? Do you agree with her?

9. Do you agree with the author's distinction between traveling and going on vacation? Explain and compare with your own point of view.

Criterio **Biii**

ATL **Autogestión – Habilidades de reflexión**

As we have seen in the previous units, there are many types of blogs. They can be considered as an online journal where people write their thoughts. There are personal blogs about people's lives, about their opinions on diverse topics or about traveling.

Have you considered writing a journal reflecting on your learning? This is a great tool that will help you to learn with success. It will help you to reflect on your strengths and weaknesses. Your can use your Spanish notebook to reflect on your learning (use the reflection pages at the end of each unit!). And, of course, if you prefer, you can keep a blog with your reflections. Don't you think it is a good idea to share your learning process with an audience?

🔊 Escuchamos

d. **Escucha el poema *Viajar* y completa los espacios con las palabras que escuchas.**

https://www.youtube.com/watch?v=Qc2Kqw29lgk

Criterio **Ai**

🔍 **Palabras de búsqueda:**

Viajar

Viajar es marcharse de casa,

es dejar los amigos

es intentar volar,

volar conociendo otras ramas

recorriendo caminos   5

es intentar _____.

Viajar es vestirse de loco

es decir "no me importa"

es querer regresar.

Regresar valorando lo _____   10

saboreando una copa,

es desear _____.

Viajar es sentirse poeta,

es escribir una carta,

es querer abrazar.   15

Abrazar al _____ a una puerta

añorando la calma

es dejarse _____.

Viajar es volverse mundano

es conocer otra gente   20

es volver a empezar.

Empezar extendiendo la mano,

aprendiendo _____ _____,

es _____ soledad.

Viajar es marcharse de casa,   25

es vestirse de loco

diciendo todo y nada con una postal.

Es dormir en otra cama,

sentir que el tiempo es corto,

viajar es regresar.   30

e. Escucha y lee el texto otra vez y contesta las siguientes preguntas.

    1. ¿Cuáles son los medios de transporte que se muestran en el video?

    Criterio Ai

    2. ¿Cuál es la idea principal de este poema?

    Criterio Bi

    3. ¿Hay rima en este poema?

    Criterio Bii

    4. ¿Hay ritmo en este poema?

f. Lee el poema otra vez y concéntrate en comprender el texto. Aquí tienes la traducción de las palabras que te pueden ayudar. Después contesta las preguntas.

marcharse	to leave, to go away from
dejar	to leave (something behind)
intentar	to try
conociendo	getting to know
ramas	branches
regresar	to return, to go back
valorando	valuing
saboreando	tasting
abrazar	to hug
añorando	longing for
volverse	to become
mundano	worldly
diciendo	saying

1. ¿Cómo puedes describir el tono del video?

2. ¿Hay símbolos en este poema?

3. Cuando lees este poema, ¿cómo te sientes?

Criterio Biii

g. Practica este poema. Lee en voz alta. ¡Lee en voz más alta! Concéntrate bien en la pronunciación y la fluidez de las palabras.

Luego, trabaja en parejas para recitar bien el poema.

> ### 🔗 Conexión interdisciplinaria: Lengua y Literatura
>
> How often do you read and work with poems in your Language and Literature class? Through poems authors express lots of ideas that are hidden in a few words. It is like playing with words to express meaning. They use rhetorical devices such as metaphors or similes. With metaphors you express an idea or meaning using a word with another meaning.
>
> We are aware that it is not easy for you to understand poems in the Language Acquisition class because of your level of language. However, why don't you try? By reading poems, your emotions are aroused and through your emotions you can learn more. You just feel the language and you won't forget what you feel. Why don't you try to even write a poem in Spanish?

¿ **Pregunta conceptual**

¿En qué contextos podemos ser creativos?

❌ Significado

h. ¿Qué significa viajar para ti? Escribe un poema para comunicar tus ideas. Si quieres, puedes copiar el estilo del poema *Viajar*.

11.5 De compras

a. **Vas con tus amigos de compras. ¿Qué puedes comprar en las tiendas? Habla con tus compañeros/-as.**

Restaurantes y cafés

un restaurante de comida
    rápida
un restaurante elegante
un café

Tiendas de alimentación

el supermercado
la panadería
la frutería
la pescadería
la carnicería
la pastelería

Cosas para el colegio y el ocio

la papelería
la librería
el quiosco

Lugares de ocio

el cine
la discoteca
el polideportivo
el gimnasio
el estadio
la sala de conciertos

Necesidades

la farmacia
la peluquería
la lavandería

Centros comerciales

la tienda de ropa
la zapatería
la tienda de videojuegos
la joyería
la tienda de tecnología
la tienda de belleza
la tienda de electrodomésticos
la tienda de música

b. **Elijan cinco tiendas a las que quieren ir y justifiquen.**

Ejemplo:

–*Quiero ir a la tienda de tecnología porque necesito un nuevo videojuego.*

–*Pues yo quiero al cine porque me gustaría ver una película.*

c. **Vayan al sitio web de El Corte Inglés, uno de los grandes almacenes en España.**

Tienes 500 euros y 3 minutos. Busca, captura la pantalla y ¡gasta!

Si ahorras más de 100 euros con respecto a los precios normales
(con las rebajas), puedes tener un minuto más y gastar 100 euros más.

Compara después con tus compañeros/-as qué han comprado. ¿Quién
ha comprado más por menos dinero?

d. **Trabaja en grupos de 3 o 4. En un círculo, cada persona
menciona un objeto que puedes comprar. La primera
persona menciona un objeto que empieza con la letra A,
la segunda persona un objeto con la letra B, la tercera un
objeto con la letra C, etcétera.**

Persona 1: Te compro un abrigo.

Persona 2: Te compro un bate de béisbol.

Persona 3: Te compro una camiseta.

(etc.)

e. **¿Has ido alguna vez a un mercado tradicional? ¿Qué cosas
puedes comprar allí? Escriban una lista.**

f. Lee ahora esta conversación en un mercado tradicional y contesta las preguntas.

Contexto

Regatear

Umiña: Mire, señorita, tengo aquí cosas bonitas. ¿Quiere verlas?

Anne Marie: Buenos días. Tiene muchos gorros.

Umiña: Sí, son bonitos. Se llaman chullos y están hechos a mano.

Anne Marie: Sí, pero en realidad no necesito ningún gorro.

Umiña: Pero son de muy buena calidad y es un buen recuerdo de Perú. Puede comprarlos para regalo.

Anne Marie: ¿Cuánto cuesta un poncho?

Umiña: Cuesta 150 soles.

Anne Marie: ¡Vaya! Me parece un poco caro.

Umiña: Pero está hecho a mano de lana de vicuña. ¡Es una ganga!

Anne Marie: Sí, comprendo, pero no tengo tanto dinero conmigo. ¿Y el chullo? ¿Cuánto cuesta?

Umiña: Cuesta 70 soles.

Anne Marie: Le doy 50 soles.

Umiña: Pero si es muy bonito. Se lo doy por 60 soles. ¿De qué color lo prefiere?

Anne Marie: Lo siento, no puedo pagar más de 50 soles.

Umiña: Pues, creo que no es posible…

Anne Marie: Bueno, entonces gracias. Hasta luego.

Umiña: Bueno, bueno, se lo doy por 55 soles.

Anne Marie: Está bien. Aquí tiene. Prefiero el azul con rayas blancas.

Umiña: Gracias, señorita.

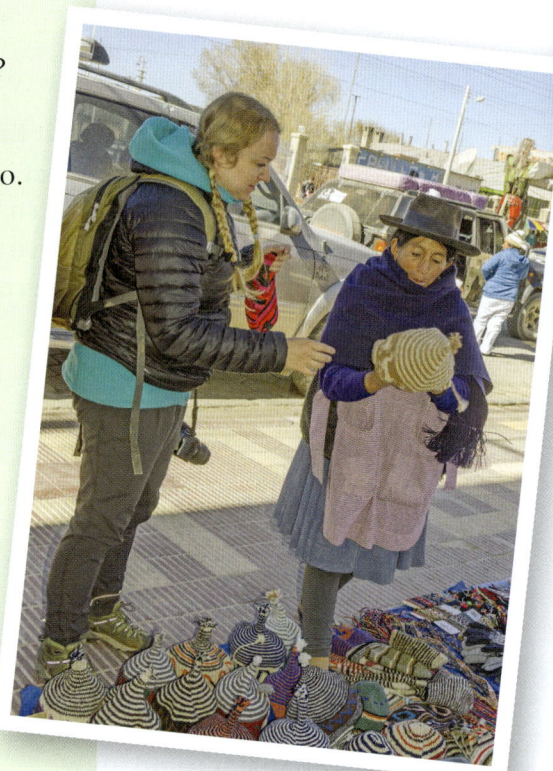

1. ¿En qué país está el mercado?

Criterio **Bi**

2. ¿Cómo se llama la moneda?

3. ¿Cómo pregunta Anne Marie por el precio?

4. ¿Cómo pregunta Umiña por el color?

5. ¿Compra Anne Marie un poncho? ¿Por qué?

6. ¿Qué compra finalmente? ¿Cuánto cuesta? ¿Y por cuánto lo compra al final?

g. Con un compañero/-a realiza un diálogo en un mercado de un país de habla hispana. ¿Qué vas a comprar? ¿Vas a regatear?

Criterios **C y D**

The way people behave varies from culture to culture. To be successful in communicative exchanges we need to understand also the expectations of the situation. We need to consider aspects such as the person we are talking to (gender, age…) and the place where we communicate.

For example, it is common in some local markets to bargain over the prices of products. Of course you need to know where it is acceptable to do that. If you are able to get a lower price using language, then it means that you have also been successful in your use of language! You have used your intercultural understanding to communicate.

11.6 Agencias de viajes

a. En grupos, van a preparar un viaje para la clase de español.

1. ¿Cuál es el motivo del viaje?
   - ☐ Estudios
   - ☐ Un proyecto para Acción y Servicio
   - ☐ Turismo
   - ☐ Otro: ……………………

2. ¿Cuál es el destino?
   - ☐ Una ciudad
   - ☐ Un pueblo
   - ☐ Un país
   - ☐ Otro: ……………………

3. ¿Qué medio de transporte van a usar?

4. ¿Cuál es el alojamiento?
   - ☐ Hotel
   - ☐ Pensión u hostal
   - ☐ Albergue juvenil
   - ☐ Otro: ……………………

5. ¿Qué actividades se pueden hacer?
   - ☐ Ir de compras
   - ☐ Hacer deporte
   - ☐ Visitar monumentos
   - ☐ Otras: ……………………

6. ¿Cuándo es el viaje? ¿Cuánto cuesta?

b. Elaboren una presentación del viaje en un póster.

c. Coloquen su póster en la pared. Luego, algunos, los agentes de viaje, se quedan al lado de su póster y los otros caminan por la clase. Los agentes de viaje tratan de convencer a los otros de hacer el viaje. ¿Qué viaje quieren hacer? ¿Por qué? Tienen que justificar su elección y contar información de las presentaciones. Nadie puede votar por su propio viaje.

ATL Sociales – Habilidades de colaboración

Working in groups is not always easy. People have different ideas we don't agree with and sometimes it can be hard to find a compromise. However, this is real life and we need to see group work as a positive thing. We need to practice how to delegate work and share the responsibility for making a decision. How did you plan your poster? Who did the ideas and information come from? Who was responsible for communicating the information to the rest of the class? Did everybody pay attention to the presentation? Think and reflect on that! This is the key to success in real life also since it is difficult (or almost impossible) to achieve successful goals on your own.

Conexión interdisciplinaria: Artes

There are many ways in which we can make links to your Arts class. In this case, we are going to concentrate on your Drama class. In order to improve your spoken language skills, you have done role plays in your Spanish class. Sometimes you work in pairs and create a dialogue with your partner. When you present your dialogue you have to be as authentic as possible. These "drama" techniques apply perfectly in your Spanish Language Acquisition class. In the MYP you need to try hard to create authentic work. Isn't a role play a simulation of real life? Don't you think it helps you to improve your social and communication skills?

Evaluación sumativa

Mira el video y contesta las preguntas.

https://www.youtube.com/watch?v=Rs4mCnXL9xU

🔍 **Palabras de búsqueda:**

Buen viaje a Cusco – 5 pasos para conocer la ciudad de Cusco con poca plata

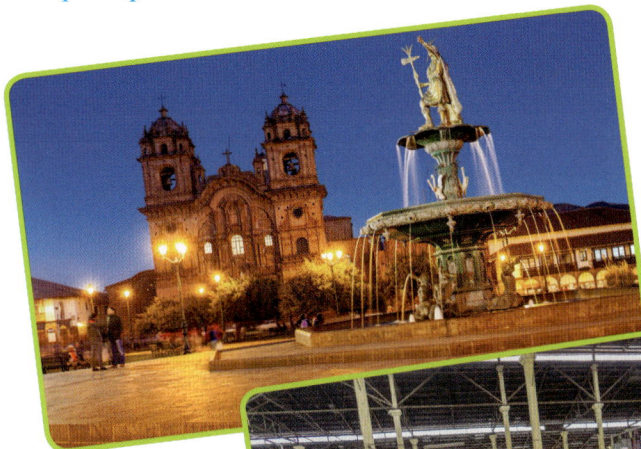

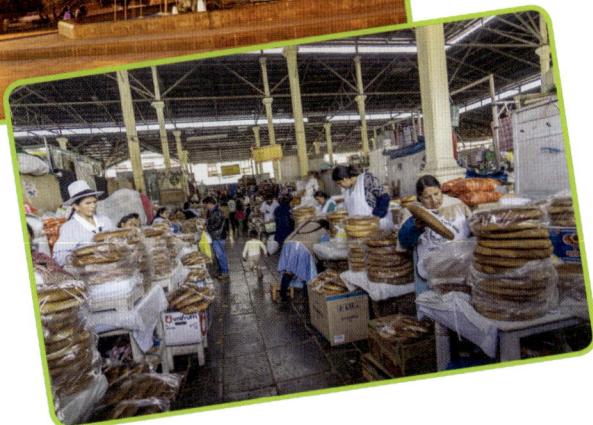

Aspecto i

1. Según el video, ¿qué tipo de ciudad es Cusco? Elige.

   ☐ Una ciudad moderna

   ☐ Una ciudad universitaria

   ☐ Una ciudad turística

2. Elige cuál es el mensaje principal del video.

   ☐ cómo viajar con bajo presupuesto (dinero)

   ☐ cómo viajar con tus compañeros de clase

   ☐ cómo viajar y aprender español al mismo tiempo

3. ¿Qué medios de transporte puedes usar para viajar a Cusco?

4. ¿Verdadero o falso? Marca y justifica si la información es falsa.

	V	F
Puedes caminar a pie por la ciudad.		
En la plaza de Cusco están los hoteles más baratos.		
El barrio de San Blas es un barrio artístico.		
Es recomendable llevar una cámara para hacer fotos.		
En el Mercado de San Pedro solo puedes comprar ropa y artesanía.		

Aspecto ii

5. ¿Cuál es la intención de este video? ¿Por qué se ha realizado?

6. ¿Qué rol o función crees que tiene la chica que sale en el video?

7. ¿A quién va dirigido este video?

8. ¿Te parece un video atractivo? ¿Por qué? Justifica con las convenciones del video.

Aspecto iii

9. ¿Te gustaría visitar Cusco? ¿Por qué? Basa tu respuesta en la información del texto oral y visual (el video y las imágenes).

10. ¿Has estado alguna vez en una ciudad como Cusco? ¿Qué es igual? ¿Qué es diferente?

11. ¿Es la ciudad donde tú vives como Cusco? ¿Cuáles son las diferencias?

12. ¿Te gustaría ir al mercado de San Pedro? ¿Por qué?

Las 5 mejores ciudades del mundo para ir de compras[2]

En estas ciudades el transporte es fácil, tienen una variedad de productos, los escaparates son tan bellos como la ciudad misma, y la experiencia de ir a comprar es maravillosa.

Para poder comparar bien la experiencia, nosotros calificamos las ciudades en cuatro áreas, con un puntaje de 1 a 10 en cada categoría:

1. Desplazamiento: Calidad del transporte público, asequibilidad y disponibilidad de taxis, tiempo de transporte.

2. Valor: Oportunidades de gangas, como temporadas de ofertas y promedio de los precios.

3. Variedad: Número de marcas disponibles, rango de categorías de compras, cantidad de tiendas exclusivas, por departamentos, boutiques y minoristas de época, y puestos de venta de mercados.

4. Experiencia: Belleza de la ciudad, calidad de los escaparates y decoración de las tiendas, simpatía y competencia de los dependientes y personal de servicio, opciones de alimentación y alojamiento.

   Luego, entramos al ataque.

5. París

Desplazamiento: 6 Valor: 6 Variedad: 8 Experiencia: 9 Total: 29

Las mejores tiendas de París no venden ropa. Venden estilo de vida.

La tienda de concepto caprichoso Merci ofrece una selección de artículos de diseñador que entran en la categoría de completamente inservibles pero absolutamente deseables.

4. Kuala Lumpur

Desplazamiento: 6 Valor: 10 Variedad: 8 Experiencia: 6 Total: 30

A veces, lo más grande realmente es mejor.

---

[2]Adapted from: Kim, Violet. "Las 12 mejores ciudades del mundo para ir de compras". *CNN Español*. 19 Nov. 2013. Web. 6 October 2016. <http://cnnespanol.cnn.com/2013/11/19/las-12-mejores-ciudades-del-mundo-para-ir-de-compras/>

De todas formas, esa es la ética que predomina entre los compradores en Kuala Lumpur.

Tres de los 10 centros comerciales más grandes del mundo se encuentran ahí. Entre ellos está el 1 Utama, el cuarto centro comercial más grande del mundo, con más de 650 tiendas, el centro interior más grande de Asia para practicar la escalada en rocas, un enorme jardín en el techo con 500 especies de plantas exóticas y un bosque forestal de interior con lagunas de koi y un acuario de agua dulce.

3. Londres

Desplazamiento: 6 Valor: 6 Variedad: 10 Experiencia: 9 Total: 31

Los precios en Londres pueden destruir tus deseos de vivir. Y eso es solo la tarifa que pagas por que el taxi te lleve a los sitios donde puedes hacer tus compras.

Londres supera a todas las demás ciudades europeas, tanto en cantidad de tiendas como en disponibilidad de marcas locales e internacionales.

Lo mejor de las compras en Londres puede describirse como atrevido, ecléctico e internacional.

2. Tokio

Desplazamiento: 8 Valor: 8 Variedad 9 Experiencia: 9 Total: 34

La experiencia máxima de ir de compras en Tokio se vive en las tiendas por departamentos. Entra a una de ellas, y te tratarán como a la realeza.

La cadena global Isetan tiene su enorme tienda emblemática en Shinjuku; se trata de ocho edificios separados que ocupan dos cuadras. Isetan cuenta con personal que habla inglés, chino y coreano, además de un servicio de interpretación personalizado. También ofrece los servicios de asesores de compras, quienes te darán consejo sobre cualquier problema que tengas, desde zapatos hasta peces; todo esto está disponible por medio de reservaciones.

1. Nueva York

Desplazamiento: 8 Valor: 7 Variedad: 10 Experiencia: 10 Total: 35

"Esta ciudad tiene mucha diversidad en estilo e interpretaciones de elegancia", dice Stella Lee, editora de moda y estilista que vive en Nueva York.

"Puedes encontrar piezas de cualquier era posible que abarcan el último siglo de la moda, y de un amplio rango de casas de diseño."

Aspecto i

1. ¿Cuáles son las cuatro áreas o categorías para calificar las ciudades?

2. ¿Con cuáles de las cuatro categorías relacionas estos aspectos?

   – el número de tiendas: ……………………………..

   – la calidad y disponibilidad del transporte:

   ………………………………..

   – el carácter de los trabajadores de las tiendas:

   ………………………………

   – la comida y los hoteles: …………………………….

   – los precios y ofertas: …………………………….

3. Relaciona las ciudades con su característica. Algunas ciudades tienen más de una característica.

París Kuala Lumpur Londres Tokio Nueva York	Tomar un taxi es muy caro.
	En esta ciudad están algunos de los centros comerciales más grandes del mundo.
	Es la ciudad europea donde más tiendas hay.
	Puedes comprar artículos exclusivos que definen tu estilo de vida.
	En esta ciudad el trato a los clientes es excelente.
	Es la ciudad donde hay más variedad y diversidad de tiendas y estilos.
	En un centro comercial te puedes sentir como en la naturaleza.

4. ¿Qué información de las imágenes encuentras también en el texto escrito?

Aspecto ii

5. ¿Dónde puedes leer este texto? ¿Por qué?

6. ¿Cuál es la intención del texto?

7. ¿Qué tipo de texto es? ¿Por qué lo sabes?

Aspecto iii

8. ¿A qué ciudad te gustaría viajar para ir de compras?

9. ¿Se parece tu ciudad a una de las ciudades del texto? ¿A cuál? ¿Por qué sí? ¿Por qué no?

10. Teniendo en cuenta las categorías que menciona el texto, ¿qué puntuación le das a la ciudad donde vives? ¿Por qué?

¿Estás de acuerdo con la cita? Mantén una conversación con tu profesor/-a sobre este tema.

> No es necesario viajar lejos para conocer otras culturas.

Has estado de viaje en un país hispanohablante. Escribe un blog de viaje contando tus experiencias en el país.

Reflexión

Find the activities where you have practiced the objectives of this unit, reflect on your learning and complete the table:

	😊	😐	🙁
nombrar los medios de transporte			
contar qué hiciste durante un viaje			
usar el pretérito indefinido (formas regulares y algunas irregulares)			
escribir entradas en un blog de viajes			
usar conectores para organizar un texto			
reflexionar sobre la diferencia entre viajar e ir de vacaciones			
recitar poemas sencillos con la correcta pronunciación y entonación			
usar estructuras para comprar en tiendas y en mercados tradicionales			
preguntar e informar sobre viajes, por ejemplo, en una agencia de viajes			

La información que creamos y comunicamos sobre los viajes tiene un significado que varía en diferentes contextos.

The information that we create and communicate about traveling has a meaning that varies in different contexts.

Are you able to connect this statement with the tasks of this unit? Find activities where

- you communicate information about traveling

- you use your creativity when you use language

- you reflect about the meaning of traveling

- you communicate about traveling in different contexts.

Enfoques de aprendizaje

Find where in the unit you have practiced these learning strategies.

How do you think these ATL help you to achieve the attributes of the learner profile for this unit (communicators, open-minded, risk-takers)? What about the other attributes?

Have you used these approaches to learning skills to be successful in the different tasks? What about the summative tasks?

Approaches to learning:

- **Self-management – Reflection skills**

  - **Keep a journal to record reflections**

- **Communication – Communication skills**

  - **Use intercultural understanding to interpret communication**

- **Social – Collaboration skills**

  - **Working effectively with others**

    ➤ **Delegate and share responsibility for decision-making**

    ➤ **Listen actively to other perspectives and ideas**

💭 Reflexión

As an IB student you should be used to traveling a lot. Traveling is the best activity you can do to get to know other cultures and to open your mind. But traveling is not just being a tourist in an all-inclusive resort with a pool. Traveling also means getting to know the people and interacting with them. Traveling also means helping the community with their needs. Have you thought about a Service and Action project where you can do that? You don't have to travel too far to help. Maybe in your city you can just take the train or the bus to get to those places where people are in need and you can make a difference. We encourage you to show inquiry not only to learn Spanish, but to show inquiry in what you can do to help, and by traveling you can do that directly in the place where you are. Why don't you try? And why don't you express those ideas in your own journal or blog? Maybe you can inspire more people around the world!

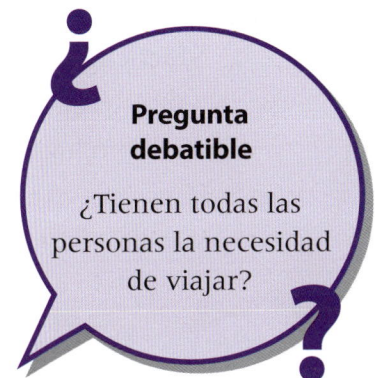

Pregunta debatible

¿Tienen todas las personas la necesidad de viajar?

279

12 La diversidad geográfica y cultural del mundo hispano

Contexto global
Globalización y sustentabilidad

Conceptos relacionados
Elección de palabras, estructura

Concepto clave
Conexiones

Perfil de la comunidad de aprendizaje
Informados e instruidos, buenos comunicadores, indagadores

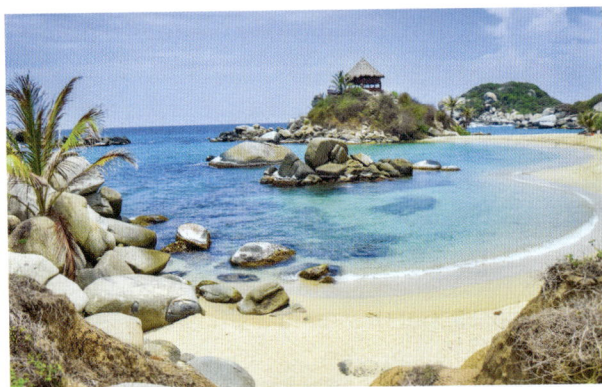

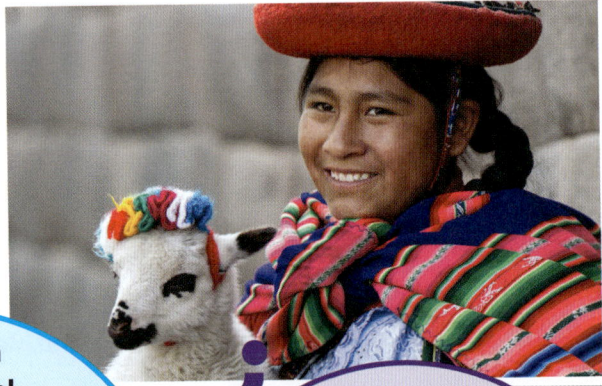

Pregunta fáctica

¿Cómo describimos la geografía de un lugar?

¿Cuáles son las características geográficas de un país?

Pregunta conceptual

¿Cómo podemos conectar con la naturaleza?

¿Cómo nos ayuda el lenguaje a apreciar el medio natural?

¿De qué manera está la cultura relacionada con el medio natural?

Pregunta debatible

¿Podemos vivir sin naturaleza?

¿Se puede visitar un parque natural siempre de manera sostenible?

Enunciado de indagación

Conectamos con la naturaleza y cultura de un lugar cuando, a través del lenguaje, comprendemos textos y elegimos palabras para estructurarlos.

Al final de esta unidad, vas a poder…
⊘ nombrar diferentes paisajes de la geografía física
⊘ indicar dónde se ubica un lugar
⊘ nombrar y dar información básica de los países hispanohablantes
⊘ comprender textos con datos geográficos y generales de un país
⊘ comunicar características de parques naturales
⊘ describir objetos y productos típicos de un lugar
⊘ hacer una presentación de un país de habla hispana

12.1 La geografía física

a. ¿Sabes cómo se llaman estos paisajes? Relaciona las fotos con las palabras.

el valle

el desierto

el volcán

el bosque

el arrecife de coral

el río

el mar / el océano

el lago

la montaña / la cordillera

la isla

la llanura

el glaciar

la selva tropical

las cataratas

1 8

2 9

3 10

4 11

5 12

6 13

7 14

b. Cada persona tiene que pensar en un objeto relacionado con la naturaleza (por ejemplo, "montaña"). Escribe la palabra en una hoja pequeña de papel (o nota adhesiva) y pégala en la espalda de otra persona. Cada persona tiene que hacer preguntas a los otros alumnos de la clase para adivinar cuál es su objeto.

Lengua

Elección de palabras

Do you remember the difference between *ser* and *estar*? When do we use *ser*? And when do we use *estar*?

Do not forget that we use *ser* when we describe a characteristic of somebody or something. That characteristic belongs to it.

*La montaña **es** muy alta.*

We use *estar* to locate (where is it?) and to express the mood of something or somebody.

*La montaña **está** en la cordillera de los Andes.*

***Estoy** muy feliz porque **estoy** de viaje.*

Can you conjugate these verbs in the present tense? What about the past tenses?

Lengua

Elección de palabras

¿Dónde está?

Al norte / En el norte

Al sur / En el sur

Al este / En el este

Al oeste / En el oeste

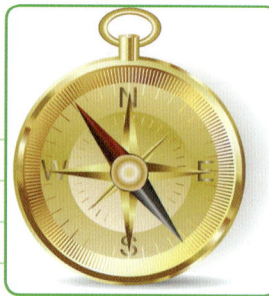

Canadá está al norte de los Estados Unidos.

El estado de Montana está en el norte de los Estados Unidos.

What do you think is the difference between saying *al norte* and *en el norte*?

Where are Canada and the state of Montana in relation to the USA?

c. Completa con la forma correcta de *ser* o *estar*.

1. Atacama _____ un desierto que _____ en Chile.

2. Puerto Williams _____ la ciudad que _____ más al sur en el mundo.

3. La capital de Argentina _____ Buenos Aires y _____ en el centro del país.

4. Yo _____ en el colegio ahora y _____ muy buena estudiante.

5. Medellín y Cali _____ en Colombia y _____ dos ciudades.

6. México _____ al sur de EEUU y _____ un país muy bonito.

7. Los Alpes _____ una cordillera. _____ en Europa.

8. El Mediterráneo _____ un mar que _____ entre Europa y África.

d. ¿Qué es? Completa.

1. Argentina es un _____

2. Cuba es una _____

3. El Everest es una _____

4. El Titicaca es un _____

5. Quito es la _____ de Ecuador.

6. El Amazonas es un _____

7. El Caribe es un _____

8. El Atlántico es un _____

Lengua

Las oraciones de relativo

In order to connect two sentences you can use these words:

que

Es un río **que** está en España.

(1. Es un río. – 2. El río está en España.)

donde

Es un país **donde** hay muchos lagos.

(1. Es un país. – 2. En el país hay muchos lagos.)

    Instead of *donde* you can also use *en el que, en la que, en los que, en las que* (depending on the gender and number).

Es un país **en el que** hay muchos lagos. (*país* is masculine singular)

Es una región **en la que** hay muchas playas. (*región* is feminine singular)

e. Une las frases con *que, en el que, en la que, donde…*

1. Es un río. Hay mucha agua.

2. Es una montaña. La montaña se llama Mulhacén.

3. Es una cordillera. Está en Europa.

4. Es una región. Se habla castellano y catalán.

5. Es un país. Hay muchas plantaciones de café.

6. Es un lago. Hay pequeñas islas en el lago.

7. Es un mar. Se llama el Mediterráneo.

8. Es un océano. Está entre África y América.

f. Jugamos a las adivinanzas. Piensa en un accidente geográfico. Tus compañeros/-as hacen preguntas y tú solo puedes responder con sí o no. Solo puedes dar una pista (*hint*). Tienen que adivinar qué es.

¿Está en Asia?

No.

¿Está en América?

Sí.

¿Es un lago?

No.

¿Es una isla?

No.

¿Es una montaña?

Mmmmm no…

¿Muchas montañas?

¡Sí!

¿La cordillera de los Andes?

¡¡¡Sí!!!

⭕ Hablamos

g. Trabaja en pareja. Una persona mira uno de los dibujos de abajo. La otra persona tiene una hoja de papel y un lápiz o bolígrafo. La primera persona tiene que mirar el dibujo y describirlo a la otra persona para que la otra lo dibuje en el papel.

La segunda persona puede hacer preguntas, pero ¡solamente puedes hablar en español! Ni siquiera puedes decir "¿Cómo se dice *cloud*?" ¡NO! Tienes que describir una nube con otras palabras (es blanca, es blanda, es como el algodón, está en el cielo…).

Dibujo 1

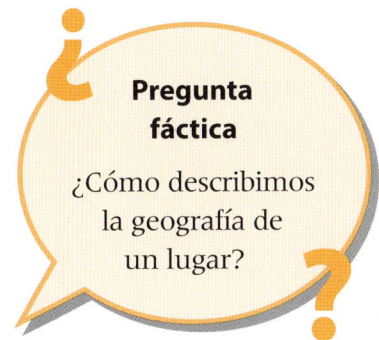

Pregunta fáctica

¿Cómo describimos la geografía de un lugar?

Dibujo 2

12.2 ¿Qué sabes de la geografía del mundo hispano?

a. Trabaja en grupos de 3 o 4. ¿Cuántos países hispanohablantes conoces? Escribe una lista. **Contesta también las preguntas siguientes SIN usar la tecnología.**

1. ¿En cuántos continentes hay países hispanohablantes? ¿Cuáles son?

2. ¿Cuántos países hispanohablantes hay?

3. En el año 2050, ¿qué país del mundo va a tener probablemente el mayor número de hablantes de español?

b. Luego, compara tu lista con la lista de otros grupos.

c. Finalmente, usa la tecnología para buscar la información y chequear tus resultados.

d. ¿Saben ustedes dónde están los países hispanohablantes? Miren los mapas y traten de establecer la ubicación de esos países.

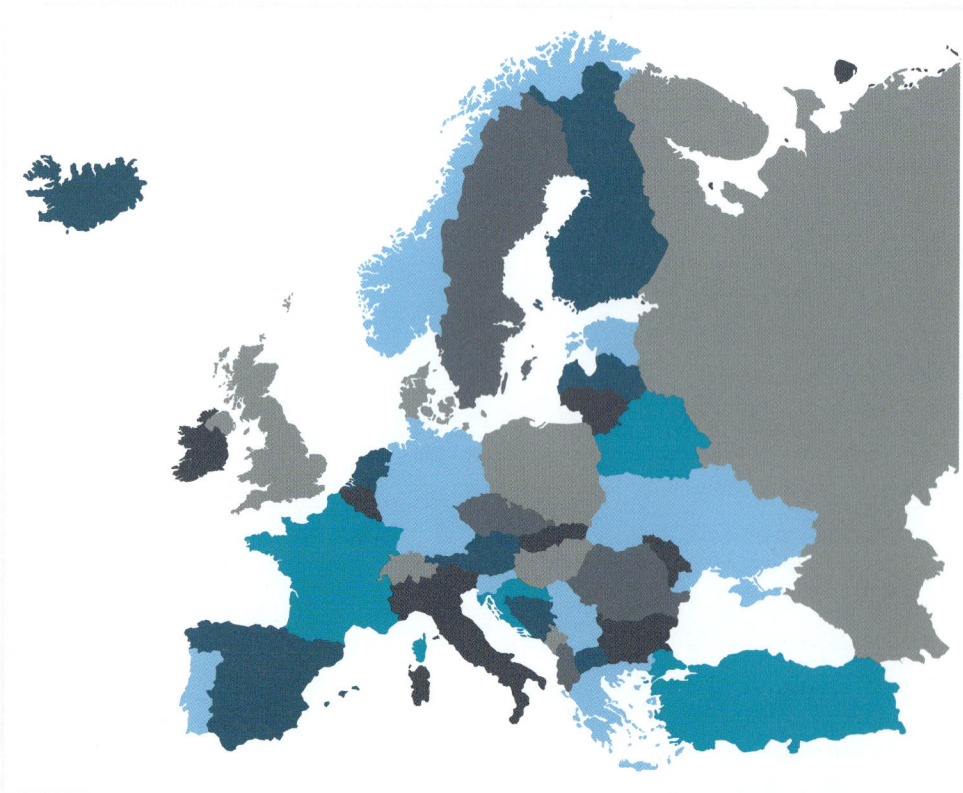

12.3 Costa Rica, pura vida

Leemos

a. **¿Qué sabes de Costa Rica? Habla con tus compañeros/as.**

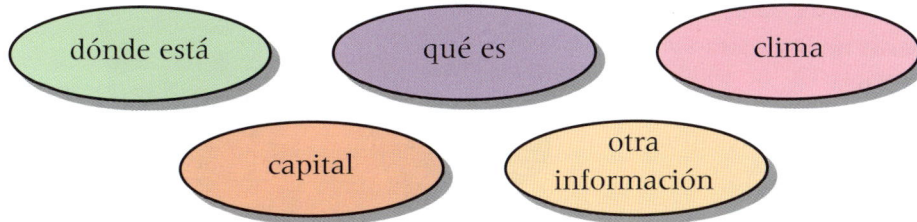

- dónde está
- qué es
- clima
- capital
- otra información

b. **Lee el texto y comprueba.**

http://www.encostarica.co.cr/

Costa Rica es un país pequeño, pero rico por su gente, por su nivel de educación, por su capacidad de aprendizaje y por su especialización. Su riqueza natural consiste en su fauna, su flora, sus ríos, sus playas en ambos océanos (el Atlántico y el Pacífico), su tierra y su clima diverso los doce meses del año.

No existen preocupaciones políticas ni sociales que mantengan inestable al país. En Costa Rica no hay un ejército. El ejército de Costa Rica lo constituyen sus maestros y su gran masa trabajadora, desde un obrero hasta un biotecnólogo, todos conviviendo en paz. El pueblo costarricense se caracteriza por su legendaria cordialidad y su naturaleza amistosa. La gran mayoría de la población desciende de los colonizadores españoles y europeos.

El idioma oficial es el español, no obstante, un porcentaje creciente de la población habla el inglés.

División política

El territorio del país está dividido administrativamente en siete provincias: San José, la capital; Alajuela, Cartago, Heredia, Guanacaste, Puntarenas y Limón.

Ubicación

Costa Rica tiene una extensión de 51.100 km². Limita al Norte con Nicaragua, al Sur con Panamá, al Este y al Oeste con los océanos Atlántico y Pacífico, respectivamente. Su costa Atlántica mide 255 kms, mientras que el litoral Pacífico se extiende 1.103 kms. Ambas costas gozan de una abundancia de playas de primera clase y con una vegetación exuberante.

http://www.encostarica.co.cr/

Clima

Costa Rica disfruta de un clima primaveral durante todo el año. La temperatura promedio es de 72 F (22°C) en el Valle Central. Las temperaturas de las costas y playas oscilan entre los 70–90F (21–32°C).

En este país existe una abundancia de microclimas que ha producido a la vez una riqueza de la fauna y la flora, convirtiéndolas en unas de las más ricas del planeta. Por su verdor y su clima, este es un país de la eterna primavera.

Los climas, según el rango de la altura, son los siguientes:

- de 0 hasta los 609 metros: Tropical
- de 610 hasta los 1.119 metros: Verano
- de 1.120 hasta los 1.829 metros: Primaveral
- de 1.830 metros en adelante: Otoñal

Educación

El país posee actualmente uno de los índices de alfabetización más altos del continente con cerca de 94% de la población.

(Texto ligeramente adaptado de: http://www.encostarica.co.cr/)

c. **Completa la tabla con la información del texto y las imágenes.**

Criterio **Bi**

Capital	
Extensión	
Idioma	
Clima	
Otra información de interés	

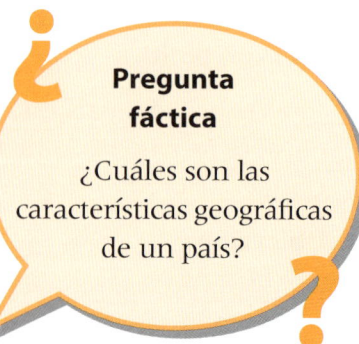

¿ **Pregunta fáctica**

¿Cuáles son las características geográficas de un país?

🔊 Escuchamos

Criterio Ai

d. **Mira el video y marca la información que escuchas o ves.**

https://www.youtube.com/watch?v=zne3uLcYRpU

🔍 **Palabras de búsqueda:**

Costa Rica en Español – Discovery Travel Costa Rica

☐ En San José se pueden visitar muchos museos.

☐ Hay muchos parques nacionales y naturales.

☐ Hay un desierto en el centro del país.

☐ Hay volcanes, lagos, lagunas, ríos y cataratas.

☐ Hay variedad de especies animales.

☐ En la zona norte del país puedes bucear en los arrecifes de coral.

☐ La zona del Pacífico Norte es famosa porque es muy antigua y por sus playas.

☐ Puedes disfrutar de las playas del Caribe y ver volcanes en erupción en pocas horas.

▶ ◻ ◻ ─────────────

Criterios Aii, Bii

e. **Compara las convenciones textuales del texto escrito y visual con el texto oral y visual.**

	Texto escrito y visual	Texto oral y visual (video)
Tipo de texto		
Intención		
Destinatarios		
Características del texto (estructura)		

💬 Hablamos

Criterios Aiii, Biii, C, D

f. **Imagínate que has estado en Costa Rica. Tus compañeros/-as te hacen preguntas sobre el país y tus experiencias allí.**

"Costa Rica, un país natural sin ingredientes artificiales"

Lengua

Hacer preguntas

These are the words you can use to ask questions:

¿Cuándo? When?   ¿Qué? What?

¿Dónde? Where?   ¿Quién? ¿Quiénes? Who?

¿Cómo? How?   ¿Cuál? Which?

¿Por qué? Why?

¿Cuánto/-a/-os/-as? How much?/
How many?

All these question words have a *tilde* (accent).

12.4 Parques naturales

🔊 Escuchamos

Criterio Ai

a. En grupos, miren el video sobre los parques naturales. Solo tienen que ver y escuchar una parte del video. Pueden hacerlo tantas veces como quieran.

https://www.youtube.com/watch?v=XZU4thgomcA

🔍 **Palabras de búsqueda:**

Los 5 parques nacionales más espectaculares de Estados Unidos

Grupo 1: Hasta el minuto 1:46

Grupo 2: De 1:47 hasta 2:53

Grupo 3: De 2:54 hasta 3:55

Grupo 4: De 3:56 hasta 4:33

Grupo 5: De 4:34 hasta 5:41

Busquen la siguiente información:

¿Dónde está el parque?

¿Por qué es el parque especial?

¿Qué se ve en las imágenes?

¿Qué se puede hacer?

▶ ⬜ ⬜

Conexión interdisciplinaria: Individuos y Sociedades

As you can see, this unit has strong links with your Individuals and Societies subject. This is a great opportunity for you to make a connection. Maybe you can apply the knowledge and skills you have gained (countries, capitals, physical geography, resources, population…) to Language Acquisition. You just need to use the new vocabulary and language structures in Spanish. Why don't you create your texts in Spanish? In an IB school multilingualism is important and many languages should be represented at school. When you do a project in Individuals and Societies, try to use some Spanish text.

Lengua

El superlativo

How do you say these sentences in English?

La montaña más alta del mundo es el Everest.

El río más largo del mundo es el Amazonas.

Do not forget the irregular ones!

mejor (best)

mayor (biggest)

menor (smallest)

peor (worst)

Fueron mis mejores vacaciones.

You can add *-ísimo/-a/-os/-as* to the adjective to express an extreme degree of something. You can translate it as very, really, super or extremely.

*Es una montaña alt**ísima**.*

*Es un río larg**uísimo**.*

Escribimos

b. **Realicen un folleto para anunciar un viaje a un parque natural de un país de habla hispana. Aquí tienen algunas propuestas (¡pero pueden elegir otro parque!):**

Criterios C y D

Los Glaciares, en Argentina

Cataratas de Iguazú, en Argentina

El Teide, Tenerife, Islas Canarias, en España

Canaima, en Venezuela

Parque de Doñana, en España

Galápagos, en Ecuador

Torres del Paine, en Chile

Parque Nacional Manuel Antonio, en Costa Rica

Parque Natural del Manu, en Perú

Parque nacional natural Tayrona, en Colombia

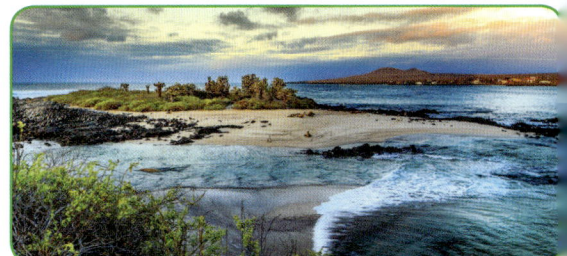

Incluye la siguiente información:

1. Descripción del lugar:

   ¿Dónde esta? ¿Qué hay? ¿Cómo es?

   ¿Cómo es el clima?

2. ¿Qué actividades se pueden hacer?

3. ¿Por qué es un parque especial?

No olvides las convenciones textuales de un folleto:

¿Cuál es la intención de tu folleto? ¿Cómo es la estructura? ¿Quién es el destinatario? ¿Hay fotos o dibujos?

Pregunta conceptual

¿Cómo nos ayuda el lenguaje a apreciar el medio natural?

Estructura

Pregunta debatible

¿Se puede visitar un parque natural siempre de manera sostenible?

ATL Comunicación – Habilidades de comunicación

Where are you going to find the information about the natural park for your brochure? You should read a variety of sources to get an idea of the characteristics of the park. Reading is an important part of communication. Are you going to read sources in English, in your mother tongue or in Spanish? Although reading in Spanish might be hard for you, the more input you get, the better.

If you choose sources in Spanish, you will understand the words that we have been learning in the past units and in this one. Try to use that vocabulary as much as you can! If you choose sources in English or in your mother tongue, then try to write the brochure with the Spanish words. You might have the impression that you can't write in Spanish, but for this phase, you should use what you are learning now. The more, the better!

12.5 Un regalo desde…

a. ¿De dónde crees que son típicos estos productos?
Relaciónalos con los países hispanohablantes.

La piñata

El tabaco (el puro)

El café

La máscara

La hamaca

El sombrero

El chocolate (el cacao)

El chullo (el gorro)

La flauta de pan

El abanico

El poncho

La gaita

El mate

Las castañuelas

Las maracas

b. **Mira el video de un mercado en Nicaragua y contesta.**

https://www.youtube.com/watch?v=PKPw8G4Ut0A

🔍 **Palabras de búsqueda:**

Mercados están listos para La Purísima abarrotados con productos tradicionales

1. ¿Qué objetos se nombran? *Don't worry if you don't understand what the people say. Focus on recognition of the words.*

Criterio Ai

☐ matracas

☐ piñatas

☐ canastitas de colores

☐ pitos

☐ sombreros

☐ escobitas

☐ dulces tradicionales

2. ¿Cuál es la moneda de Nicaragua? ¿Cuánto cuestan los objetos?

▶ ◼ ◼ ────────────────────────

c. **¿Qué productos típicos hay en tu país? ¿Son como los objetos hispanos? ¿Por qué? Puedes buscar una foto o dibujar el producto para presentarlo a tu clase. Después pueden crear un mercado internacional de objetos en la clase.**

🔗 ## Conexión interdisciplinaria: Artes

Sculptures, paintings, fashion, architecture… all of this reflects culture. The way that artists create art is connected to their culture but their production is also part of their own creativity and artistic expression. Don't you think that all the objects that you have seen in the previous activity are part of artistic and cultural heritage? To what extent can a piece of art represent culture and the artist's personal artistic expression?

By learning about Hispanic cultures you can be influenced in your own artistic creation. Do you think that getting to know a bit about Hispanic artifacts can inspire you as an artist? The more you know, the better. There are many other artifacts that represent regions in the Spanish-speaking world. Don't think for example that Mexican sombreros are everywhere, or that Spain is just castanets and flamenco!

12.6 Un país de habla hispana

a. En grupos, van a realizar una presentación de un país donde se habla español.

Procedimiento:

1. Elige un país. Cada grupo trabaja con un país diferente.

2. Tienen que investigar sobre el país. Tienen que encontrar información sobre los siguientes aspectos:

- Con qué limita geográficamente
- Número de habitantes
- Lenguas
- La capital y otras ciudades importantes
- El clima
- La geografía física (accidentes geográficos)
- Algunos parques naturales y sus características
- Productos típicos del país
- Otra información de interés (por ejemplo, la ropa típica, la comida, etc.)

Usen:

- Páginas o sitios web
- Recursos impresos (libros, revistas…)
- Un video

3. Presenten el país. Todos los estudiantes deben hablar.

4. Contesten las preguntas.

Estructura

Pregunta conceptual

¿De qué manera está la cultura relacionada con el medio natural?

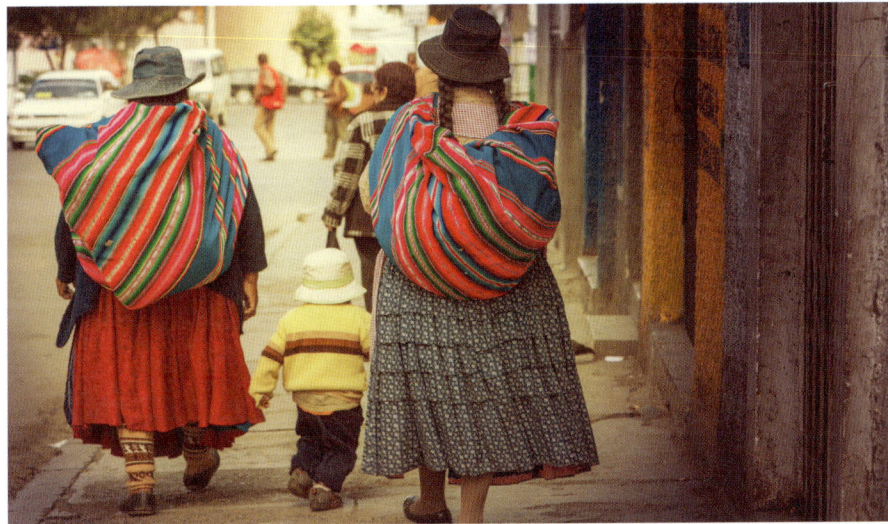

ATL Investigación – Habilidades de gestión de la información y de alfabetización mediática

Once more you have an opportunity to practice your research skills. It is important that you compare the data and information from different sources. Once you have analyzed and collected the information you need for your presentation, you need to make connections between the sources. Which is the most accurate? Who is the author? When was it written? To come up with the right information you need to make comparisons between all the resources.

Evaluación sumativa

Mira el video y las fotos y contesta.

https://www.youtube.com/watch?v=zQOfj62V0q4

🔍 **Palabras de búsqueda:**

Isaac un niño Aymara | Pichintún | Capítulo 2

Aspecto i

1. ¿Dónde está situado Colchane, el pueblo de Isaac?

2. Marca qué hay donde vive Isaac.
   - ☐ volcanes
   - ☐ playas
   - ☐ cataratas
   - ☐ ríos
   - ☐ géiseres
   - ☐ bosques

3. ¿Cómo es el clima en verano y en invierno?

4. ¿Con quién vive Isaac?

5. ¿Verdadero o falso? Justifica si la información es falsa.

	V	F
Isaac vive cerca de la frontera.		
Van de compras en coche.		
Las llamas son animales muy importantes para la cultura aymara.		
Cuando Isaac acompaña a su abuelo a trabajar está muy cansado porque se levanta muy temprano.		
Su perro Tobi es muy agresivo y no le gustan otros animales.		

6. ¿Qué objetos tradicionales de la cultura aymara ves en el video? *You can describe the objects in English if you don't know their names.*

Aspecto ii

7. ¿Qué tipo de texto es el video? ¿Cuáles son las características?

8. ¿A quién va dirigido el video? ¿Por qué?

9. ¿Por qué crees que se ha realizado este video? ¿Cuál es su función?

10. ¿Por qué hay una foto de un niño al final del video?

Aspecto iii

11. ¿Es la vida de este niño aymara muy diferente a la tuya? ¿Por qué? Escribe al menos cinco aspectos.

12. En el video se celebra la fiesta de Carnaval. ¿Tú también celebras el Carnaval en tu cultura? ¿Cuáles son las diferencias? Si no celebras, ¿hay una celebración similar? Compara.

13. ¿Qué crees de la relación que tiene la cultura aymara con la naturaleza? ¿Es en tu cultura igual? ¿Por qué?

Lee los siguientes textos y contesta las preguntas.

Las Islas Canarias

Las Canarias son unas islas que están en el océano Atlántico y es una de las diecisiete comunidades autónomas de España. En total las islas son: El Hierro, La Gomera, La Palma y Tenerife, que forman la provincia de Santa Cruz de Tenerife; y Gran Canaria, Fuerteventura y Lanzarote, que forman la provincia de Las Palmas. También forman parte de Canarias otras islas pequeñas, que son La Graciosa, Alegranza, Montaña Clara, Roque del Este, Roque del Oeste y la Isla de Lobos, todas ellas pertenecientes a la provincia de Las Palmas.

Las islas Canarias están situadas frente a la costa noroeste de África (por eso, hay una diferencia de una hora entre Canarias y el resto de España, es decir, es siempre una hora menos que en la península). La distancia a África es muy pequeña, de tan solo 95 km en el punto más próximo. Europa está a 1.400 km de distancia. La cultura de las islas es occidental y está a medio camino entre Europa y Latinoamérica.

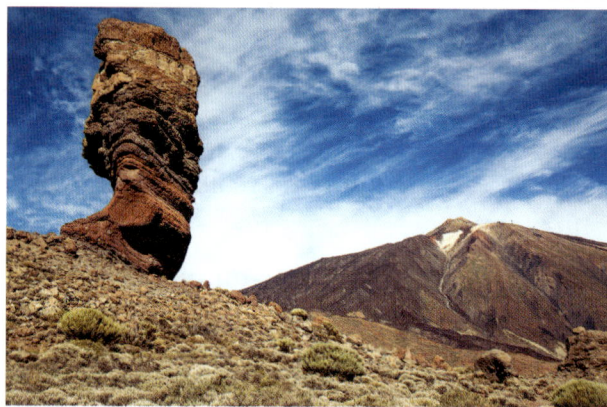

Las islas tienen un origen volcánico. La montaña más alta de las Canarias (y de España) es el Teide y tiene una altitud de 3.718 metros.

El clima es subtropical pero como hay montañas muy altas, el clima varía mucho. En las playas hace mucho sol y calor, pero en las montañas hace frío y a veces nieva. En Canarias hay cuatro parques naturales.

En las islas Canarias hay dos capitales: Las Palmas de Gran Canaria y Santa Cruz de Tenerife.

El mar, las montañas, el buen tiempo, las ciudades, las playas y su cultura hacen de las islas un importante destino turístico.

El Mar Caribe

El Mar Caribe es un mar tropical del Océano Atlántico, situado al este de América Central y al norte de América del Sur. También se llama Mar de las Antillas.

Al Norte están las llamadas Antillas Mayores —Cuba, Haití, la República Dominicana y Puerto Rico—, al Este están las Antillas Menores, al Sur Venezuela, Colombia y Panamá, y al Oeste están México, Belice, Guatemala, Honduras, Nicaragua y Costa Rica.

El Mar Caribe es uno de los mares salados más grandes del mundo y tiene un área de unos 2.763.800 km². El punto más profundo del mar es la fosa de las islas Caimán, ubicada entre Cuba y Jamaica a 7.686 metros (25.220 pies) bajo el nivel del mar. La línea costera del Caribe tiene muchos golfos y bahías: el golfo de Venezuela, el golfo del Morrosquillo, el golfo de Darién, el golfo de los Mosquitos y el golfo de Honduras.

El Mar Caribe se comunica con el Océano Pacífico a través del Canal de Panamá.

Es uno de los destinos favoritos para pasar unos días de vacaciones, tanto en una de las islas, como en un crucero visitando varias islas, gracias al buen tiempo (un clima tropical donde hace mucho sol pero también hay lluvias tropicales muy fuertes y a veces hasta huracanes), la belleza de los paisajes y el carácter tan amable y alegre de los habitantes. Y ¿quién no ha escuchado o bailado al ritmo de la música caribeña (la salsa, el merengue, la cumbia, el reggae, la bachata, el mambo, el cha-cha-chá, etc)?

¡Ven al Caribe!

(texto adaptado de Wikipedia)

Aspecto i

1. ¿Cuál es el tema principal de los textos?

2. ¿En qué continente está el Mar Caribe?

3. ¿Cuántas islas hay en total en las Canarias?

   a. diecisiete   **b.** dos   **c.** siete

4. Las Antillas y las Canarias están en dos océanos diferentes, ¿cuáles?

5. Marca si es verdadero (V) o falso (F) o no se dice (*not mentioned*).

	V	F	No se dice
Las Canarias están en la costa de África.			
En las islas del Caribe la gente es muy triste.			
Hay volcanes en el Caribe.			
En Canarias se baila merengue.			
La cultura de las Canarias es al mismo tiempo española y americana.			

Aspecto ii

6. El texto es:

   a. Un folleto turístico

   b. Una carta desde el Caribe

   c. Un diario de unas vacaciones.

7. ¿Quién puede leer el texto? ¿Por qué lo sabes?

8. ¿Qué función crees que tienen las fotos que acompañan al texto escrito?

Aspecto iii

9. ¿Crees que las islas en el Caribe son un buen lugar para vivir? ¿Por qué? Explica según el texto.

10. ¿A qué lugar se parece más el lugar donde tú vives, a las Islas Canarias o al Caribe? ¿Por qué? Basa tu respuesta en el contenido de los textos.

11. ¿Qué lugar prefieres visitar tú, las Islas Canarias o el Caribe? ¿Por qué? Justifica con la información de los textos.

Mantén una conversación con tu profesor/-a sobre el tema de la cita y las imágenes.

La naturaleza influye en mi cultura y en cómo soy yo.

Escribe un folleto para hispanohablantes que quieren visitar algún parque natural cerca del lugar donde vives. Describe el lugar y las actividades que se pueden hacer.

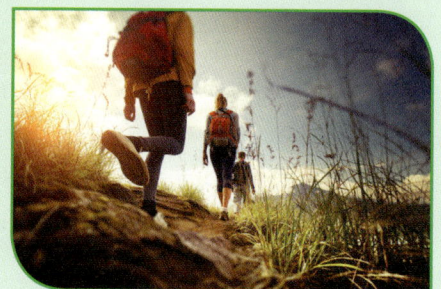

💭 Reflexión

Find the activities where you have practiced the objectives of this unit, reflect on your learning and complete the table:

	😊	😐	🙁
nombrar diferentes paisajes de la geografía física			
indicar dónde se ubica un lugar			
nombrar y dar información básica de los países hispanohablantes			
comprender textos con datos geográficos y generales de un país			
comunicar características de parques naturales			
describir productos típicos de un lugar			
hacer una presentación de un país de habla hispana			

Reflect on the Statement of Inquiry of the unit

Conectamos con la naturaleza y cultura de un lugar cuando, a través del lenguaje, comprendemos textos y elegimos palabras para estructurarlos.

We connect with the nature and culture of a place when, through language, we understand texts and we choose words to structure them.

Are you able to connect this statement with the tasks of this unit? Find activities where

- you use language to connect with nature and culture
- you read texts about nature in a particular place
- you choose words to produce structured texts.

Enfoques de aprendizaje

Find where in the unit you have practiced these learning strategies.

How do you think these ATL help you to achieve the attributes of the learner profile for this unit (knowledgeable, communicators, inquirers)? What about the other attributes?

Have you used these approaches to learning skills to be successful in the different tasks? What about the summative tasks?

Approaches to learning:

- **Communication – Communication skills**
    - **Read a variety of sources for information and for pleasure**

- **Research – Information literacy and media literacy skills**
    - **Access information to be informed and inform others**
    - **Make connections between various sources of information**
    - **Compare, contrast and draw connections among (multi)media resources**

💭 Reflexión

Since you started to learn Spanish, you have seen how diverse the Spanish-speaking world is. This diversity is also present in the landscapes and nature of all different countries. The appreciation of culture should be connected to the appreciation of what nature offers as a resource. In Latin American countries this connection is very important since for the indigenous people nature is the same as life. We need to be happy and grateful for what nature has to offer to us. We need to respect and treat it well. No nature means basically no life.

We would like to finish this last unit with a song that reflects the way of life of the Spanish-speaking world. We hope it motivates you to keep on the wonderful process of learning Spanish in the next phases (3 and 4). We will see you there!

Pregunta conceptual

¿Cómo podemos conectar con la naturaleza?

Pregunta debatible

¿Podemos vivir sin naturaleza?

https://www.youtube.com/watch?v=YXnjy5YlDwk

🔍 **Palabras de búsqueda:**

Marc Anthony – Vivir Mi Vida

¡Vamos a vivir! ¡La vida es una!